기독교문서선교회(Christian Literature Center: 약칭 CLC)는 1941년 영국 콜체스터에서 켄 아담스에 의해 시작되었으며 국제 본부는 미국 필라델피아에 있습니다. 국제 CLC는 59개 나라에서 180개의 본부를 두고, 약 650여 명의 선교사들이 이동도서차량 40대를 이용하여 문서 보급에 힘쓰고 있으며 이메일 주문을 통해 130여 국으로 책을 공급하고 있습니다. 한국 CLC는 청교도적 복음주의 신학과 신앙서적을 출판하는 문서선교기관으로서, 한 영혼이라도 구원되길 소망하면서 주님이 오시는 그날까지 최선을 다할 것입니다.

추천사

이 재 서 박사
총신대학교 총장

> 하나님이여 내 속에 정한 마음을 창조하시고 내 안에 정직한 영을 새롭게 하소서 나를 주 앞에서 쫓아내지 마시며 주의 성령을 내게서 거두지 마소서(시편 51:10, 11).

김영복 목사님의 『참회의 기도』 발간을 진심으로 축하드립니다. 그리고 하나님의 사랑하심을 받고 성도로 부르심을 받은 모든 독자에게 본서를 기쁜 마음으로 추천하여 드립니다(롬 1:7).

추천사를 위하여 본서를 먼저 읽게 되었습니다. 기도문을 하나씩 읽으면서 행간을 통해 저자의 마음을 보게 되었고, 너무나 자연스럽게 묵상하며 함께 기도하게 되었습니다.

또한, 『참회의 기도』를 통해서 김영복 목사님께서 하나님을 향해 가지신 뜨거운 사랑이 삶을 통해 묻어나는 깊은 영성과 성도들을 향한 열정적인 목양의 마음을 함께 느낄 수 있어 말할 수 없는 진한 감동을 선물 받을 수 있었습니다. 무엇보다 하나님을 향한 기도의 끝에, 하나님의 사랑이 성도들에게 내리기를 바라는 목양일념(牧羊一念)과 하나님께서 선물하시는 더 따스한 은혜의 빛줄기를 볼 수 있었습니다.

일상에서 예배로 나아가는 그 시작에서 드려졌던 '참회의 기도'는 성도들에게 하나님을 예배하는 것을 넘어 하나님의 마음을 더 깊이 알아가고자 하는 열망을 느끼게 하는 예배로 초대할 뿐 아니라 함께 예배하는 모든 성도를 예배의 중심에 서게 하는 데 충분한 기도이고, 예배를 통해 하나님의 깊고 세미한 음성을 들을 수 있도록 하기에 충분한 하나님의 숨결이라고 생각됩니다. 그래서 『참회의 기도』를 읽는 모든 독자가 이런 감동을 함께 느끼고 은혜를 나눌 수 있게 될 것이라 확신합니다.

김영복 목사님의 『참회의 기도』를 마음으로 읽고 내려놓으면서 다윗이 고백한 처절한 회개의 흔적인 시편 51편의 기도가 생각났습니다. 다윗은 '하나님의 마음에 합한 사람'이었습니다. 그리고 하나님은 다윗을 통해 '자신의 뜻을 이루어 가시겠다'는 의지를 표현했습니다(행 13:22). 우리가 아는 것처럼 하나님께서 다윗을 끝까지 붙들어 주셨던 가장 큰 이유가 있다면 그 마음에 하나님을 향한 철저한 회개와 회복을 위한 간절한 몸부림이 있었기 때문일 것입니다.

김영복 목사님과 사랑과평화의교회는 예배 때마다 '참회의 기도'를 통해 다윗과 같은 영적 산고(産苦) 가운데 하나님의 놀라운 치유와 회복을 경험하고, 영적으로 도약할 수 있는 아름다운 열매를 맛보았을 것입니다. 무엇보다 『참회의 기도』가 김영복 목사님과 사랑과평화의교회의 영적 자산을 넘어 본서를 읽는 모든 독자가 놀라운 은혜와 특별한 감동을 받고, 나아가 예수님의 십자가 보혈로 죄사함을 체험하며, 구원 받은 감격과 하나님의 섭리하심을 깨달아 예수 그리스도를 증거하는 영혼의 열정이 뜨겁게 타오르게 되기를 간절히 소망합니다.

소강석 목사
새에덴교회 담임, 시인
대한예수교장로회(합동) 부총회장

눈물과 참회와 기도가 사라져 가는 시대입니다. 참회의 기도가 없으니 사람들의 내면은 황폐화되고 사막화되어 갑니다. 심지어 교회마저도 두 눈을 눈물로 적시는 참회의 기도가 사라져 가고 있습니다. 내면을 어루만지는 감성적 힐링과 심리적 위안은 난무하지만, 정작 우리의 영혼을 울리는 참회의 기도가 사라져 가고 있는 시대입니다.

이러한 때, 김영복 목사님의 『참회의 기도』가 출간된 것은 참으로 뜻깊고 감사한 일입니다. 한 줄, 한 줄이 주님의 제단에 바쳐진 눈물이요, 시요, 기도입니다. 기도문을 읽는 것만으로 가슴이 뜨거워지고 영혼의 깊은 울림을 느낄 수 있습니다. 인생의 처절한 고난과 시련 속에서도 하나님을 원망하지 않고 오히려 처절한 회심의 기도를 드리며 나아갔던 다윗의 시편이 떠오릅니다. 이 기도문을 읽다가 저 자신부터 간절한 참회의 기도를 드렸습니다.

오늘 이 시대 목회자들과 성도들이라면 머리맡에 두고 한 편, 한 편 읽어야 할 애틋하고 진실하고 뜨거운 기도문입니다. 입으로 드리는 기도가 아니라 가슴으로 드리는 기도가 되고, 아니, 영혼으로 드리는 기도가 되어 우리의 영혼을 정화시키고 하나님께 더 가까이 나아가게 하는 거룩한 언어의 퍼포먼스를 일으킬 것입니다.

김영복 목사님의 『참회의 기도』가 수많은 사람에게 읽혀져서 한국교회 안에 다시 한 번 주님의 옷깃을 눈물로 적시는 참회의 영성이 회복되고, 예배를 풍요롭게 하는 향기로운 시편이 회복되기를 바랍니다. 주님의 사랑과 용서와 은혜를 갈망하는 모든 분들에게 본서를 추천합니다.

박 영 호 박사
기독교문서선교회(CLC) 대표
전 한국성서대학교 실천신학 교수

본서 『참회의 기도』는 저자 김영복 목사님이 2011년부터 2019년 초까지 주일 예배 때 성도들과 함께 하나님께 올려 드린 회개와 간구의 기도문을 정리한 것으로서, 이 기도문은 우리의 마음을 겸손케 하고, 하나님의 은혜를 바라보게 합니다.

김영복 목사님은 어려서부터 새벽기도를 시작해 평생 기도의 훈련을 받은 기도의 사람입니다. 1988년부터 사랑과평화의교회(구 신일교회)를 목회하시기 시작해 지금까지 교회를 성장시켰고, 국내외에서 강사로서 하나님의 말씀을 전하고 계시니, 하나님 앞에서 겸손히 간구함으로 얻은 은혜가 이러한 열매를 맺게 한 줄로 믿습니다.

본서의 기도문은 두 가지 특징이 있습니다.

첫째, 회개기도입니다. 하나님 앞에서 우리 자신의 삶, 특히 우리의 내면까지 면밀히 살핌으로써 마치 영혼을 해부하듯이 철저히 죄를 고백합니다. 하나님 앞에서 자신을 알수록 겸손해질 수밖에 없습니다.

둘째, 복음에 근거한 사죄의 확신입니다. 이 참회의 기도는 단지 자책과 정죄의 기도가 아니라, 그리스도 예수 안에 있는 죄 사함의 은혜를 의지하여 회복을 간구하는 기도입니다. 이 기도는 하나님의 자녀 된 우리가 예수 그리스도께서 다 이루신 의에 의지해 날마다 죄 사함을 받고, 하나님의 자녀로서 살아갈 능력을 구하도록 인도합니다. 그러므로 이 기도는 회개의 기도인 동시에 회복의 기도인 것입니다.

본서에 담긴 기도로 김영복 목사님과 사랑과평화의교회가 은혜의 보좌 앞으로 나아가 풍성한 생명을 누렸듯이, 독자들도 함께 이 기도문을 읽고, 하나님께 나아감으로써 동일한 하늘의 은혜를 누리실 수 있기를 간절히 바라며, 한국교회의 목회자들과 성도님들께 본서를 강력히 추천합니다.

참회의 기도

Prayer of Confession
Written by Kim young-bok
All rights reserved.
Korean Edition Copyright ⓒ 2022 by Christian Literature Center, Seoul, Korea

참회의 기도

2020년 1월 31일 초판 발행
2022년 11월 30일 초판 2쇄 발행

지은이 | 김영복

편집 | 곽진수
디자인 | 전지혜
펴낸곳 | (사)기독교문서선교회
등록 | 제16-25호(1980.1.18.)
주소 | 서울특별시 동대문구 천호대로71길 39
전화 | 02-586-8761~3(본사) 031-942-8761(영업부)
팩스 | 02-523-0131(본사) 031-942-8763(영업부)
이메일 | clckor@gmail.com
홈페이지 | www.clcbook.com
송금계좌 | 기업은행 073-000308-04-020 (사)기독교문서선교회

ISBN 978-89-341-2069-8(03230)

이 도서의 국립중앙도서관 출판예정도서목록(CIP)은 서지정보유통지원시스템 홈페이지 (http://seoji.nl.go.kr)와 국가자료공동목록시스템(http://www.nl.go.kr/kolisnet)에서 이용하실 수 있습니다. (CIP제어번호: 2019050253)

이 책의 저작권은 저자와 (사)기독교문서선교회가 소유합니다. 신저작권법에 의하여 한국 내에서 보호받는 저작물이므로 무단 전재와 무단 복제를 금합니다.

참회의 기도

김영복 지음

참회의 기도는 회복의 기도이며
회개와 성숙의 길이다

CLC

목차

추천사 　　　　　　　　　　　　　　　　　　　　　1
이 재 서 박사(총신대학교 총장)
소 강 석 목사(새에덴교회 담임, 시인, 대한예수교장로회[합동] 부총회장)
박 영 호 박사(기독교문서선교회[CLC] 대표, 전 한국성서대학교 실천신학 교수)

저자 서문 　　　　　　　　　　　　　　　　　　　16

제1부　　2011-2013년━━━━━━━━━━━━━━20
1. 새해 아침　　　　　　　　　　　　　　　　　21
2. 삼신할미 정도로　　　　　　　　　　　　　　23
3. 천국 불법 체류　　　　　　　　　　　　　　 25
4. 완고한 집념　　　　　　　　　　　　　　　　27
5. 언어의 독침　　　　　　　　　　　　　　　　29
6. 악의 경계선　　　　　　　　　　　　　　　　31
7. 허둥대며 목적 없이　　　　　　　　　　　　 33
8. 막돼먹은 인격　　　　　　　　　　　　　　　35
9. 어둠의 자식 노릇　　　　　　　　　　　　　 37
10. 고독의 질병　　　　　　　　　　　　　　　 39
11. 피 맺힌 음성　　　　　　　　　　　　　　　41
12. 금쪽같은 내 새끼　　　　　　　　　　　　　43
13. 못남과 못됨　　　　　　　　　　　　　　　 45
14. 세속의 영광　　　　　　　　　　　　　　　 47

15. 방황의 세월   49
16. 썩은 삶과 죽은 생애   51
17. 오아시스 & 신기루   53
18. 양육 없는 사육   55
19. 천벌 받을 짓   57
20. 한심한 교사   59
21. 진실한 열매   61
22. 속사람과 겉사람   63

제2부   2014-2016년 — 65

1. 허겁지겁 허둥지둥   66
2. 퇴폐한 생각   68
3. 불량 인생   70
4. 배신의 삶   72
5. 머뭇거리는 태도   74
6. 배신의 절차   76
7. 사망을 짓뭉갠 부활   78
8. 꿈꾸는 어린이   80
9. 아버님 어머님 가슴에 염장질   82
10. 스승에 대한 불경죄   84
11. 백 마디 가증된 입술   86
12. 천국을 거래하려   88
13. 주님을 등진 삶   90
14. 잔인한 세월   92
15. 유치한 판단   94
16. 전쟁 속에 계신 하나님   96
17. 왜곡된 가치관   98
18. 맥추절의 알곡   100
19. 이웃집 아저씨 대하듯   102

20. 위장된 행복　　　　　　　　　104
21. 빈껍데기 신앙　　　　　　　　106
22. 인생의 가면　　　　　　　　　108
23. 역사의 얼룩점　　　　　　　　110
24. 맞춤형 종교생활　　　　　　　112
25. 약탈당한 행복　　　　　　　　114
26. 주님을 복이라 하면서도　　　　116
27. 얄팍한 인본주의 감성　　　　　118
28. 죄의 포로　　　　　　　　　　120
29. 유치한 이기주의　　　　　　　122
30. 시장 바닥의 가치　　　　　　　124
31. 인생 성공 속도　　　　　　　　126
32. 계산된 거래　　　　　　　　　128
33. 경건 흉내　　　　　　　　　　130
34. 예배 관람　　　　　　　　　　132
35. 빌려주신 재물　　　　　　　　134
36. 하나님 없는 인생 성공　　　　　136
37. 얄량한 나의 감정　　　　　　　138
38. 성탄의 무드　　　　　　　　　140
39. 세상 풍조가 파도칠 때　　　　　142
40. 한 해의 끝자락　　　　　　　　144
41. 육신의 타성　　　　　　　　　146
42. 퀴어 축제의 저주　　　　　　　148
43. 인생의 음산한 질곡　　　　　　150
44. 세상의 우물가　　　　　　　　152
45. 퀴어 광란 퍼레이드　　　　　　154
46. 방황을 끝낼 수 있도록　　　　　158
47. 약속마다 공수표　　　　　　　160
48. 교회가 교회답게　　　　　　　162

49. 참 진리를 놓치고	164
50. 성령님을 근심케	166
51. 성탄절 준비	168
52. 어설픈 신앙	170
53. 새해 새 결심	172
54. 야심차게 결심하였으나	174
55. 함부로 말한 죄	176
56. 거짓 경건으로	178
57. 설날의 족쇄	180
58. 새 출발	182
59. 절묘한 변명	184
60. 지독한 이기주의	186
61. 세월의 현주소	188
62. 주님을 꾸짖는 자	190
63. 늑대만도 못한 지조	192
64. 고갈된 인생	194
65. 교회를 허무는 여우	196
66. 불효막심 신앙	198
67. 회복과 통일	200
68. 거짓 행복	202
69. 자녀라는 이유로	204
70. 주님 멸시 예배	206
71. 거짓 경건을 옷 입고	208
72. 날 강도 짓	210
73. 부활의 주일을 폄하	212
74. 낡은 가치관	214
75. 짝퉁 행복	216
76. 올곧음을 굽어짐으로	218
77. 망령된 예배	220

78. 믿음을 선물로 받은 자	222
79. 삶의 운영을 기도에서	224
80. 애굽의 향수	226
81. 내 형통의 발판으로	228
82. 채우지 못한 빈 잔	230
83. 내 출세의 수단으로	232
84. 알량한 자존심	234
85. 불량품 믿음	236
86. 어리석은 처세술	238
87. 업무상 횡령죄	240
88. 업무상 배임죄	242

제3부　2017년 ─────────── 244

1. 위선의 근성	245
2. 거룩으로 변장	247
3. 명분용 신앙	249
4. 하찮은 이득 앞에서	251
5. 옛 사람의 근성	253
6. 육신의 욕망	255
7. 주님의 뜻, 사탄의 뜻	257
8. 가면을 쓴 이리 떼	259
9. 십자가의 명예	261
10. 종교적 잔소리	263
11. 부활의 무게감	265
12. 인생의 끝자락에서	267
13. 꿈나무들의 앞날	269
14. 자녀들에게 복을 내려 주소서	271
15. 거짓이 판을 치고	275
16. 하나님께 비는 미신	277

17. 세상 방식	279
18. 낡은 과거	281
19. 세상에 도취하여	283
20. 타락과 그릇된 탈선	285
21. 배신의 삶	287
22. 말씀 거식증	289
23. 영혼을 불법 점거	291
24. 위험한 거래	293
25. 비겁한 마음	295
26. 시장 바닥의 가치	297
27. 속 좁은 밴댕이	299
28. 안절부절못하고	301
29. 무르익은 죄악	303
30. 세월과 나이테	305

제4부 2018-2019년 ——— 307

1. 설익고 미숙한 믿음	308
2. 고난의 시대	310
3. 에누리 없는 말씀	312
4. 첫사랑의 감격	314
5. 물질주의	316
6. 내면의 민얼굴	318
7. 영적 퇴폐	320
8. 현실을 앞세워	322
9. 황당한 세상 가치	324
10. 하늘을 향해 삿대질	326
11. 비열한 근성	328
12. 이기주의와 교만	330
13. 몇 푼 되지 않는 자존심	332

14. 세상 가치로 둔갑 334
15. 고집과 신념 336
16. 배수진 신앙 338
17. 철없는 신앙 340
18. 하늘 양식을 도둑맞고 342
19. 겁 없이 간 큰 자들 344
20. 세상의 값싼 처세술 346
21. 장아찌같이 찌든 경건 348
22. 베리칩 신드롬 350
23. 하찮은 이득에 눈이 멀어 352
24. 서툰 믿음 354
25. 탈을 쓴 종교생활 356
26. 허둥대는 예배 358
27. 분실한 미래 360
28. 세상 가치에 체포 362
29. 거짓 영성 364
30. 경건을 묵살 366
31. 아둔하고 무모한 행실 368
32. 교활한 잔꾀 370
33. 뻔뻔한 양심 372
34. 치명적인 타락 374
35. 가식의 너울 376
36. 척 척 척 척 378
37. 인생의 가면 380
38. 비뚤어진 불신앙 382
39. 허무한 가치관 384
40. 쾌락의 죄 386
41. 위선으로 채색된 행실 388
42. 값싼 자존심 390

43. 재림 신앙 392
44. 으레껏 그러려니 394
45. 인간의 악취 396
46. 내 속에 헤롯의 근성 398
47. 김치로 만든 트리 400
48. 세월을 후회하고 고난을 탓하며 402
49. 희망의 잔고 404
50. 우겨대는 빗나간 신앙 406
51. 헌신하기보다 변명 408
52. 설날에는 비까번쩍 410

저자 서문

김 영 복 목사
사랑과평화의교회 담임

인생이 무너지는 것이 아닙니다. 기도생활이 무너질 뿐입니다.
인생이 실패하는 것이 아닙니다. 기도생활이 실패할 뿐입니다.
인생이 넘어지는 것이 아닙니다. 기도생활이 넘어질 뿐입니다.

사람들은 탁월한 사람을 찾지만 하나님은 탁월한 기도를 찾으십니다.
사람들은 뛰어난 실력을 찾지만 하나님은 뛰어난 기도를 찾으십니다.
사람들은 훌륭한 경륜을 찾지만 하나님은 훌륭한 기도를 찾으십니다.

요즘은 화려하고 훌륭한 기도문이 홍수처럼 쏟아지고 있습니다. 감성적이고 호소력 있는 기도도 많습니다. 매력 있고 절규하는 기도도 많습니다. 문학적이고 작품성 높은 수려한 기도문도 많습니다. 이때에 저는 어떤 기도가 좋은 기도일까 생각해 보았습니다. 하나님이 받으시는 기도가 좋은 기도이고 훌륭한 기도일 것이라 생각이 들었습니다.

하나님이 구하시는 제사는 상한 심령과 통회하는 마음이고, 이를 멸시하지 아니하시고 기뻐하시리라 믿기 때문에, 저의 기도생활은 늘 울어야 했고 늘 통회해야 했으며 늘 통곡해야 했습니다. 강단에서 이 참회 기도는 토설하는 마음과 돌이키는 탕자의 심정으로 마음을 찢는 소리였습니다. 심령을 토하는 소리였습니다. 구겨진 삶을 다림질하는 순간이었습니다. 심령을 찢는 토설과 마음을 토하는 참회로 하나님께 나아갔던, 무릎의 처절한 영적투쟁이 이 기도였습니다.

저는 하나님이 기뻐하시는 기도의 원리를 붙들고 기도하려고 해 보았습니다. 그리고 저는 결국 하나님이 기뻐하시는 기도는 자복하는 기도이고, 성령의 감동을 따라 참회하는 것이라 믿었습니다. 거짓 경건이 판을 치고 위장된 믿음이 활개를 칠 때 회개하고 자복하며 참회하는 기도는 이 시대의 문제를 푸는 대안이고 갈등을 치유하는 방안이라고 생각합니다. 그래서 기도 중에 뛰어난 기도, 하나님이 제일 기뻐하시는 기도는 참회의 기도임을 깨달았습니다.

기도 중에 뛰어난 기도는 하나님이 기뻐하시는 기도일 것입니다. 그 중에서 더 기뻐하시는 기도는 하나님께 마음을 찢고 돌아오는 회개의 기도를 기뻐하실 것이라고 저는 확신합니다. 저는 자복하고 통회하는 참회의 기도를 하나님이 기뻐하실 것이라 확신했습니다. 자복하고 회개하는 것은 성령의 감동으로만 할 수 있는 일입니다. 성령의 감화가 없이 진실한 참회를 할 수 없다고 생각합니다. 참회하는 그 자체가 하나님의 은혜이며 시죄는 가장 큰 복이라 할 수 있을 것입니다.

이 기도는 골방에서 혼자 드린 기도가 아니며 글로만 쓴 연구실 작품이 아닙니다. 제가 예배드리는 중에 드린 기도이고, 주일 예배 참여자들과 같이 드린 기도이며 하나님께 처음 나온 자, 예배에 익숙한 자들과 함께 드린 기도입니다. 그래서 이 기도가 저의 기도이지만 우리 모두의 기도이고 성도들의 기도일 뿐 아니라 저의 참회이고 성도들의 참회이기도 합니다.

역사는 소용돌이치고 있습니다. 사회는 흔들리고 있습니다. 가정은 해체되고 있습니다. 가치관은 표류하고 있습니다. 교회는 방향을 잃고 있습니다. 이 시대는 종말 증상에 몸살을 앓고 있으며 사람들은 고통으로 신음하고 있습니다.

저는 이때에 한국교회가 함께 참회의 기도로 말미암아 조금이나마 주님을 가까이하고 치유되고 회복되기를 바라는 마음이 간절합니다. 이 기도는 저의 회개와 반성하는 양심, 돌이킴과 참회의 비명소리이기도 합니다. 하나님께 대한 절규이며 터져 나오는 심장의 소리이며 신앙고백이기도 합니다. 거룩하신 하나님 앞의 항복 선언입니다. 하나님께 무릎 꿇은 내 영혼의 굴복입니다. 하나님께 드리는 희망의 호소문입니다. 하나님께 드리는 삶의 탄원서이기도 합니다.

소박한 참회 기도로 거룩하신 하나님의 보좌 앞에 드나들 수 있는 것은 은혜 중에 은혜였습니다. 그 보좌 앞을 출입할 수 있는 출입증은 바로 이 기도일 것이라 여겼습니다. 참회 기도를 통해 용서를 받는 자유의 기쁨은 하늘을 나는 듯하여 춤추게 하였고, 치유를 경험하는 행복은 크나큰 감격이었습니다. 짧은 기도 속에 은혜를 체험하며 간략한 자백으로 무거운 죄 짐을 내려놓는 기쁨을 맛보게 된 것은 말할 수 없는 영적 소득이었고 성숙이었습니다.

혹여 서툰 표현에 독자들의 감정에 손상을 입히게 될까, 어색한 문체에 기도 영성이 구겨질까 봐 조심스럽습니다. 기도는 기도일 뿐이지 문학서적도 수필도 작품도 아니기에 독자와 함께 심령이 통하면 좋겠습니다. 기도하시는 분들과 공감된 기도로 하나님께 나아가게 되기를 바랄 뿐입니다.

초등학교 시절부터 기도를 경험했습니다. 일찍부터 새벽기도를 드리며 앞뒤도 맞지 않고 두서도 없는 기도를 드렸습니다. 주님은 그런 주책없는 기도에도 어김없이 응답하셨고 두서없는 참회 기도에도 저의 손을 잡아 주셨습니다.

저는 하나님의 축복이 유통되지 않는 비극을 참회의 기도로 풀리기를 소원했습니다. 하나님 앞에 어엿이 서고자 하는 기대를 이미 발간된 『참회의 기도』(코람데오 刊)에서도 밝혔던 것처럼, 이번에 두 번째

『참회의 기도』(CLC 刊)를 내면서 기도의 소망을 담고자 했습니다.

가장 위대한 기도는 화려한 기도의 수사가 아니요, 기도의 문학성도 아니요, 발칙한 기도의 종교성도 아니라 생각합니다. 따라서 이 기도 모음집은 책이 아니라 고백록이고, 글이 아니라 시대를 끌어안으려는 사명이며, 이 나라와 민족을 끌어안는 애국이며, 이 사회를 품고 하나님께 나아가는, 어머니의 가슴과 같은 포근한 옷자락이었으면 합니다.

세상에서 치르는 치열한 영적 전쟁의 승리 전략은 피눈물 나게 기도로 싸우는 것입니다. 세상을 이기고 삶을 극복하는 위대한 전술은 참회 기도라 여기기에 이 기도문이 나온 것 같습니다. 기도만큼 위대한 전술도, 전략도, 대안도 없기 때문입니다.

이 기도는 우리 성도들과 함께 고민하고 아파하던 삶의 자취이기도 합니다. 성도들이 깊은 상처와 함께 무거운 죄 짐이 짓눌릴 때 참회 기도는 그 대안이었습니다. 인생의 무게에 가쁜 숨 몰아쉴 때 참회 기도는 그 돌파구였습니다. 풀 수 없는 인생의 난제 앞에서 고민할 때 참회 기도가 그 비상구였습니다. 왜냐하면 돌아갈 목적지를 잃고 방황할 때 참회 기도는 매우 신뢰할 수 있는 안내자, 즉 내비게이션이라 여겨졌기 때문입니다.

이 참회 기도가 나오기까지 애쓰신 분들과 이 기도를 붙들고 함께 울고 눈시울을 적시며 자백의 기도, 참회의 기도를 드렸던 성도들과 출간의 기쁨을 함께 하고 싶습니다.

모든 감사와 영광은 하나님께 올려 드립니다.

2020. 1. 1.

제1부

2011-2013년

1. 새해 아침

2011. 1. 2.

우리의 생명이신 하나님!
새해 아침
한 해 동안 받은 바 은혜와 사랑이 너무나 크지만
그 은혜와 사랑에 합당한 삶을 살지 못하여
후회하고 반성하면서 이 시간 우리의 불결한 입술과
차가운 마음과 이웃에 대한 무관심과 지키지 못한
약속과 뉘우치지 못한 잘못들을 고백하오니
사하여 주시옵소서.

하나님께서 우리에게 주신 거룩한 은사와
많은 복을 허락하셨지만, 소유에 대한 집착과
필요 이상의 욕심을 부리며 서로를 속이고
이용가치로만 생각하며 사람의 영혼보다
물질적인 헛된 것들을 더 사랑하면서
살아온 지난 세월을 뉘우치며 자복하오니
용서하여 주시옵소서.

영적 부요보다 세상의 부요함에 눈이 홀리고
하늘의 보화보다 이 땅의 보물에 마음이 쏠렸으며,
그 나라와 그 의를 위해 거룩한 삶을 살아야 하지만

내 뜻과 내 의를 앞세우는 육적 삶에 능숙한 나머지
주님의 의를 농락하고 하나님의 사랑을 배신하며
어이없게 지은 죄를 용서하여 주시옵소서.

하나님께서 은혜를 주셨지만 가마득히 망각하였고,
그 많은 기회를 주셨지만 수없이 놓쳤으며,
사명을 주셨지만 충성하기보다 악하고 게으른 종이 되어
한 해를 지내온 나태한 삶이 두렵기도 하고
또한, 부끄럽기도하고 한심하기도 하여
이 시간 고개 숙였사오니 사하여 주시옵소서.

하나님이 주신 삶의 현장에서
나만을 위한 이기주의로 살았습니다.
나 중심의 생활로 이웃의 아픔을 돌아보지 못하였고
나 중심의 고집으로 땅에 있는 일시적인 욕망만 보다가
하늘의 영원한 것을 놓치고 있는 어이없게 어리석은 삶을
반복했던 저희를 용서하여 주셔서
성령으로 새 삶을 살게 하여 주시옵소서.

예수님의 이름으로 기도하옵나이다. 아멘.

2. 삼신할미 정도로

2011. 1. 9.

우리의 생명 되신 하나님!
험한 세상을 살아갈 때
승리의 무기로 믿음을 선물로 주셨지만
저희는 그 믿음을 미신으로 전락시켜
하나님을 **삼신할미 정도로** 여겼습니다.
그 믿음을 왜곡시켜 맹신하였습니다.
그 믿음을 변질시켜 세상을 쟁취하는 복권 정도로 여기며
주님을 멀리하여 살아온 저희를 용서하여 주시기를 비옵나이다.

오늘 이 시간 저희는
약점 때문에 정도에서 이탈하였고,
연약함 때문에 세상으로 넘어졌으며,
무지함 때문에 하나님의 말씀을 왜곡하였습니다.
오만함 때문에 주님의 뜻을 거슬렀고,
게으름 때문에 하나님의 계획을 실천하지 못한
어리석고 둔한 저희를 사하여 주시옵소서.

육신의 안일함을 위하여 십자가를 거절하였고,
생계와 분주함 때문에 주님의 사명을 거역하였으며,
눈앞의 이익을 위하여 하늘의 보물을 잃어버렸습니다.

육신의 정욕을 위해 영광스러운 하늘의 기쁨을 놓치고 있는
한심한 저희를 용서하여 주시옵소서.

새해를 주시며 새롭게 살기를 원하셨지만
벌써 과거의 삶을 답습하며 세상에 젖고
교묘하게 미혹하는 영들에 사로잡혔으며
신년에는 새롭게 각오하고 단단히 다짐하였으나
전진하지 못하고 오히려 퇴보하며 머뭇머뭇
교회 밖에서만 서성거리고 있는 엘리야 시대
백성들의 전철을 밟고 있는 기회주의자로 살아가는
저희를 사하여 주시옵소서.

영시에 받은 말씀 붙들고 멋지게 살아보겠노라고,
이전과는 다르게 섬기며 훌륭한 비전을 놓지 않으리라고,
굳게굳게 결심하였으나 작심삼일이 되어 버린 허약한 믿음을
이 시간 가슴을 치며 한탄하고 통회하오니
연약한 저희를 불쌍히 보시고
거룩하신 주님의 보혈로 깨끗하게 하시며
사죄의 말씀으로 용서의 감격과 기쁨으로 위로하여 주시옵소서!

> 만일 우리가 우리 죄를 자백하면 그는 미쁘시고 의로우사 우리 죄를 사하시며 모든 불의에서 우리를 깨끗하게 하실 것이요(요일 1:9).

말씀하신 사죄의 약속을 믿사오며
예수님의 이름으로 기도하옵나이다. 아멘.

3. 천국 불법 체류

2011. 1. 16.

우리의 생명이신 하나님!
하나님께서는 스스로 높아지고자 하는 자를
미워하시는 분일 줄 알면서도 높아지려고 하였습니다.
교만한 자를 물리치시는 하나님이신 줄 알면서도
부끄러운 줄 모르고 자만하였습니다.
그래서 교만 때문에 사탄에게 봉변을 당하고
자만 때문에 세상에 참변을 겪고 말았습니다.
이제야 뉘우치면서 주님께 나아와 무릎 꿇었사오니
어리석고 미련함을 사하여 주시옵소서!

주님께서는 겸손을 보이시고 온유의 삶을 사시며
우리를 섬겨 주셨는데 우리는 섬김 받으려 했습니다.
십자가로 저희를 죄의 사슬에서 풀어 주셨고,
보혈로 저주에서 해방해 주셨건만
아직 우리는 주님을 닮지 못하고 있습니다.
오히려 마귀를 닮아가고 있습니다.
주님을 따르는 척하면서 세상을 따랐고
주님의 뜻과는 반대로 살다가 주님의 이름을 욕되게 하였습니다.
주님의 십자가 사랑으로 용서하여 주시옵소서!

저희는 때때로 하나님을 멸시하였습니다.
사람을 무시하고 내 멋대로 생각하고 무턱대고 믿으며
아무것이나 꿈꾸었고 튀어나오는 대로 말하며 내 소견대로 행동하여
하나님의 명예를 손상하는 망령된 행실을 저질렀사오니
저희를 불쌍히 보시고 용서하여 주시옵소서.

시대의 흐름과 세상의 논리에는 매력을 느끼면서,
이 땅의 뉴스에는 가슴 설레고 사람의 소식에는 흥분하면서
하늘의 음성과 영의 소리에는 귀를 막고 시끄럽게 여기는
무모하고 어처구니없는 삶을 살아온 한심한 저희를
십자가의 은혜로 사하여 주시기를 원합니다.

예배에 대한 경건과
예배를 통해 찾아오시는 하나님의 위대하고 어마어마한 축복을
잃어버린 나머지 미신적 신앙으로 예배를 추락시켰습니다.
옳은 예배에 대한 기대감이 없어 예배 구경꾼으로 전락하여
예배에 실패한 예배실패자로 찾아온 저희를 사하여 주시옵소서.

하나님의 임재에 대한 갈망도 없고 구원에 대한 확신이 없어
천국 불법 체류자가 되어 늘 불안해하고 있습니다.
구원에서 멀어질까 늘 걱정하고 쫓기며 항상 두려워하여
자주 잠 못 자는 불안한 밤을 지새우고 있습니다.
외로운 고독과 우울증세로 능력 많으신 주님의 이름에 먹칠하고
주님을 한없이 욕보이는 연약한 믿음과 어리석고 둔탁한 저희의 영혼을
불쌍히 보시고 용서하여 주시옵소서.

예수님의 이름으로 기도하옵나이다. 아멘.

4. 완고한 집념

2011. 1. 23.

사랑의 하나님!
하나님의 말씀을 따라 거룩한 삶을 살기보다
세상의 가치관으로 살면서 믿음이 아닌 것을 믿음으로 여겼습니다.
사랑이 아닌 것을 사랑으로 착각하였습니다.
소망이 아닌 것을 의지하다가 어이없게도 세속에 물들고
죄악에 빠지며 악인과 자리를 함께하였습니다.
이처럼 오염된 생활을 하면서 살아온
저희를 불쌍히 보시고 사하여 주시기를 빕니다.

주님께 그 엄청난 용서를 받았지만 용서하기를 꺼렸고,
헛된 고집으로 잘못된 생각인 줄 알면서도 내가 옳다고 주장하여
이웃에게 상처를 안겼습니다.
강퍅한 마음으로 잘못을 변명하였고 책임을 이웃에게 전가하며
나와 생각이 다르다는 이유로 그가 불행해지기를 바라는
고약한 마음과 악독한 심보를 용서하여 주시옵소서!

주님께서는 "나와 함께 모으지 아니하는 자는 헤치는 자니라"(눅 11:23)
라고 하셨으나 예배로 모으지 못하였고 기도로 모으지 못하였으며
새벽 캠페인으로 모으지 못하여 주님을 헤치는 자가 되었사오니
사하여 주시기를 원합니다.

아직도 과거의 습관을 깨뜨리지 못하여 성장을 놓치며 살았습니다.
나의 고집의 벽을 깨뜨리지 못하여 전진하지 못하였으며,
나의 완고한 집념 때문에 신앙의 발전을 거듭하지 못한
애굽의 바로와 같은 강퍅한 마음을 용서하여 주시옵소서.

아직 버리지 못한 죄악으로 감사보다는 불평이
내 입술을 지배하고 있습니다.
아직 청산하지 못한 습성 때문에
기쁨보다는 슬픔이 나를 장악하고 있습니다.
여전히 거룩함을 멀리하다가 비극의 삶을 살며
사랑보다는 미워하는 생각이 나를 지배하였습니다.
은혜를 갚기보다는 과거를 들먹이는 공치사에만 치중하였고
헌신하기보다 땅에 묻어 두어 악하고 게으른 종으로 살아가는
불충한 죄를 용서하여 주시옵소서.

세속화된 세속 차원의 세력에 압도되어
거룩한 세계를 보지 못하고 볼 수도 없는
무능한 영성이 되고 말았습니다.
생명의 소리에 둔감하고 미련하여 영원한 보배를 잃어버렸습니다.
행복의 가치를 상실한 채 울며불며 세상 사람과 다른 것이 없는
한심한 작태를 날마다 저질렀던 어리석음을 용서하여 주시옵소서.

예수님의 이름으로 기도하옵나이다. 아멘.

5. 언어의 독침

2011. 1. 30.

하나님 아버지!
세상의 험한 풍랑으로 심히 지치고 곤하여 살 수 있는 희망마저도 잃어버린 채 방황하고 배회하였습니다. 어지러운 세상에 침몰 위기에 처하였으나 세상 방법과 나의 습관에 젖어 높으신 하나님의 생각을 구하지 못한 무력한 믿음을 용서하여 주시기를 원합니다.

하늘의 영원한 소망을 주셨으나 절망에 빠졌습니다. 주님 주시는 말로 다 할 수 없는 기쁨을 주셨지만 기뻐하기는커녕 오히려 슬퍼하였습니다. 절망하는 세계에 몰입되어 마귀의 손아귀에 사로잡혀 놀림당하는 한심한 저희를 사하여 주시기를 바랍니다.

하나님의 생각 속에 높음이 있지만 낮은 것만 찾았습니다. 주님의 뜻에 존귀함이 있지만 천한 것만 탐내었습니다.
주님의 말씀에 길이 있음에도 허탄한 곳에서 헤매고 다녔습니다. 주님의 명령에 영생이 있지만, 순종과는 전혀 상관이 없는 헛된 것을 찾기에 목말라 했던 어리석은 결단을 용서하여 주시기를 바라옵니다.

그래도 하나님의 생각에 도취해 보고 싶어서 하나님을 정중히 믿으려 하였으나 헛수고였습니다. 바른 믿음의 말보다 불신앙의 말투로 살고 있고, 거룩한 꿈의 말보다 절망의 언어가 나를 사로잡았을 뿐 아니라 생명의 언어보다 사망의 언어가 온통 나를 지배하는 삶을 살아왔습니다. 새 출발을 원하였지만, 아직 영적 차원의 것보다 이 땅의 말투에 젖어 있습니다. 하나님의 뜻보다 내 뜻을 중시하고 하나님의 감정보다 내 감정에 충실했습니다.

하나님의 관심보다 물질에 관심을 표명하며 염려와 욕심에 빠져 믿음 없는 말을 함부로 내뱉고 있는 저희를 용서하여 주시옵소서!

불신자보다 못하게 혓바닥을 휘둘러 마귀의 하수인 노릇을 하였습니다. 세 치 혀를 잘못 사용하여 언어의 불행에 마구 빠져들었습니다. 작은 혀 놀림으로 이웃에게 부정적 독약을 먹이고 파괴적 언어로 나와 이웃의 희망을 꺾어 놓았습니다. 무심코 놀려 대는 짧은 혀로 삶을 타락시키고 믿음을 마귀의 전용 도구로 전락시켰습니다.

언어의 독침으로 인생을 사망케 하였습니다. 악질적 언어로 인생을 부실 경영하였습니다. 퇴폐 언어로 연약한 자들을 실족시키며 그 영혼을 지옥 속으로 빠트렸던 미련한 삶을 용서하여 주시옵소서.

우리는, 보이지 않으나 명백한 영계의 인도와 지도 받기를 원했으나 눈에 보이는 것들에 마음이 팔리고 믿음의 부요를 바라기보다 물질의 부요를 원했고 자녀와 가정문제로 기도하기보다 걱정하고 탄식하는 습관을 아직까지 바꾸지 못한 힘없는 믿음과 질긴 고집을 용서하여 주시옵소서.

예수님의 이름으로 기도하옵나이다. 아멘.

6. 악의 경계선

2011. 2. 6.

우리의 생명 되신 주님!
주님을 생명이신 줄 알았지만, 생명줄을 놓은 채 생명 얻기를 바랐고,
생명을 심지 않고 생명의 싹을 기대했으며,
생명을 가꾸지 않고 생명이 자라기를 바라는
믿음 없는 저희를 불쌍히 보시고
주의 십자가의 보혈로 덮으셔서
그 사랑으로 용서하여 주시옵소서.

주님의 십자가를 통하여 하늘의 상속권을 얻게 하시고
십자가의 보혈로 적의 권세를 파하신 공의로우심과
사랑이 풍성하신 하나님을 업신여기기도 하고
주님의 뜻을 거스르기도 하며 주님의 이름을 욕되게 하였던
타락한 본성을 여실히 드러내고 있는 죄악을 사하여 주시옵소서.

십자가의 능력은 세상의 어려움을 이기는 능력임에도
십자가를 의지하지 않고 내 경험을 의지하였습니다.
십자가의 위대한 사랑을 받았음에도 사랑받지 못한 자처럼
불평과 원망이 가득하였습니다.
십자가를 앞세우기보다 내 감정을 앞세우기 좋아했던 고집을
용서하여 주시옵소서.

탐욕과 이기심에 사로잡혀 때 묻은 생각으로
이리 떼처럼 세상을 헤맸습니다.
이 땅의 것으로 배를 불리려 악인의 꾀를 따랐습니다.
잠깐뿐인 이 세상을 영원한 줄로 착각한 나머지
삶의 전부인 것처럼 집착하였습니다.
죄인의 길에서 오락가락, 유혹의 문전에서 기웃기웃,
악의 경계선을 수없이 넘나들면서 죄를 저지른
한심한 저희를 용서하여 주옵소서!

하나님의 생각으로 삶을 구상해야 하지만
나는 천한 생각만 하였습니다.
어설픈 믿음으로 판단하고 허망한 꿈만 꾸었습니다.
어이없게 교묘한 말과 거친 입술로 절망을 안겼습니다.
상처를 주며 돌아앉아서 금방 후회하였습니다.
아직도 거룩해지지 못한 입술을 짓이기고 싶은 맘으로
사죄를 구하오니 주님의 십자가 사랑으로 용서하사
보혈과 성령과 말씀으로 새롭게 하여 주시옵소서!

예수님의 이름으로 기도하옵나이다. 아멘.

7. 허둥대며 목적 없이

2011. 2. 13.

생명 되신 하나님!
오늘 이 시간의 소중함을 알지만, 시간을 낭비하였습니다.
과거를 허송세월하였기에 후회하고 있습니다.
현재는 게으름으로 삶을 낭비하였습니다.
미래를 바랄 줄 모르는 실상 없는 신기루만 좇으며 살아온,
허탄한 생각에 사로잡힌, 믿음 없는 저희를 용서하여 주시옵소서.

세상에서는 노련하고 능수능란한 처세의 솜씨를 발휘하면서도
하나님의 축복이 흐르는 사명을 감당하지 못했습니다.
하나님의 부름에는 귀를 막았습니다.
주님의 거룩한 음성을 나 개인의 이유로 외면하였습니다.
사적인 변명으로, 개인적인 핑계로 사명의 책임을 회피하였던
어리석은 신앙생활을 참회하오니 사하여 주시옵소서.

영적 지식에 무지하여 주님이 원하시는 것보다
어린아이같이 내가 원하는 것만 하고자 고집하였습니다.
나의 집념을 관철하고 나의 신념을 신앙보다 앞세웠습니다.
나의 관록과 경험을 주님의 뜻보다 높이기를 좋아했습니다.
하나님의 이름을 욕되게 했던 저희를 십자가의 보혈로
깨끗하게 해 주시옵소서.

주변에 많은 형제자매와 부모님들, 혹은 다정했던 친구들이
세상을 떠나가는 것을 목격하거나 장례식장의 눈물을 보면서도
저희의 생각은 언제나 오늘에 집착하였고 내일을 꿈꾸지 않았습니다.
내세를 설계하지 못하였고 천국을 준비하지 못하였으며
허둥대며 목적 없이 살아가는
불쌍한 저희를 용서하여 주시옵소서.

세상 사람과 다를 바 없이 미워하고
똑 부러지게 비판 잘하는 것을 의로움으로 여겼습니다.
사단의 음모와 흉계를 즐기며 모략과 험담을 은근히 만끽하였습니다.
체질화된 타락성과 마귀의 농간에 쉽게 휘말려 세속에 빠졌습니다.
세상에 물든 근성으로 축복받을 미래를 계획하지 못하며,
현실에만 집착하는 저희를 용서하여 주시옵소서.

조그만 어려움이 올 때 쉽게 좌절하고 너무 빨리 포기하였습니다.
너무 성급히 절망하는 불신앙을 참회하오니 용서하여 주시옵고
성령님의 위대한 간섭과 주님이 말씀으로 참견해 주심을
존중하지 못한 어설픈 믿음과 쪼잔한 마음을
십자가의 보혈로 새롭게 하여 주시옵소서.

예수님의 이름으로 기도하옵나이다. 아멘.

8. 막돼먹은 인격

2011. 2. 20.

우리의 생명이신 하나님!
우리에게 생명 주시기를 그토록 원하셨던
주님의 마음을 헤아리지 못하였습니다.
십자가 없는 구원을 기대하였고,
말씀 없는 성숙을 흠모하였습니다.
하나님은 애타게 우리의 믿음을 찾으시지만 내놓을 것이란
못난 자아로부터 흘러나오는 유치한 생각과
거짓된 믿음밖에 없사오니 용서하여 주시기를 비옵나이다.

그 유치한 생각 때문에 나의 고집은 관철했어도
주님의 뜻은 관철되지 못하게 하였습니다.
주님의 몸이신 교회를 아랑곳하지 않으면서
거짓 믿음으로 행복을 논하고
위선의 경건으로 이웃을 한없이 울게 하였습니다.
교회가 아파하는 줄도, 성도가 슬퍼하는 줄도 모른 채
나만 알아주기를 바라면서 늘 보채고 있습니다.
아직도 세상 사람과 같이 허황한 꿈으로 하나님의 거룩함을 더럽히고
치졸한 말로 화목을 깨뜨리며
고장 난 믿음과 턱없이 부족한 영성으로 교회에 해를 끼치면서
주님의 이름을 욕 먹인 저희를 용서하여 주시옵소서.

주님께서 나의 **막돼먹은 인격** 때문에
비통해하시는 것을 깨닫지 못했습니다.
나의 비뚤어진 행동 때문에 울고 계시는
주님을 눈치채지 못하였습니다.
어린아이 같은 철없는 말투와 미숙한 판단 때문에
주님이 얼마나 가슴 아파하시는 줄도 모르는,
철저히 이기주의에 사로잡힌 저희를 사하여 주시옵소서!

주님을 닮은 구석이라고는 찾을 길 없는 이 못난 영성과
주님께서 거룩하라 하셨지만, 세속에 동화되었고,
화목하라 하셨지만, 미워하는 얼굴로 예배에 참석하고,
사랑하라 하셨지만, 분노와 혈기를 품고 예배에 나오는
영적 퇴폐와 믿음의 타락을 십자가로 용서하여 주시옵소서.

믿음으로 주님 앞에 서 보겠다고 결심하였으나
먼저 이 땅 가정에서 풀 것을 풀지 못하였습니다.
직장에서도 풀지 못하고 친구와도 풀지 못하였습니다.
땅에서 풀지 못한 무서운 죄로 하늘의 은혜를 묶어 두었고
세상에서 풀지 못하여 하늘의 축복을 묶어 버린
한심한 저희를 용서하여 주시옵소서!

예수님의 이름으로 기도하옵나이다. 아멘.

9. 어둠의 자식 노릇

2011. 2. 27.

우리의 생명 되신 하나님!
주님께서는 나를 본받으라 하셨으나
나는 마귀를 닮은 것은 아닌지,
나를 따르라 주님 말씀하셨지만
반대 방향으로 가지는 않았는지,
나의 행한 것을 너희도 행하라 하셨으나
행하기는커녕 한 달란트를 묻어 둔 악한 종처럼
게으르고 나태하지는 않았는지,
부끄러움을 금치 못하여 사죄를 비오니 사하여 주시옵소서.

어둠의 옷을 벗고 빛의 갑옷을 입으라 하셨으나
여전히 어둠 속을 허우적대며 어둠 가운데 머물었으며,
어둠의 생활을 버리고 빛의 옷을 입은
자녀의 새로운 삶을 살기 원하셨으나
암흑의 자식처럼 세속의 생활을 즐기며
어둠의 자식 노릇을 하였사오니
주님의 십자가 사랑으로 용서하여 주시옵소서.

부질없는 생각과 허황한 꿈에 젖어
잘못된 믿음을 키웠습니다.

안 믿는 불신보다도 더 악한 배신과 무서운 타락을 일삼았습니다.
거짓 믿음에 속고 왜곡된 믿음에 주님을 슬프게 할 뿐 아니라
주님의 이름을 크게 욕되게 하였나이다.
주님 보혈의 사랑으로 씻어 주시고
용서하여 주시옵소서!

때로는 썩은 생각으로 허탄한 말을 하며,
욕심을 성취하려고 하지 말아야 할 말을 하였으며,
내 꿈을 이루려고 성경을 이용해 먹고,
야심을 성취하고자 기도를 이용 가치로 보았습니다.
나의 가벼운 말 한마디로 이웃의 마음을 후벼 팠을 뿐 아니라
나의 조그만 이득을 챙기기 위해
성경을 이익의 도구로만 여겼습니다.
나의 목적 달성을 위해 이웃마저 이용하는
이기주의를 용서하여 주시옵소서!

이제는 썩은 생각과 잘못된 믿음을 보혈로 정화시켜 주시고
허망한 꿈과 타락한 언어를 성령으로 치유하여 주셔서
새 삶을 살게 하여 주시옵소서!

예수님의 이름으로 기도하옵나이다. 아멘.

10. 고독의 질병

2011. 3. 6.

우리 생명 되신 하나님 아버지!
주님이 주신 은혜로 살면서도 은혜를 배반하고,
많은 사랑을 힘입고 살아왔지만, 고독에 울었습니다.
주님이 세상에서도 높여 주셨고
사회에서도 세워 주셨음에도 불구하고
오히려 내 힘으로 잘된 것처럼 교만했습니다.
내 능력으로 성공한 것처럼 오만불손했습니다.
용서하여 주시기를 비옵나이다.

하나님께서는 영광스러운 희망을 주셨지만
우리는 조그만 어려움에도 쉽게 스스로 절망하였습니다.
주님께서 함께하시고 도와주셨음에도
혼자 살아온 것처럼 늘 많은 세월을 외롭게 여기며
고독의 질병을 앓았습니다.
주님께서 힘 되어 주셨지만 자주 힘을 잃고
낙심하였던 죄를 용서하여 주시옵소서.

주님께서는 길이 참아 주셨지만
저희는 조그만 일에도 참지 못하고,
주님께서는 오래오래 기다려 주셨지만

우리는 순간도 견디지 못하고 쉽게 주저앉는
약하고 한심한 죄인이오니
십자가의 보혈로 속량하여 주시옵소서.

하나님의 사랑을 배웠으나 사랑을 실천하지 못했고,
은혜를 알지만, 은혜를 저버리고 살아왔으며,
은혜를 베풀기에 인색하고 오히려 받기만 했던
이기적인 욕망으로 가득한 저희의 마음을
십자가의 보혈로 정결케 하여 주시옵소서.

세상 소식에는 민감하면서도
하나님의 말씀에는 둔감하였습니다.
TV 뉴스와 신문은 신뢰하였지만
영의 소식에는 늘 의심하였습니다.
누리꾼과 네티즌의 과장되고 선동적 사이비 소리에는
믿음과 환호와 찬사를 보내면서도
하늘의 소식, 주님의 음성에는 소홀히 했던
저희를 불쌍히 보시고
주님의 사랑으로 용서하여 주시옵소서!

예수님의 이름으로 기도하옵나이다. 아멘.

11. 피 맺힌 음성

2011. 3. 13.

하나님 아버지!
세상을 눈가림으로 살고
세속의 영광을 면류관으로 여기며
세상 부귀를 보배로 삼고 살아온
미련하고 비뚤어진 저희의 죄를 깨닫고 자백하오니
긍휼히 여겨 주시옵소서.

혹시라도 부정한 입술로
하나님 이름을 망령되이 부르고
거만한 마음으로 기독교를 비판하고
교회를 흠집 내며 성도를 아프게 하며
이웃의 마음을 상처 내며 일꾼들을 헐뜯는
마귀의 수법을 따랐던 마음과
더러운 죄를 사하여 주옵소서!

이제까지 하나님의 사랑을 배반하고,
주님의 은혜를 등지고 살며,
주님의 뜻을 반역하는 형편없는 생각과
합당치 못한 태도와 곱지 못한 자세로
그릇된 행동을 일삼았던 악을 사하여 주시옵소서!

이리 밀리고 저리 떠돌며 다녔던 저희를
잔잔한 물가로 인도하시려고 하셨지만
내 맘대로 고집부리며 헤매고 다녔습니다.
안식의 동산에 눕게 하시려고
주님의 **피맺힌 음성**을 들려주셨건만
귀를 막고 방황했던 저희를
십자가의 사랑으로 용서하여 주시옵소서!

십자가에서 그 엄청난 수모와 욕을 당하시며
우리의 죄를 용서해 달라고 울부짖었던
주님의 음성을 뿌리치고
내 마음대로 방탕과 방종의 삶을 살다가
이제야 돌아왔사오니
용서하여 주시옵소서.

예수님의 이름으로 기도하옵나이다. 아멘.

12. 금쪽같은 내 새끼

2011. 3. 20.

하나님 아버지!
우리 가정의 자녀들에게 거룩한 습관을 길들이고
위대한 성품을 길들이며 새벽기도를 길들이고
하늘의 습관을 길들이며 축복의 습관을 길들이고
성공하는 습관을 기필코 길들여서
어떻게든 잘 키워 하나님의 거룩한 인물이 되도록
21일 영성 새벽 캠페인을 진행하게 하셨건만
새벽을 깨우지 못한 저희의 부족함과 그릇됨을 참회하오니
긍휼히 여겨 주시옵소서!

우리 자녀들을 하나님이 주셨음에도 불구하고
내 소유인 것처럼 여겨 금쪽같은 내 새끼라며
마음대로 길들이고 마음대로 야단치고 마음대로 폭력을 가하고
마음대로 인격을 뭉개버리고 마음대로 영혼을 메마르게 했던
어리석고 미련한 저희를 용서하여 주시기를 빕니다.

우리 자녀들이 잘되기를 바라면서도 잘되는 믿음의 길을 막아버리고
훌륭해지기를 바라면서도 훌륭해지는 기도의 길을 방해하며
그토록 복 받기를 원하면서도
복의 근원이신 하나님 섬기는 일을 소홀히 하였사오니

저희의 우둔함을 용서하여 주시기를 원합니다.

우리 자녀들이 지혜롭기를 소원하면서도
지혜의 근본이신 하나님 경외하기를 하찮게 여기고,
건강하기를 원하면서도 악에서 떠나는 것이 골수까지 윤택게 하는
건강의 비결임을 기억지 못하였으며,
게으르지 않기를 원하면서도
새벽과는 담을 쌓고 있는 게으른 나의 모습 때문에 자녀들을 게으름뱅이로 만들어 학교 갈 때마다 깨우는 전쟁을 치르고 있는
미련함을 용서하여 주시옵소서.

우리 자녀들이 탁월한 인재가 되기를 기대하면서도
인재가 만들어질 믿음의 토양을 만들지 못하고
이 땅의 허영으로 가득한 토양을 만들어 세상의 이득과 출세와 돈 버는 처세술에만 집착하도록 욕심을 심어 주다가
땅을 치고 눈물을 흘리고 가슴을 찢는 후회를 거듭하고 있사오니
부모와 조상이 된 저희의 비뚤어진 가치관을 사하여 주시옵소서!

우리 자녀들이 형통하기를 원하면서도 형통의 원리인 말씀을 놓치고,
축복을 원하면서도 축복의 통로인 순종을 대수롭지 않게 여기며,
넉넉한 인격의 자녀들이 되기를 기대하면서도
속 좁은 부모의 모습 때문에 오히려 자녀들에게 상처를 안겨 주고
씻을 수 없는 아픔을 남겼던 저희를 용서하여 주시옵소서.

예수님의 이름으로 기도하옵나이다. 아멘.

13. 못남과 못됨

2011. 3. 27.

우리의 생명이신 하나님!
늘 울어도 눈물로서 갚을 수 없고
몸밖에 드릴 것 없어 이 몸 바친다고 결심하였으나
이 한 몸 챙기느라 주님을 멀리하였으며
이름 없이 빛도 없이 주님만 따르리라 하였으나
가족과 자식에게 신경 쏟느라 교회와는 거리가 있었기에
송구한 맘을 금치 못하여 사죄를 비오니
사하여 주시기를 빕니다.

썩어질 육체를 위해서는 온갖 수고를 아끼지 않다가
결국 실패하고 가슴에 씻을 수 없는 멍이 든 채
이제야 뉘우치고 후회하는 심령으로
주님께 숨죽이면서 머리 숙였사오니
사하여 주시기를 비옵나이다.

버려야 할 물질 때문에 믿음을 더럽히고
잊어야 할 증오 때문에 사랑의 능력을 놓쳤으며
하찮은 자존심 때문에 하나님의 이름을 욕되게 하였고
아직 꺾지 못한 교만으로 은혜의 보좌 앞으로 나아가지 못하였으며
아직 버리지 못한 고집 때문에 축복의 문턱을 넘지 못하는

가련하고 불쌍한 저희를 용서하여 주시기를 바라옵나이다.

어쩌자고 우리가 하나님의 도를
세상의 도로 자리바꿈시키고
어쩌려고 우리의 거룩한 성전인 몸을
세속의 도구로만 사용하여
주님의 이름을 욕되게 하고
주님의 영광을 짓밟아 버렸는지
깊이 후회하고 자복하오니
용서하여 주시옵소서!

저희의 못남과 못됨과 바르지 못함과
자만과 거만과 고집스러움과 고약한 심보를
주님의 그 크신 사랑으로 사하여 주셔서
성령으로 새롭게 하여 주시옵소서!

예수님의 이름으로 기도하옵나이다. 아멘.

14. 세속의 영광

2011. 4. 3.

하나님 아버지!
세상을 눈가림으로 살고
세속의 영광을 면류관으로 여기며
세상 부귀를 보배로 삼고 살아온
미련하고 비뚤어진 저희의 죄를 깨닫고 자백하오니
긍휼히 여겨 주시옵소서.

혹시라도 부정한 입술로 하나님 이름을 망령되이 부르고
거만한 마음으로 기독교를 비판하고
교회를 흠집 내며 성도를 아프게 하며
이웃의 마음을 상처 내며
일꾼들을 헐뜯는 마귀의 수법을 따랐던 마음과
더러운 죄를 사하여 주옵소서!

이제까지 하나님의 사랑을 배반하고,
주님의 은혜를 등지고 살며,
주님의 뜻을 반역하는
형편없는 생각과 합당치 못한 태도와 그릇된 행동을
사하여 주시옵소서!

이리 밀리고 저리 떠돌며 다녔던 저희를
잔잔한 물가로 인도하시려고 하셨지만
내 맘대로 헤매고
안식의 동산에 눕게 하시려고
주님의 피맺힌 음성을 들려주셨지만
귀를 막고 방황했던 저희를
십자가의 사랑으로 용서하여 주시옵소서!

십자가에서 그 엄청난 수모와 욕을 당하시며
우리의 죄를 용서해 달라고 울부짖었던
주님의 음성을 뿌리치고 내 마음대로
방탕과 방종의 삶을 살다가
이제야 돌아왔사오니
용서하여 주시기를 비옵나이다.

예수님의 이름으로 기도하옵나이다. 아멘.

15. 방황의 세월

2011. 4. 10.

생명 되신 하나님 아버지!
벌써 4월이 되어 봄기운에 빠른 세월이 떠내려가고
인생 삶의 속도를 실감하게 하는 계절이 되었지만,
나 자신의 영적 성장과 자신의 변화를 소홀히 하였습니다.
온통 세상이 종말의 증상과 말세의 징조로 가득해졌지만
내 소견대로 소리치고, 내 고집대로 처신하며,
내 집념대로 내 뜻을 관철하며,
내 철학대로 삶을 꾸려보려고 한 탈선을 용서하여 주시옵소서.

이 죄악 세상에 거침없이 동조하였고
이 시대에 동화되었으며
이 땅의 죄악의 물결에 편승하여
사탄의 사주를 받아 주님을 등진 **방황의 세월**을 살아왔사오니
저희를 용서하시고
그동안의 몹쓸 짓만 반복하며 살아온
나쁜 습관을 끊어 주시옵소서!

주님의 거룩한 음성이 내 귀에 쟁쟁하지만, 아랑곳하지 않았습니다.
새벽 문자를 통해 귓전을 때리며 나를 깨우는
하늘의 음성을 애써 회피하였으며,

들리는 복음의 소리를 못 들은 척하면서
뒤틀리고 꼬이는 세속의 소리와 이 땅의 뉴스에만 민감하였습니다.
이처럼 하나님의 말씀과 무관하게 살아온
저희를 사하여 주시옵소서!

복음의 통치와 은혜의 지배를 받아야 할 믿음의 사람들이
진리의 왜곡과 철면피한 위선자들과 어깨를 나란히 하였고
불법이 내 삶을 통치하고 죄악이 나의 영성을 지배하는
어이없는 영적 파산을 경험하며 끝 가는 줄 모르고 방황하였습니다.
그래도 한없이 부으시는 주의 은혜에 이끌려 이곳에 왔사오니
저희 죄를 사하시고 보혈로 깨끗게 하여 주시옵소서!

난무하는 이 세상의 어둠의 세력과 함께 사는
세속의 삶을 은근히 즐기며 어둠을 추종하면서
죄의 쾌락을 만끽하고 살아온
타락의 삶을 용서하여 주시기를 비옵나이다.

예수님의 이름으로 기도하옵나이다. 아멘.

16. 썩은 삶과 죽은 생애

2011. 4. 17. 고난주일

우리의 생명 되신 하나님!
세상과 타협하지 않으시고
공중 권세 잡은 자 마귀와 협상하지 않으시고
마귀를 대적하시는 주님이심을 믿습니다.
그 험한 가시밭 구원의 길을 여시기 위해 십자가를 지셨건만
우리는 주님을 등진 채 썩은 삶과 죽은 생애를
터벅터벅 걸어가고 있사오니
저희를 불쌍히 여겨 주시옵소서.

우리를 살려주시려 이 땅에 오셔서
우리에게 생명의 문을 열어 주셨건만,
우리에게서 저주를 거두어 주셨건만,
우리를 멸망치 않게 하시려 하셨건만,
그 사랑을 저버리고 은혜를 망각한 채 황당하게 방황하였사오니
저희의 허망한 죄악을 십자가의 은혜로 사하여 주시옵소서!

주님은 머리에 가시관 쓰시고 고통을 당하셨는데
온몸의 옷을 벗긴 채로 치욕을 당하셨는데
조롱의 면류관을 거절하지 않으신 주님!
수욕의 벗김 당함을 거절하지 않으신 주님!

우리에겐 영광의 면류관을 주시려고
아픔을 마다하지 않으신 주님을 까마득히 잊어버리고
탐욕과 욕심을 채우려고
헛된 욕망의 배로 영광 삼으려 했던
저희의 빗나간 가치관의 배신을 용서하여 주시옵소서!

주님께서 십자가를 지심으로 우리의 모든 죄를 사하셨으나
인정하지 않고 어리석은 양처럼 그릇 행하였습니다.
내가 원하는 길로 가다가 저주와 형벌을 자초한
불쌍한 죄인이 되어 이 시간 주님 앞에 고개 숙여 사죄하오니
주님의 보혈로 사하여 주시기를 빕니다.

죄를 미워하시되 죄인을 사랑하신 주님!
심판의 독배를 마시면서까지 사랑해 주신 주님!
진노의 잔을 자청하시면서까지 우리를 사랑하셔서
십자가로 과거와 현재, 심지어 미래 그리고 영원히
모든 죄를 처치하시고 우리를 구원해 주셨음에도 불구하고
구원의 은혜를 은혜로 여기지 않는
반역과 불신앙과 거짓과 위선을 용서하여 주시옵소서!

나 위하여 십자가를 지신
예수님의 이름으로 기도하옵나이다. 아멘.

17. 오아시스 & 신기루

2011. 4. 24.

하나님 우리 아버지!
행복의 오아시스를 꿈꾸었으나 신기루뿐이었고
안식을 기다렸으나 불안과 초조함으로 불행의 연속이었던
나의 삶을 지금에야 깨닫고 후회하면서
세상에서 희망 없이 방황하는 세월에 종지부를 찍고자
주님 앞에 왔사오니 나를 받아 주시옵소서!

멀고 험한 이 세상 길에 소망도 없고
행복에 대한 보장도 없는 나그넷길의 방랑을 끝내고 싶었지만
나를 맞이해 주는 안식처가
세상의 권력이며 돈이며 이 땅의 고품격 문화생활인 것으로 오해하여
주님을 떠난 생활을 하다가 이제야 돌아왔사오니
긍휼히 여기사 용서하여 주시옵소서!

의지할 곳 없어 헤매며 기댈 곳 없어 정처 없이 살아오면서
처량하게 흘린 눈물을 닦아 줄자 없어 외로웠습니다.
눈물의 세월을 일찍이 끝내고 싶었으나
길을 잃고 헤매며 방황한 것이 얼마나 무서운 죄였다는 것을
이제야 깨닫고 자복하오니 사하여 주시옵소서!

내 인생 지금까지 살아온 발자취를 돌아보니
걸음마다 자국마다 죄의 투성이요 흔적마다 악의 덩어리이며
자취마다 실패와 낭패로 얼룩졌습니다.
그러나 수고하고 무거운 짐 진 자 다 내게로 오라 하시며
애타게 부르시던 주님의 음성을 극구 외면하였던
불신앙의 죄를 사하여 주시옵소서!

쓰리고 아픈 마음 얼룩져서 가눌 길 없사옵고
기진맥진하여 버틸 수가 없어
그 누가 나의 괴롬과 무거운 죄 짐을 지워줄까
지레짐작 실망하고 포기하며 절망하고 불신하였던
탕자의 삶을 용서하여 주시옵소서!

숨 막히게 실패를 경험한 것 때문에
철없이 주님을 배신한 것 때문에
가슴이 미어터지는 듯합니다.
절망을 맛본 과거 때문에 한 치 앞도 내다보지 못한 채
한 걸음도 전진하지 못하고 있습니다.
오늘도 전전긍긍하며 몸부림치면서
세월을 한탄하고 가족을 원망하며
이웃에 대한 실망으로 남의 탓만 하다가
이 시간 주님 앞에 부끄럽지만, 고개 숙였사오니
알면서 지은 죄, 부지중에 지은 모든 죄를
십자가의 보혈로 사하여 주시고 성령으로 새롭게 하여 주시옵소서!

예수님의 이름으로 기도하옵나이다. 아멘.

18. 양육 없는 사육

2011. 5. 1. 어린이 주일

어린이를 지극히 사랑하시는 주님!
죄악에서 성별하여 하나님의 자녀로 삼아 주신
하나님의 그 큰 사랑을 멀리하여 배신하고
죄의 파도가 높다고 거기에 침몰하였고
타락의 수렁이 깊다고 또다시 빠져 버린,
죄와 더불어 살며 죄를 먹고 악을 마시며 방탕을 옷 입고 살아온
탕자들이 돌아왔사오니 용서하여 주시옵소서!

축복으로 주신 하나님의 선물인 어린 자녀들을
빛으로 인도하기보다 어둠에 머물게 하였으며
소금의 삶을 살도록 해야 함에도 불구하고
오히려 썩게 하는 부패의 온상, 바이러스가 되었습니다.
변질되지 않는 삶으로 모범이 되어야 하고
모델이 되고 거울이 되어야 함에도 불구하고
불충의 모델이 되었고 타락의 모델이 되었으며
때 묻은 거울이 되었습니다.
어이없게 살아온 이 일을 한탄하며 속죄를 구하오니
사하여 주시옵소서!

자녀들을 말씀으로 양육해야 하지만
세상 문화에 익숙하게 하였습니다.
기도로 인생을 운영해야 하지만
세상 문화를 우선순위로 삼았습니다.
하늘의 처세술을 익히게 해야 함에도 불구하고
돈을 먼저 떠올리고 백 있으면 잘될 것이라는
인맥 우선주의에 빠져 가는 세속화된 자녀로 만들어버린
황당하고 한심한 저희를 용서하여 주시옵소서!

부모 된 저희의 허식으로 자녀들이 허황된 꿈에 빠지고
저희의 어이없는 가식으로 자녀들이 거짓 신앙으로 살며
분수에 맞지 않는 욕망을 키우다가 과욕의 자녀가 되는 줄도 모르고
죄에 얼룩진 삶을 보물처럼 끌어안고 놓지 못하는
욕망의 과거를 청산하고자 하오니
십자가의 보혈로 씻어 주시옵소서!

어린이와 자녀들에게 천국을 보이기 전에 세상을 보이고
믿음을 보이기 전에 텔레비전을 보이며
말씀을 소개하기 전에 문화를 소개하였으며
교회를 알리기 전에 이 세상을 알리고
속사람을 만들기 전에 겉치장에 몰두하게 하였던
양육 없는 사육을 일삼았던
지내온 세월이 후회스러워 뉘우치며 회개하오니 사하여 주시옵소서!

예수님의 이름으로 기도하옵나이다. 아멘.

19. 천벌 받을 짓

2011. 5. 8. 어버이 주일

우리 하나님 아버지!
자녀들의 효 사상이 탈선되어 피해갈 수 없는 명제로 남아 있습니다.
타락의 극치를 일삼는 불효의 죄악을 오만하게 마구 저질렀습니다.
오늘도 부모님에 대한 존경을 잊고 애정도 상실하며 섬김도 망각한 채
허겁지겁 살아가는 저희를 사하여 주시옵소서.

제5계명은 약속 있는 첫 계명이라고 들어보기는 하였으나
잊은 지 오래되었고,
효도가 축복의 통로이고 장수의 복을 받게 한다는
말씀을 망각한 채 세월이 흐르고 말았습니다.
세대 차를 진리인 양 주장하여 부모님께 순종은커녕
부모를 오히려 공격하고 비방하고 불평을 일삼았던
불효막심을 용서하여 주시옵소서!

부모님을 경홀히 여기는 범죄로 저주를 자청하였고
부모님의 훈계를 업신여기는 미련한 행동을 하는
매우 악하고 **천벌 받을 짓**을 하고도 깨닫지 못하는
저희를 불쌍히 여겨 주시옵소서!

세속에 물들어 부모님을 똑바로 경외하지 못하였나이다.
세상 스타일의 악습에 젖어 부모님을 멸시하였나이다.
악인의 꾀를 좇아 부모님의 생각을 무시하였나이다.
부모님이 가리키는 정로를 버리고 딴 길로 갔습니다.
아비의 훈계와 어미의 기도를 거역하고 죄인의 길에서
악의 냄새를 즐기고 죄의 악취에 흠뻑 빠지는
배은망덕의 반역과 배반과 불효를 용서하여 주시옵소서!

애완동물이 병이 나면 가축병원에 불이 나게 달려가면서도
부모님이 병이 나면 연로하셔서 그렇다고 태연하게 생각하는
무관심의 죄를 어머니와 아버지께 범하였나이다.
자식 위해 쓰는 돈은 아까운 줄 모르고 썼지만
부모 위해 쓰는 돈은 하나둘씩 따져 보고 재어 보고 계산하며
바들바들 떨었던 염치도 면목도 양심도 없는
큰 죄를 범하였사오니 용서하여 주시옵소서!

하나님의 계명 중의 계명인 제5계명의 부모 공경을
진부한 박물관용으로 여겼고, 구약의 얘기로만 여겼으며,
유대인용으로 여기고, 남의 나라 이야기로 생각하였으며,
나와 상관없고 나와는 무관한 것으로 여기며 살아가는
저희를 사하여 주시옵소서!

예수님의 이름으로 기도하옵나이다. 아멘.

20. 한심한 교사

2011. 5. 15. 스승의 주일

참 스승으로 오셔서 구원을 주신 하나님!
주님께서 은혜로 교사의 직분을 주셨음에도 소홀히 하였습니다.
교사의 직분을 내가 획득한 것으로 오해하는 죄에 빠졌습니다.
주님께서 나를 기쁘게 여기셔서 교사의 직책을 주셨는데도
내가 쟁취한 것으로 착각하여
'나 아니면 누가 교사를 할 것인가?'라고
감히 주님의 의도를 왜곡하여
주님의 부르심의 계획을 하찮게 여기는
교만에 빠졌던 잘못을 용서하여 주시옵소서!

돌아온 당자를 내어 쫓지 아니하시고 맞이해 주시는
주님의 마음을 헤아리지 못하고 길을 잃고 방황하였습니다.
세상 가치에 빠져 마음의 황폐와 정신적 혼란을 겪으며
이리 쫓기고 저리 배회하다가 돌아온 어린 탕자를 감싸주지 못하고
바쁘다는 핑계로 멀리하였고 피곤하다는 이유로 무관심한
불충을 저지른 죄를 참회하오니 용서하여 주시기를 간절히 빕니다.

아무리 힘들고 어렵더라도 어린 생명을 귀히 여겨야 했고
목숨 걸어야 했는데 힘들다고 뿌리쳤습니다.
바쁘다고 태만하여 직무유기로 어린 영혼을 울렸습니다.

어린 영혼에게 기쁨 대신에 슬픔을 주지 않았는지,
희망 대신에 절망을 주지 않았는지 돌이켜 보면
한심한 교사가 된 것 같아 주님 앞에 부끄러워 고개 들 수 없어
이 시간에 자복하오니 사하여 주시기를 비옵나이다.

막중한 교사의 사명을 가벼이 여기지는 않았는지,
예배를 소홀히 하다가 어린이를 예배실패자로 만들지는 않았는지,
시간을 소홀히 하다가 지각과 결석을 일삼으며
어린 영혼에 시간의 가치를 송두리째 빼앗아버리는
강도 짓을 하지 않았는지 두렵고 떨리옵나이다.

하나님께 드려야 할 하나님의 소유를 도둑질하는
나의 타락상으로 말미암아
제대로 가르친 것이 한 가지라도 있는지 생각해 보면,
너무도 어이없는 나의 삶으로 말미암아
아이들이 선생님께 제대로 배운 것이 한 가지도 없다고 한다면
주님께 어떤 책망을 받을까?
두려워하며 떨고 있사오니
주님의 거룩한 피로 씻어 주시옵소서!

예수님의 이름으로 기도하옵나이다. 아멘.

21. 진실한 열매

2011. 11. 18.

은혜로우신 하나님 아버지!
주님이 주신 은혜로 살면서도 은혜를 배반하였고,
많은 사랑을 힘입고 살면서도 고독에 울었으며,
주님이 높여 주시고 세워 주셨음에도 불구하고
오히려 교만하고 오만불손했던 어리석음을
용서하여 주시기를 비옵나이다.

하나님께서는 영광스러운 희망을 주셨지만
우리는 스스로 절망하였습니다.
주님께서 함께하시고 도와주셨음에도
혼자 살아온 것처럼 스스로 외로워했고,
주님께서 힘 되어 주셨지만 자주 힘을 잃고
낙심하였던 죄를 용서하여 주시옵소서.

주님께서는 길이 참아 주셨지만
저희는 조그만 일에도 참지 못하였고,
주님께서는 오래오래 기다려 주셨지만
우리는 잠시도 견디지 못하여 쉽게 주저앉는
약하고 한심한 죄인이오니
십자가의 보혈로 속량하여 주시옵소서.

하나님의 사랑을 배웠으나 사랑을 실천하지 못하였고,
은혜를 알지만, 은혜를 저버리고 살아왔으며,
은혜를 베풀기에 인색하고 오히려 받으려고만 했던
이기적인 욕망으로 가득 찬 저희의 마음을
십자가의 보혈로 사하여 주시옵소서.

추수의 계절이지만 주님께 내놓을 만한 진실한 열매가 없어
부끄러워 고개 들지 못하오니
불쌍히 여겨 주시옵소서.
감사의 절기이지만 주님께 참된 감사를 제대로 드리지 못하고
겉치레와 형식으로만 감사하는
표리부동한 저희의 죄악과 불의를
용서하여 주시옵소서.

주님께서 새 마음과 새 뜻과 새로운 힘으로
주님을 섬길 수 있도록 보혈로 씻으셔서
성령의 거룩한 의의 옷으로 옷 입혀 주시옵소서.

예수님의 이름으로 기도하옵나이다. 아멘.

22. 속사람과 겉사람

2012. 1. 1. 첫날 첫 주일

살아 계신 하나님 아버지!
한 해를 마감하고 첫날 새날 첫 주일 첫 시간을 맞이해서
첫 예배를 드리는 중에
저희는 자신을 철저히 돌아보면서 통회하고 자복하오니
불꽃 같은 눈길로 저희의 심령을 꿰뚫어 보시고
성령으로 감동을 주셔서 숨겨진 죄악까지 드러나게 하시고
남김없이 참회하는 기도를 드리게 하옵소서!

하나님 앞에서 속사람과 겉사람을 살펴보오니
적나라한 나의 속사람의 부패함과
겉사람의 악행을 주님의 보혈로
씻어 주시옵소서!

저희는 하나님의 말씀을 순종하지 못했습니다.
하나님의 이름을 망령되게 불렀습니다.
사람과 재물을 하나님보다 더 사랑했습니다.
주일을 거룩하게 구별하여 지키지 못한
불법을 사하여 주시옵소서.

부모님을 공경하지 못했습니다.
형제를 미워했습니다.
음욕을 품었습니다.
하나님의 것을 도적질했습니다.
거짓말을 곧잘 했습니다.
탐심을 가졌습니다.
목숨을 다하여 하나님을 사랑하지 못하였고,
목숨을 다하여 이웃을 사랑하지 못한 악행을
용서하여 주시옵소서.

주님, 이 시간 우리의 생각과 행동을 사람에게는 숨겼지만,
어찌 하나님께 숨길 수 있겠습니까.
티끌만 한 죄라도 내려놓게 하시고
흰 눈같이 깨끗하게 하여 주시옵소서!

우리를 사랑하시는
예수님의 이름으로 기도하옵나이다. 아멘.

제2부

2014-2016년

1. 허겁지겁 허둥지둥

2014. 2. 23.

우리의 생명이신 하나님 아버지!
우리 인생이 어디에서 와서
왜 살며 어디로 가는지도 모른 채
허겁지겁 하루하루를 허비하고
허둥지둥 한 달 두 달을 허둥대며
어이없게 세월을 낭비하며 살다가
무거운 죄 짐 때문에 착잡한 마음으로
돌아왔사오니 긍휼히 여겨 주시옵소서!

내가 어디서 왔는지 뿌리도 모르고
그 근원도 헤아리지 못하였습니다.
이 시간 황급히 달려와
지존하신 하나님 앞에 떨리는 마음으로 섰사오니
저희의 어리석음을 용서하여 주시옵소서!

내가 왜 사는지, 어떻게 살아야 하는지
그 이유를 생각해 보지도 않은 채
먹고 마시고 일하고 잠자는
동물과 같은 삶을 살지 않았는지
나를 돌이켜 보며 깊이 사죄를 구하오니

십자가의 보혈로 사하여 주시옵소서!

주님은 깊은 곳을 명하셨으나
얕은 곳을 찾아갔습니다.
깊은 데서 깊은 진리를 건지려 하지 않고
얕은 데서 실리를 얻으려고
얕은 데서 이익을 챙기려고
얕은 데로 빗나간 소행을
용서하여 주시옵소서.

주님께서 오른쪽이라고 명하셨으나
우리는 늘 왼쪽을 생각하였고
주님은 높은 곳을 보라 하셨으나
나는 낮은 곳을 주목하였습니다.
내 생각을 따라 내가 선택한 쪽에서
내 눈앞의 이익을 챙기려 했던
낡은 생각을 사하여 주시옵소서!

예수님의 이름으로 기도하옵나이다. 아멘.

2. 퇴폐한 생각

2014. 3. 2.

의로우신 하나님!
이 세상에 사는 이유가 하늘에서처럼
이 땅에서 하나님을 성공시키고
주님을 형통케 해드려야 하는
거룩한 목적이라야 하는데
나의 성공, 나의 형통에만 더 몰두하는
짧은 안목과 퇴폐한 생각을 용서하여 주시옵소서.

하나님의 나라를 목표로 삼아야 하지만
신앙생활을 나의 편리와 나의 이익을 위한
종교생활로 전락시켰습니다.
하나님의 사랑과 공의가 목적이어야 하건만
나의 소원 성취라는 목적을 위한 수단으로 여겼습니다.
하나님을 섬기는 것이 아니고
하나님을 이용하려 했던
철없는 믿음을 용서하여 주시옵소서!

이 예배를 드리는 시간에도
거짓되고 욕심에 찬 육신의 욕망만을
기대하며 나아와 앉아 있습니다.

감격의 예배를 드리고자 꿈을 꾸었지만
눈물은 메말랐고 가슴은 위선으로 가득하여
말씀을 듣는 귀가 막혀 버리고 말았습니다.
입술은 가식의 때가 묻었으며
목구멍은 열린 무덤이 되어 버린
죄로 썩은 냄새를 풍깁니다.
주의 보혈로 정결케 하여 주시옵소서.

생명의 축제인 예배에 참여자가 되지 못하고
관망만 하는 구경꾼이 되었습니다.
부활의 능력을 체험하고 감격하게 되는 주일에
종교적 시간을 보내기 위해 나온 것은 아닌지
하나님 앞에 두려워 벌벌 떨고 있습니다.

이처럼 경건치 못한 불의와
진리의 길을 가겠다면서 빗나가는 삶의 모순과
거룩한 삶의 내용이 없는 텅 비어 속사람이 초라하게 된
우리를 긍휼히 여겨 주셔서
보배로우신 십자가의 보혈로
깨끗이 씻어 주시옵소서!

예수님의 이름으로 기도하옵나이다. 아멘.

3. 불량 인생

2014. 3. 9. 사순절

하나님 아버지!
주님의 고난의 잔이 내게 구원을 가져다준 생명이지만
너무 하찮게 여기며 살아왔습니다.
주님의 처절한 고난의 대가로
나에게 생명과 부활의 소망을 주셨음에도 불구하고
감사와 찬양을 드리지 못하였던 불의를 용서하여 주시옵소서.

기도와 신뢰로 주님을 인정해야 하지만
우리가 말할 수 없는 부끄러운 악담과 잡담과 험담하는 타락의 말을
나의 소신으로 위장하였던 악행을 용서하여 주시옵소서.

무너진 언어 행실로 주님의 명예를 무너뜨리고
타락한 종교생활로 하나님의 거룩함을 훼손한
불량 인생이 돌아왔습니다.
이처럼 부주의한 삶으로 하나님의 이름을 손상시킨
망령된 언어 행실을 용서하여 주시옵소서!

주님께서 처절한 고난을 겪으며
겟세마네의 긴 터널을 기도로 통과하실 때
저희는 세상의 깊은 잠에 빠졌습니다.

주님께서 외로운 기도의 동산에서 의로운 투쟁을 하실 때
우리는 나의 이권과 이득을 위해
외식하는 무리 속에 소속하여
휩쓸리고 위선을 떠는 군중에 휘말려 세속의 잠에 빠졌던
참으로 한심한 저희가 돌아왔사오니
저희를 십자가의 보혈로 속량하여 주시옵소서!

예수님의 이름으로 기도하옵나이다. 아멘

4. 배신의 삶

2014. 3. 16. 사순절

하나님 아버지!
사순절을 경건한 기도와 하나님을 예배하는 삶으로 보내야 하지만
게을렀습니다.
겟세마네에서 피맺힌 주님의 절규하는 기도 소리가
내 귀에 쟁쟁히 들리지만
기도하기는커녕 수많은 핑계로 변명하기에 바빴고
절묘하게 거부하였습니다.
내가 주님을 사랑하는 척하며
주님께 입 맞추고 그를 팔아넘기는
유다의 배신을 재현하고야 말았던
배신의 삶을 용서하여 주시옵소서.

정조를 팔고 있으면서도 신앙의 입맞춤으로 위장하였습니다.
절개를 팔고 있으면서도 기도의 입맞춤으로 포장하였습니다.
정절을 팔아넘기는 중에도 찬송의 입맞춤으로 가장하였습니다.
순종을 팔아넘기는 중에도 직분의 입맞춤으로 변장하였습니다.
충성을 팔아넘기는 중에도 예배의 입맞춤으로 분장하였던
더러운 입술을 보혈로 깨끗하게 하여 주시옵소서.

철저한 배신을 꾸미면서도 그리스도인이라고 고백하였습니다.
그리스도의 이름으로 살아가는 척 완벽한 연기를 하였습니다.
연기하는 종교생활을 경건생활로 치장하였습니다.
연기하는 종교의식을 신앙생활로 위장하고
허세를 부리고 경건을 가장했던 거짓 믿음을 용서하여 주시옵소서.

사악한 마귀의 농간에 넘어졌습니다.
교활한 사탄의 사주에 미혹 당하였습니다.
주님의 십자가와 고난의 현장을 싫어하다가
말씀의 바다와 은혜의 세계로 나가지 못하여
방황하며 실의에 빠져 줏대 없이 생활하였던
나약한 믿음을 용서하여 주시옵소서.

세상 속 현실을 붙들고 성공을 꿈꾸었습니다.
세속에 빠져들어 허우적거리며 쾌락을 맛보려는
미련한 생각을 용서하여 주시고
주님을 등지는 배신의 삶에 함몰되어 살아왔던
지나간 세월을 낱낱이 뉘우치며 가슴 깊이 깨닫고 있사오니
주님의 큰 구속을 기다리는 저희를 불쌍히 여겨 주셔서
십자가의 보혈로 깨끗하게 하여 주시옵소서!

예수님의 이름으로 기도하옵나이다. 아멘.

5. 머뭇거리는 태도

2014. 3. 30.

우리의 생명이신 하나님!
내게 생명 주신 주님께 감격의 예배자로 나오지 않고
멀찍이 따르던 베드로의 계산된 발걸음이 되었습니다.
오늘도 나는 주님께 이득을 계산하고 있습니다.
지금도 주님으로부터 무엇을 얻을까, 무엇을 받을까?
거래하듯 흥정하듯 유익을 계산하고 이득을 챙기려는
추악한 이기심을 용서하여 주시옵소서.

내게 영생을 주신 주님께 기쁨으로 나오지 못하고
멀찍이 따르던 베드로의 주저하는 발걸음처럼,
머뭇거리는 태도처럼, 갈까 말까 오락가락하며
중심 없이 흔들리는 저희의 유약한 믿음으로
오늘도 나는 마지못해 시간에 쫓기듯 나와 앉았사오니
저희를 긍휼히 여겨 주시옵소서.

내게 십자가를 주신 주님께 감사자로 나오지 않고
멀찍이 따르던 베드로의 불안한 발걸음처럼,
근심스러운 발걸음처럼, 두려워하는 발걸음처럼,
오늘도 불안해하며 초조함으로 앉아 있는
저희를 불쌍히 여겨 주시옵소서.

내게 하나님 나라를 주신 주님께 사명을 붙들려 하지 않고
멀찍이 따르며 베드로가 도망하려는 발걸음처럼,
등 돌리려는 발걸음처럼, 배신하려는 발걸음처럼,
오늘도 나는 사명을 벗으려고 안간힘을 쓰며 앉아 있는
가련한 저희를 용납하여 주시옵소서.

주님과 멀찍이 떨어져 계산하고 주저하고
불안해하며 두려워하고 초조해하며
사명을 내팽개치고자 온갖 변명과 구실을 만들며
까닭을 붙여 핑계하고 구차한 이유를 달아 멀어졌던
소심한 저희를 불쌍히 여겨 주시옵소서.

주님의 제자 됨을 부끄럽게 여기고
닥쳐올 고난을 두려워하며
주님을 배신하고 있으면서도 잘 믿는 줄로
착각하고 있는 저희의 무지한 죄를
십자가의 보혈로 깨끗이 사하여 주시옵소서!

예수님의 이름으로 기도하옵나이다. 아멘.

6. 배신의 절차

2014. 4. 6.

주님!
배신하지 않겠다고 거듭 큰소리쳤지만
어이없게 넘어진 베드로의 배신이
내게서 반복되고 있을 줄이야 꿈에도 몰랐습니다.

어느 날 갑자기 넘어지고
나도 모르게 배신한 줄 알았는데
기도하지 않으므로 이미 실패의 수순을 밟았고
절대 버리지 않겠다며 교만하게 큰소리치며
벌써 배신의 절차를 거치고 있었나이다.

닭 울음소리가 귓전을 때리지만
여전히 예수님의 허점을 찾는데 혈안이 된 무리같이
나도 그런 모습과 다를 바 없었습니다.

내 믿음의 부족을 찾기보다
다른 사람의 부족을 찾았고
하나님 나라 건설을 위해 힘쓰기보다
하나님 나라를 허무는 데 앞장섰으며
교회의 부족을 채우려고 하기보다

그 부족을 빌미로 잡담거리로 삼기에 바빴던
어리석음을 저질렀습니다.

성도와 이웃의 때 묻은 곳을 발견하면
큰 뉴스로 만들어 함께 죄에 빠지는
악행을 저질렀습니다.

이제부터는 들려오는 새벽 닭 울음소리를
외면치 않고 통곡하게 하셔서
여전히 나를 바라보시며 사랑하시는
주님의 눈빛을 거절하지 않으며
다시는 그런 짓 하지 않기로 다짐하오니
이 회개하는 마음을 받아 주셔서
십자가의 보혈로 깨끗하게 하여 주시옵소서!

예수님의 이름으로 기도하옵나이다. 아멘.

7. 사망을 짓뭉갠 부활

2014. 4. 20.

부활하신 주님을 찬양합니다.
죄를 짓밟고 살아나신 예수님을 믿는다고 하면서
오히려 진홍같이 붉은 죄와
먹물같이 검은 죄에 물들고 말았습니다.

죽음을 밟고 일어서신 예수님을 모신다고 하면서
오히려 소망 없는 불신자처럼 죽음을 두려워하고 있습니다.
사망 권세를 짓밟으신 주님을 따른다고 하면서도
오히려 사망 권세의 무게에 짓눌려 기를 펴지 못하고 있는
연약한 믿음이 사망을 짓뭉갠 부활로 일어설 수 있도록
사하여 주시옵소서.

지옥의 세력을 짓뭉개버린 주님을 의지한다고 하면서
오히려 지옥 심판의 불빛에 두려워 떨고 있습니다.
사탄을 멸하고 마귀를 짓밟으신 주님의 권세를 가졌으면서도
오히려 사탄에 사로잡히며 마귀에게 번번이 속고 있습니다.
불안의 요소를 짓밟고, 근심의 뿌리를 뽑아내신
주님께 기도드리면서도 여전히 불안해하고
여전히 근심하면서 믿음 없는 삶을 살고 있사오니
용서하여 주시옵소서.

문제의 근원을 치유하고, 불행의 원천을 정화하신
주님을 찬양하면서도
오히려 문제 속에 함몰되고 불행을 자초하는 범죄에
빠지고 있사오니 불쌍히 여겨 주시옵소서.

십자가에 죽으시고 부활하신 주님이
약속하신 갈릴리에서 나를 만나시려고 하시지만,
오히려 약속하신 그곳, 교회를 저버리고
예배를 뒤로하며
기도 속에서 만날 그곳을 망각한 채
내 생각이 정한 골방에서 종교생활을 꿈꾸고
내 견해대로 결정한 장소에서 경건을 쌓아간다며
원망하고 절망하며 실의에 빠져 있습니다.

이처럼 한없는 영적 부조리와
부활하신 주님을 의지하지 못하는
가련하고 불쌍한 저희 온갖 죄를
십자가의 보혈로 정결케 하여 주시고
그 크신 사랑으로 용서하여 주시옵소서!

예수님의 이름으로 기도하옵나이다. 아멘.

8. 꿈꾸는 어린이

2014. 5. 4. 어린이 주일 축복기도문

우리를 지으신 창조주 하나님 아버지!
꿈꾸는 어린이를 위해
어린이 주일에 사랑하는 우리 주일 학생들을 위해 기도합니다.
창조주 하나님을 신뢰하게 하시고
창조의 하나님께서 늘 함께하심을 믿고 살게 하심을 감사드립니다.

하나님께서 구원하심을 크게 기뻐하게 하시고
하나님의 자녀 된 거룩한 신분을 행복하게 여기며
거룩하게 구별된 자존감을 가지고 살아가게 하여 주시옵소서!

우리가 세상의 빛이라 하시고 소금이라 하신 것은
원죄를 용서받은 빛이며
스스로 죄에 빠진 죄를 자복하여 사함을 받은 소금임을
깨닫는 자 되게 하려 하심을 압니다.
그러므로 죄를 두려워하고 싫어하며 죄를 미워하면서
평생을 살아가는 굳건한 우리 자녀들이 되게 하여 주시옵소서!

세상의 물질적 가치관이 우리 자녀의 꿈을 더럽히지 않게 하시고
생명의 존귀함을 다 묻어 버리는 세상 가치에 함몰되지 않게 하시며
세상 풍조가 거룩한 꿈을 꾸는 우리 자녀를 삼키지 않게 하소서.

노도처럼 덮치고 있는 풍조에 휩쓸리지 않고
세속을 따라 물질의 부요를 이상향으로 여기는
이 땅의 가치에 빠지지 않게 하소서.

세상의 것을 꿈꾸기보다 믿음의 부요를 꿈꾸게 하시고,
이 땅의 소유를 탐하기보다 하늘의 보물을 탐하게 하시며
세속의 가치를 따르기보다 신령한 가치를 따르게 하시고
향락에 물들지 않고 말씀과 깊은 영적 문화에 물들게 하셔서
영적 분별력으로 참 행복과 가치를 분별하고 하늘 영광을
맛보며 누리게 하여 주옵소서!

유한한 것에 현혹되지 않고 무한한 것을 흠모하게 하시고,
보이는 것에 유혹받지 않고 보이지 않는 영원한 것을 힘써
빼앗는 영적인 용사들이 되게 하여 주시옵소서!

공중 권세 잡은 사탄의 세력이 이 세상을 주름잡고
어둠의 세력이 구석구석에 판을 치고 있으며
이 땅을 종횡무진 휘저으며 온갖 악행을 퍼뜨리는
마귀의 치졸한 술수가 온통 자리 잡고 있사오니
우리 자녀들이 이러한 무서운 음모에 빠지지 않고
가공할 사탄의 계략에 휘말리지 않게 하시며
악인의 꼬임에 빠지지 않게 하여 주시옵소서!

예수님의 이름으로 축복기도 하옵나이다. 아멘.

9. 아버님 어머님 가슴에 염장질

2014. 5. 11. 어버이 주일

참 아버지가 되시고 참 어버이가 되시는 하나님 아버지를
드디어 아빠 아버지라 부를 수 있는 자격을 주셨건만
그 큰 은혜를 망각하고 불효하였으며
무엇이 불효이고 무엇이 거역인지 몰랐습니다.
어버이 주일을 맞이하여 참회 기도 하오니
깨닫게 하여 주시기를 빕니다.

부모님을 멸시하는 말과 거역하는 행동과 대드는 얼굴 표정으로
부모님의 가슴을 찢어 놓았고
무례한 말과 함부로 지껄이는 말투로
아버님 어머님의 가슴에 염장질하고
아버지 어머니의 마음에 대못을 박아 버린
못난 행실을 용서하여 주시옵소서!

때로는 나의 요구를 들어주지 않는다고
어머니의 면전에서 짜증 부리고 원망을 일삼았으며
아버지의 면전에서 화를 내고 기분 나쁜 감정을 토하였으며
몰지각한 언행과 치졸한 욕구불만으로 부모님을 슬프게 했던
철없는 불효를 사하여 주시옵소서!

나도 어른이 되었다고 부모님의 연륜을 무시하였습니다.
나도 경험을 쌓았다고 부모님의 경륜을 멸시하였습니다.
나도 알 것은 다 안다고 부모님을 경멸하였습니다.
내 생각을 상큼한 신세대 사고로 여긴 나머지
부모님의 생각은 진부하고 오래되어
고리타분한 것이라고 비웃었습니다.
나의 생각은 언제나 새로운 것이고
어른의 생각은 낡고 흘러간 것이라고 무시했습니다.
이처럼 나의 생각으로 부모님을 구박하는 동안
어느새 나도 부모가 되었고 세월의 무게를 이기지 못해
자녀들 앞에 서 있는 나의 어리석음을 용서하여 주시옵소서!

나는 부모님 행복을 생각하기 전에
부모님을 내 성공의 발판으로만 여겼습니다.
나는 부모님의 평안을 계획하기 전에
나만을 위해 존재하는 부모로만 여겼습니다.
나는 부모님의 미래를 구상하기 전에
나의 부모님을 내 성공의 디딤돌로만 여겼습니다.
이처럼 염치 없고 배은망덕한 불효를 저지르면서도
깨닫지 못하고 반성하지도 못했던 저희의 악행을
십자가의 보혈로 사하여 주시옵소서!

예수님의 이름으로 기도하옵나이다. 아멘.

10. 스승에 대한 불경죄

2014. 5. 18. 스승의 주일

하나님 아버지!
스승의 주일에 참회 기도를 드리옵니다.
참 스승이신 예수님을 바로 알지 못한 무지를 사하여 주시옵소서!
하나님이시고 참 스승이신 예수님을 하찮게 여긴 나머지
예수님의 말씀도 우습게 여기고 경홀히 여기며 살아왔습니다.

참 스승이신 예수님을 바로 믿지 못하여
수고하며 무거운 짐진 것도 풀지 못한 채
안식 없는 비참한 삶을 살아왔습니다.

참 스승이신 예수님을 온유한 자로 보내신
하나님을 깨닫지 못하였습니다.
참 스승이신 예수님을 겸손한 자로 보내신
하나님을 공경하지 않았습니다.
스승에 대한 불경죄를 사하여 주시옵소서.

주님은 우리에게 자유의 멍에를 주셨지만
우리는 방종으로 멍에를 거절하였습니다.
스승 되신 주님께서 주신
진리의 멍에, 사명의 멍에, 책임의 멍에를 내팽개쳤습니다.

온유하신 주님을 거친 불순종으로, 차가운 무관심으로,
무례한 거역으로 대하며 살아온 죄를 용서하여 주시옵소서.

주님은 겸손하셔서 나귀를 타시고 십자가를 지셨는데
주님께서 주신 겸손의 영성을, 온유의 인격을,
섬김의 발자취를 따르지 않았습니다.
겸손하신 주님을 안 배우려는 오만으로 무지에 빠졌습니다.
주님을 안 따르려는 교만으로 패망의 길로 탈선했습니다.
주님의 사랑을 안 믿으려는 패역으로 배신의 길로 나갔습니다.
십자가의 뜨거운 사랑의 사명을 담당치 않으려 했습니다.

참 스승이신 주님의 넓은 사랑으로 품어주시고
십자가에서 흘리신 주님의 그 보배로운 피로
사하여 주시옵소서!

예수님의 이름으로 기도하옵나이다. 아멘.

11. 백 마디 가증된 입술

2014. 5. 18. 스승의 주일 축복기도문

하나님 아버지!
스승의 주일을 맞이하여
스승의 모형 된 교사들을 주님의 이름으로 축복합니다.
세상이 주는 기쁨보다
주 안에서 겪는 고통을 감사하며 기뻐하는
믿음의 장부가 되게 하여 주옵소서!

만인의 조롱을 무서워하기보다
하나님의 비웃음을 두려워하고
인간의 방법으로 존경받는 것보다
주님의 방법으로 사는 것을 즐거워하여
하나님께 인정받는 종이 되게 하옵소서!

백 마디 가증된 입술보다는 한마디 말씀을 실천하는
산 믿음의 본을 보이는 교사가 되게 하셔서
주님의 뜻을 이루는 초석이 되게 하여 주시옵소서!

말씀을 읽으며 지혜를 얻게 하시고
말씀을 들으면서 믿음을 얻게 하시며
말씀을 암송하며 기쁨을 얻게 하시고

말씀을 믿으면서 능력을 받게 하시며
말씀을 전하면서 축복을 누리게 하옵소서!

어린 영혼을 위해 부름을 받은 스승 된 교사들이
사명을 귀히 알아 존귀한 삶이 전개되게 하시고
사명을 위해 살아가는 책임 있는 삶의 열매를 맺게 하시며
사명을 감당하는 거룩한 발걸음으로 주님의 사랑 자취를 남기고
사명을 아는 자를 재생산하여
생명 사랑, 영혼 사랑이 땅끝에 이르게 하소서.

나를 통해 주님의 모습이 어린 영혼들에게 밝히 보이게 하시고
나로 인해 주님의 마음이 자라나는 어린이에게 흘러가게 하시며
나의 얼굴을 통하여 주님의 얼굴이 보이는 거울 되게 하시고
나의 입술을 통해 주님의 음성이 거침없이 귀에 들려지게 하시며
나의 발걸음을 통해 주님의 자취를 남길 수 있는 믿음 되게 하시고
나의 삶을 통해 주님의 생애가 송두리째 다음 세대에 흘러가게 하셔서
주님의 생애가 어린이에게서 재현되게 하옵소서!

예수님의 이름으로 축복기도 하옵나이다. 아멘.

12. 천국을 거래하려

2014. 5. 25. 초청잔치

살아 계신 하나님 아버지!
나는 그래도 잘살아 왔다고 자부하였고
나는 그래도 제법 괜찮은 인생을 살았다고 당당하게 큰소리치는 동안에
내 속에 표독스러운 교만이 싹트고 오만함이 움트는 줄도 모른 채
천국을 거래하려는 치졸한 종교생활이 되었으며
하나님을 멀리하려는 악의 근성이 내 속에서 살아나
악을 좋아하고 죄를 즐기려고 하였사오니
불쌍히 보시고 용서하여 주시옵소서.

나의 겉사람이 육신의 부요와 즐거움만을 챙기며 사는 동안에
내 속사람은 더 낡아지고 내 영혼은 더 황폐해졌으며
영적 굶주림으로 내 인생에 불안의 흉년이 덮치는 줄도 몰랐습니다.
내 외형을 세상에서 폼 나게 다듬어 뽐내며 살 것을 꿈꾸는 동안에
갈급한 나의 내면은 한없이 피폐해지고 시들었습니다.

내 일신상의 일에만 몰두하며 사는 동안에
이웃들의 쓰라린 고통과 비통한 눈물을 외면하였습니다.
나의 내면에는 오염된 죄의 폐수가 흐르고
썩은 속사람은 불의의 악취가 나지만
깨닫지 못하고 있는 가련한 저희를 용서하여 주시옵소서.

나의 영혼에 대해 생각할 겨를도 없이 오직 번영과 소유만을 위해서 피눈물 나게 숨 가쁜 인생을 살아왔습니다.
　이 시간 정신없이 살아온 나를 돌아보면서
　상실과 고독에 빠진 내 인생,
　쓰라린 상처와 깊은 아픔에 목이 매여 흐느껴 울고 있는 내 인생,
　통곡하고 싶으나 남자라는 이유로, 여자라는 이유로 소리 낼 수 없어 흐느끼기만 하는 내 인생을 돌이킬 수는 없을까?

　하나님을 생각은 하였으나 돌아올 수 없었던 내 인생,
　수많은 세월 속에 인생을 허비하고서 경황없이 살다 온 내 인생,
　만신창이가 되어 허탈하고 허무한 마음 가득한 내 인생,
　혹시라도 잃어버린 내 인생을 되찾을 수 있을까?
　세상 것으로 돌려막기 해 보았으나 다 헛것임을 알고 돌아왔사오니 궁금한 내 인생의 진로를 알게 하소서.

　빗나간 내 인생을 되돌릴 수 있을까?
　무너진 내 인생을 다시 세울 수 있을까?
　영생의 소망을 가질 수 있을까?
　내심 가슴 조아리며 초조하게 앉아 있습니다.
　나 같은 인간도 받아 주시는 것입니까?
　나 같은 죄인도 구원받을 수 있겠습니까?
　이 자리가 긍휼히 여김 받는 자리가 되기를 간절히 바라는 마음으로 앉았사오니 온갖 허물과 저지른 죄악에서 건져 주시고 예수님의 십자가의 보혈로 모든 죄를 사하여 주시옵소서!

　예수님의 이름으로 기도하옵나이다. 아멘.

13. 주님을 등진 삶

2014. 6. 1.

우리의 생명이신 하나님 아버지!
하나님의 사랑을 알지 못하고 이 땅의 사랑만 목마르게 찾아 헤매던
저희가 주님께 돌아왔습니다.
생명이신 하나님의 사랑을 깨닫지 못한 죄를 품고
영생을 주시는 하나님의 깊은 속마음을 읽지 못한 채
이 땅의 썩어질 것만 찾아 방황하였던 저희를 받아 주시옵소서.

내 인생의 근본이 되고 뿌리가 되는 하나님께
무관심하고 무의미하게 대하였던 불경을 저질렀습니다.
세상에서 탕자가 되어 유리 방황하였습니다.
불순종한 요나와 같이 거역을 일삼았습니다.
음탕한 고멜과 같이 정조를 팔았던 악행을 용서하여 주시옵소서.

소망을 잃고 이 세상의 나그넷길을 살아가면서
목적 없이 헤매며 정처 없이 방황하며
주님을 안중에 두지 못했습니다.
세상 유혹을 따르며
이 땅의 욕심에 물들어 넘어지고 쓰러지면서도
하나님의 사랑을 외면하였던
탕자의 삶을 사하여 주시옵소서.

세상에서 버림받고 귀한 세월 방탕하며 허송하고 말았습니다.
영광의 길, 살 수 있는 생명의 길이 눈앞에 있었지만
눈뜬장님처럼 아무것도 못 보고
거친 세상 험한 그 길을 끝없이 또 방황하며
주님을 등진 삶을 용서하여 주시옵소서.

내 평생 살아온 나의 발자국을 돌아볼 때
철저한 나의 고집의 세월이었습니다.
내 평생 살아온 나의 발자국을 돌아볼 때
완고한 나의 집념의 세월이었습니다.
내 평생 살아온 나의 발자국을 돌아볼 때
오로지 내 생각만 펼치려는 세월이었습니다.
내 평생 살아온 나의 발자국을 돌아볼 때
완고한 나의 소신만 드러내는 세월로
주님의 사랑을 등지고 주님의 가슴에 못질하는 삶이었사오니
사하여 주시옵소서.

내 평생의 발자국에 드러난 온갖 성품과 만 가지 더러움으로
오염된 죄악 투성이의 발자취가 부끄러워
이 시간 거룩하신 주님 보좌 앞에 머리 숙였사오니
십자가의 보혈로 정결케 하여 주시고
십자가에서 살 찢고 피 흘리신 그 크신 은혜,
그 크신 사랑으로 용서하여 주시옵소서!

예수님의 이름으로 기도하옵나이다. 아멘.

14. 잔인한 세월

2014. 6. 8.

하나님 아버지!
감히 하나님을 아버지라 부를 수 없는 저희들이었지만
하나님을 아버지라 부르게 하신 그 은혜와 사랑을
진심으로 감사하고 감사하며 나왔습니다.
한 순간도 하나님 없이는 생존할 수 없는 인생임에도 불구하고
나 스스로 생존하고, 나 스스로 성공하고,
나 스스로 승리할 수 있고, 나 스스로 행복할 수 있다고 믿으며
세월이 내 편이 되어 줄 줄로 알았지만 속아 살아온
저희의 어리석은 탈선을 용서하여 주시옵소서.

그 많은 세월 속에 꿈을 빼앗겨 버렸습니다.
잔인한 세월 속에 희망도 잃어 버렸습니다.

그 많은 세월 속에 기회를 빼앗겨 버렸습니다.
야속한 그 세월 속에 행복도 잃어버렸습니다.

그 많은 세월 속에 나를 빼앗겨 버리고
무심한 그 세월 속에 내 인생도 잃어버린
참으로 딱하고 한심스러운 저희의 아둔함을 용서하여 주시옵소서.

그 많은 세월 속에 나의 인생은 강풍에 밀리듯 날려 왔고
세상 물결에 휩쓸리며 흐르는 세월에 내 삶은 묻히고 말았습니다.

그 많은 세월과 함께 하나님을 잃었고
그 숱한 세월 속에 천국도 잃어버렸습니다.
그 날아가는 세월 속에 믿음을 놓쳤고
스쳐가는 세월 속에 사랑도 잃었습니다.
그 바쁜 세월 속에 생명을 잃었고
그 흐르는 세월 속에 영혼도 잃어버렸사오니
용서하여 주시옵소서.

그 많은 세월에 속아서 잃고 놓치고 또 잃고 떠밀리며
무심하여 모든 것을 다 잃고 말았습니다.
잃어버린 가치와 잃어버린 인생, 잃어버린 행복을 찾아다녔지만
신기루에 불과하였고 끝없이 방황하기 일쑤였고
정처 없이 떠도는 발걸음뿐이었습니다.
말로 다할 수 없는 고통과 탄식이었습니다.

지금 전능하신 하나님 앞에 돌아와
세월 속에 하나님을 묻어버린 것이 그토록 무서운 죄인 줄을,
세월과 함께 하나님을 등진 것이 그렇게 크고 끔찍한 죄인 줄을
비로소 깨닫고 회개하오니
십자가에서 흘리신 주님의 그 크신 사랑으로 용서하여 주시옵소서!

예수님의 이름으로 기도하옵나이다. 아멘.

15. 유치한 판단

2014. 6. 15.

부활하셔서 우리에게 생명을 주신 하나님!
생명을 구한다 하였지만
이 땅의 것만 거머쥐려고 안달하였고
영생을 찾는다 하였지만
세상 것 얻는 데 인생을 낭비했습니다.

천국의 복을 사모한다 했지만
지옥의 저주만 붙들었고
하늘의 행복을 그리워한다지만
세속적 가치에 빠졌습니다.

영원한 것으로 배불리려고 한다 했지만
배부르지 못할 것만 얻었고
썩어질 이 땅의 것으로 주머니를 채우기에 급급했던
어리석은 저희를 용서하여 주시옵소서.

이처럼 어리석은 생각과 타락한 행위에 젖어 버린
저희의 한심한 삶을 불쌍히 여겨주시고
유치한 판단과 거짓된 믿음을 붙들고
어리석게 맹랑한 행위를 일삼으며 살아가는

저희의 무서운 죄악을 사하여 주시옵소서!

죽음이 내 코앞에 있는 줄도 모르고
죽음을 의도적으로 피하였습니다.
죽음의 비극이 무엇인지 생각지도 않으면서
우연히 영생을 얻을 줄 생각하며 종교생활만 하였습니다.

외식에 빠지면서도 거룩으로 오해하였고
형식에 치우치면서도 믿음이라고 착각하였으며
종교생활에 심취하면서도 신앙생활로 오판하여
거짓 믿음생활로 일관하였던
얼룩진 삶을 청산하려고
죽음의 진실 앞에서
십자가의 능력과 부활의 권능을 비로소 깨닫고
두 손 들고 돌아왔사오니
그 크신 사랑으로 용서하여 주시옵소서!

예수님의 이름으로 기도하옵나이다. 아멘.

16. 전쟁 속에 계신 하나님

2014. 6. 29. 6.25 전쟁 기념 주일

전쟁에 능하신 여호와 하나님!
저의 생각이 아둔하여, 전쟁을 깨닫지 못하였습니다.
저의 마음이 어리석어, 전쟁을 오판하였습니다.
저의 판단력이 미련하여, 전쟁을 오해하였습니다.
저의 생각이 짧아, 전쟁을 미화하기도 하고
때로는 전쟁을 악으로만 여겼던 아둔함을 사하여 주옵소서.

하나님은 전쟁을 통해 죽이기도 하시고
살리기도 하시는 분임을 잊었습니다.
하나님은 재난을 통해 낮추시기도 하시고
높이시기도 하시는 분이심을 까마득히 잊었습니다.

하나님은 사건을 통해 가난하게도 하시고
부하게도 하시는 분이심을 믿지 못하였습니다.
하나님은 전쟁에 지게도 하시고
이기게도 하시는 분임을
말로만 지껄였던 불손을 용서하여 주시옵소서.

이 땅에 전쟁 비극으로 사람들의 슬픔의 눈물은 보았으나
그 비극 속에 하나님의 고통의 눈물은 보지 못하였습니다.

이 세상의 전쟁을 비난하다가
그 **전쟁 속에 계신 하나님**까지 비난하였습니다.
이러한 비난으로 끔찍한 범죄를 저지르고도
하나님께 언제 반역했느냐고 도리어 대들고 하나님께 덤벼들었던
반항을 용서하여 주시옵소서.

참으로 어찌해야 좋을지 두렵고 떨리는
마음으로 주님의 처분만 기다리고 있습니다.
이 지구상에 벌어지는 전쟁의 고통은 아파할 줄 알지만
이 전쟁 속에 숨겨진 하나님의 고통은 아파할 줄 몰랐습니다.

이 전쟁 속에 사람의 마음이 찢어지는 고난은 기억하지만
이 전쟁의 배후에서 가슴 찢고 계시는
하나님의 심정은 헤아리지 못했습니다.
이 전쟁으로 헤어짐과 사별과 비극의 참상은 알고 있지만
이 전쟁을 허락하실 수밖에 없으셨던
하나님의 피눈물은 전혀 깨닫지 못했습니다.

이 땅의 전쟁은 하늘의 전쟁의 모형이고,
보이는 이 세상의 전쟁은 보이지 않는 영적 전쟁의 그림자이오니
하나님의 승전을 위해 기도하기를 쉬었던
죄를 용서하여 주시옵소서!

예수님의 이름으로 기도하옵나이다. 아멘.

17. 왜곡된 가치관

2014. 7. 6. 나라 사랑

우리의 소망이 되시는 하나님!
하나님, 보시고 계시옵니까?
우리의 시대가 참으로 암담하고 위험한 때를 만나서
기약 없이 불안하고 한없이 절망하는 저희가
주님 앞에 돌아 왔습니다.

외세가 우리나라를 이리저리 갈기갈기 찢으려고 하고,
나라가 온전치 못하여 국가는 휘청거리며,
사회는 혼돈하여 가정들이 흔들리며 몰락하고,
가장들은 길을 잃은 채 시대를 탓하며 방황하고,
청년들은 꿈을 잃고 썩은 문화의 탁류 속에 표류하고,
청소년들은 배회하고
어린이들에게서는 희망을 찾아 볼 수 없어
저희 모두가 암담한 영혼들이 되어 돌아왔으니
저희를 받아주시옵소서.

우리는 세상 나라를 볼 줄 알지만 하나님의 나라는 볼 줄 몰랐습니다.
이 땅 것은 알지만 하늘의 것은 알지 못했습니다.
보이는 것에는 관심이 많지만 보이지 않는 것에는 무관심 했습니다.
위로를 부지런히 찾았지만 진리를 찾는 데 게을렀던

태만을 용서하여 주시옵소서.

물질보다 영혼을 귀중히 여기지 못하는
왜곡된 가치관으로 살아왔습니다.
과거를 한탄하는 데는 능숙했지만
미래를 위해 챙기는 데는 미련했습니다.
사치품을 사는 데는 앞장섰지만
희망을 사는 데는 항상 뒤쳐졌습니다.
세상의 소리에는 밝은 귀를 가졌으나
하나님의 말씀에는 아둔하여 귀를 막았습니다.
말씀의 소리에 믿음으로 행하지 못한
저희를 용서하여 주시옵소서!

천심이 민심이라야 하는데
민심이 천심이라는 황당한 소리로 바꾸는
타락의 극치를 꿈꾸었던
한심한 믿음을 사하여 주시옵소서!

예수님의 이름으로 기도하옵나이다. 아멘.

18. 맥추절의 알곡

2014. 7. 13.

맥추절을 제정하신 하나님!
맥추절의 의미도 모르고 뜻도 분별치 못한 채
흐트러진 마음과 쫓기는 마음으로 헐레벌떡 나아와
감히 하나님 앞에 버티고 서 있습니다.

이 맥추절이 마음에도 없는 감사를 하라고 강요하는 것인 양,
이 맥추절이 나의 삶 속에서 감사할 이유도 없는데 독촉하는 것인 양
이 맥추절이 지나가는 나그네에게 구제 요청받은 것인 양
내심 불평하였던 몰지각을 사하여 주옵소서.

그래서 이 절기를 한 번도 기뻤던 적이 없었고
이 절기로 인해 행복하지도 못했음을 고백합니다.
절기의 뜻도 모르고 의미도 모른 채
매년 맞이하는 절기로만 지나치고 있습니다.
주님께 진실한 마음과 정성을 담아
제대로 감사를 드려본 적이 없어
가슴 아파하고 있는 저희를 불쌍히 여겨 주옵소서.

이 절기 때마다 즐거워해야 하는데도
절기를 크게 오해하였습니다.

기뻐하고 기뻐해야 하는 기쁜 절기에
슬픔으로 가득했습니다.
행복하고 행복에 춤춰야 할 절기에
슬픔으로 가득했습니다.
축제요 잔치의 절기에 계산과 손익을 따지다가 원망으로 가득했던
죄를 용서하여 주시옵소서.

이토록 신나는 절기에 감사는 고사하고 불평으로 영혼이 찌들어
삶이 어두워졌으며 믿음도 나약하여
죄인 중에 죄인이 되어 돌아왔습니다.
맥추 절기에 돌아온 저희를
맥추절의 알곡이 될 수 있도록
주님의 그 큰 사랑으로 용서하여 주시고
성령으로 크게 감동하여 주시옵소서!

예수님의 이름으로 기도하옵나이다. 아멘.

19. 이웃집 아저씨 대하듯

2014. 7. 20.

살아 계신 하나님 아버지!
하나님을 아버지라 부르면서도
이웃집 아저씨 대하듯 하는 시시한 믿음으로 살아왔습니다.
하나님을 전능하신 분이라 말하면서도
쪼잔스럽고 쩨쩨하고 조그마한 하나님으로 대하였습니다.
하나님을 전지하신 분이라 하면서도
나의 사정을 몰라도 너무 모르는 분처럼 오해하였던
무지함을 용서하여 주시옵소서.

하나님을 주인이라 말하면서도
주인은 고사하고 내가 주인 노릇하면서
충성하고 순종하기보다
오히려 주님을 하인 대하듯 하지는 않았는지,
하인처럼, 노예처럼, 종처럼 함부로 부려먹으려 하지 않았는지
두렵사오니 불쌍히 여겨 주시옵소서.

주님을 길이라고 말하면서도
한 번도 주님의 길을 제대로 걷지 못하였습니다.
주님을 빛이라 부르면서도
그 영광의 빛 앞에 거룩한 모습으로 서지 못하였습니다.

주님을 의롭다 하면서도
그 의로움 앞에 제대로 진실한 적이 없는
빗나간 삶을 용서하여 주시옵소서.

주님을 사랑이라 부르면서도 사랑을 받기만 요구할 뿐
주님을 제대로 사랑해 본적이 없는 것 같아
가슴이 미어져 부끄러워 고개들 수 없습니다.
이처럼 미련하여 헛되이 살아온 가련하고 철없는 저희를
불쌍히 여겨 주시옵소서!

주님께서는 미래에 대한 거룩한 비전을 수없이 주셨건만
믿음이 없어 나의 자화상을 만들지 못하였습니다.
주님께서는 장래에 대한 축복의 비전을 때를 따라 주셨건만
보이는 것을 챙기는 데에만 급급하여
영원한 비전을 붙들지 못하였습니다.

이제야 비전의 가치를 깨닫지 못한 것을
크게 후회하고 있습니다.
하지만 저희를 외면치 않으시는 주님을 의지하고
거룩하신 면전에 염치없지만 나아왔습니다.
지나간 나날들 속에 믿음 없어 철없이 행한 불신앙을 자복하오니
그 크신 십자가의 사랑으로 용서하여 주시옵소서!

예수님의 이름으로 기도하옵나이다. 아멘.

20. 위장된 행복

2014. 7. 27.

은혜로 구원을 베푸시는 하나님 아버지!
그 놀라운 은혜를 받았지만
은혜 받지 못한 사람처럼 불평하였습니다.
그 많은 사랑을 받았지만
사랑받지 못한 사람처럼 고독에 울었습니다.
그 많은 희망을 누렸지만
막장 인생처럼 기나긴 절망에 빠졌습니다.

그 많은 기쁨을 주셨지만
깊은 수렁에 빠져 슬픈 눈물만 흘렸습니다.
그 많은 복을 주셨지만
삶이 어렵다고 마음이 상하는 시험에 빠졌습니다.
그 많은 사명을 주셨지만
조그만 이익과 하찮은 실리에 휩쓸리며
주님을 멀리하였던 부족을 용서하여 주시옵소서.

하나님 아버지!
하나님께서 분깃으로 주신 은혜를 망각하였고,
하나님께서 사랑으로 주신 거룩한 책임을 회피하였으며,
하나님께서 깊으신 뜻으로 나에게 주신 믿음의 무기를

세상에 고스란히 **빼앗기고**,
하나님께서 기업으로 주신 직분을 하찮게 여기는
거짓된 가치관에 빠져 허우적거리던
영혼의 폐단을 사하여 주시옵소서.

그 막강한 영적 무기인 말씀을 마귀에게 저당잡힌 채
그들이 주는 기쁨을 붙잡고 그들이 약속한 행복을
영원한 것으로 착각하여 어리석게 살아온
미련한 저희를 용서하여 주시기를 비옵나이다.

세상이 주는 조그만 이익에 즐거워하고,
마귀가 주는 **위장된 행복**에 속아 살아왔으며,
타락의 길로 치닫는 무모함을 진리로 오해하여
끝없이 허탈해진 나의 메마른 영혼과
곤고한 방황의 인생길을 돌이켜
따뜻한 주님 품으로 찾아 왔사오니
저희를 밀어내지 마시고
십자가에 높이 달리신 주님의 그 크신 사랑으로
용서하여 주시옵소서!

예수님의 이름으로 기도하옵나이다. 아멘.

21. 빈껍데기 신앙

2014. 8. 3.

생명의 주인이신 하나님!
듣기는 들어도 도무지 깨닫지 못하는 우둔함 가운데 살아왔습니다.
보기는 보아도 도무지 알지 못하는 미련함 가운데 살아왔습니다.

복 있는 생각을 멀리하고 악인의 생각을 좇았습니다.
복 있는 걸음을 사양하고 죄인의 길을 따라 다녔습니다.
복 있는 자리를 거절하고 오만한 자의 자리를 탐내다가
가련하고 처량하게 무너져 내린 성벽처럼,
황량하고 한심하게 훼파된 집처럼
교만하여 길을 잃고, 오만하여 빗나간 방탕의 생활을 하였사오니
주님의 피 묻은 그 사랑으로 용서하여 주시옵소서!

교회에 출석하지만 영혼을 무가치하게 여겼습니다.
기도를 하지만 육신의 소욕을 좇는 데 급급했습니다.
예배에 참석하지만 하나님을 높이지 못했습니다.
하늘의 것보다 땅의 소욕을 채우는 데만 몰두했습니다.
기도를 드려 보지만 영적 가치보다
세상의 소원 성취에만 혈안이 되어
목청을 높이고 눈을 치켜뜨는
종교생활에 익숙해진 삶의 민낯을

용서하여 주시옵소서.

기도와 찬송을 도둑맞고,
예배와 헌신을 도둑맞으며
전도와 선교를 잃어버린 것도 모른 채
생명의 알맹이는 다 빼앗기고도 알지 못한 채
빈껍데기 신앙을 가지고 주님 앞에 서 있는 거짓 신자로서,
거짓 경건으로써 나온 저희를 사하여 주시옵소서.

마귀의 계략에 휘말려 원망하고 거역하며 불순종한 껍데기 ….
마귀의 농간에 속아서 절망하며 거룩함을 잃어버린 껍데기 ….
사탄의 술수에 휘말려 세속의 가치를 하늘의 보배로 둔갑시킨
껍데기로 살면서 눈치 채지 못하는 껍데기였습니다.
사탄의 계산에 속아서 이 땅의 것만을 좋아하는
영적 무지에 빠져
실속 없이 허울만 좋은 빈껍데기 신앙이 되어 돌아왔습니다.

주님의 말씀에 귀를 막았고 성령의 음성에 무디었으며
무감각해진 영성과 범죄한 나라가 되어 버린
허물진 백성, 행악의 종자, 행위가 부패한 자식이 되어 돌아왔습니다.
이토록 크고 끔찍한 죄에 물들고 치명적인 타락에 빠졌사오니
십자가의 크신 사랑으로 용서하여 주시옵소서!

예수님의 이름으로 기도하옵나이다. 아멘.

22. 인생의 가면

2014. 8. 10.

우리의 생명 되신 하나님 아버지!
주님은 참 믿음을 원하셨지만 가짜를 진짜인 줄로 착각하였습니다.
거짓 믿음, 왜곡된 믿음, 뒤틀린 믿음을 참 믿음으로 오해하여
삶의 사각지대에서 **인생의 가면**을 쓰고 어둠을 빛으로 삼았습니다.
거짓을 정의로 여기며 사회 현장에서 큰 소리쳤습니다.
유한한 이 땅의 썩어질 것을 영원한 것으로 오해하며 살아온 삶을
용서하여 주시옵소서.

천국을 소망한다 하면서도 이 땅의 속된 것들만 붙들고 집착하였고
세상에 대하여는 매우 약삭빨랐지만 하나님 나라에는 우둔하였습니다.
죄와 짝을 짓는 일에는 민첩하였지만 성령을 좇는 일에는 게을렀습니다.
거역하기에는 능숙하였지만 순종하기에는 어설프기 그지없는 삶을
용서하여 주시옵소서.

주님을 배신하고도 뻔뻔스러웠고 일을 그르치고도 당당하였으며
거역하고도 깨닫지 못하는 화인 맞은 양심이 되고 말았습니다.
주님, 이토록 한심한 저희를 불쌍히 보시고 용서하여 주시옵소서!

주님의 부르심에 핑계대기 위해 구실 만드는 일에 약삭빨랐습니다.
이 땅의 일에 몰두하여 하나님 나라의 일에는 무관심하였습니다.

내 생각의 깃발 앞에 주님 생각의 깃발은 내리게 했습니다.
내 의도의 집념 앞에 말씀의 의도를 무색하게 만들었습니다.
육신의 생각을 더 중요하게 여기면서
영의 생각은 안중에도 두지 않았고,
주님의 견해 보다 내 견해를 고집하며
아버지의 뜻보다 내 뜻을 강조하였고,
주님의 판단보다 내 판단을 더 정의롭게 여기며
큰소리치고 살아온 저희를 용서하여 주시옵소서.

내 소견을 관철시키는 데 능숙하였고
내 의견을 따라 영향력 행사를 즐겼습니다.
내 경륜을 앞세워 주님의 생각을 꺾었습니다.
내 견해를 따라 주님의 생각을 좌초시켰습니다.
내 생각을 따라 만사를 좌지우지하는 쾌감을 맛보며
주님의 생각을 멸시하는 무서운 범죄에 빠져 있는
흉측한 죄악을 용서하여 주시옵소서.

이와 같이 나는 내 생각의 포로가 되어
내 생각에서 한 발자국도 벗어나지 못한 채
결국 쓰러지고 넘어지며 실패의 인생길을 걸어왔습니다.
참으로 가련하고 한심한 저희를 불쌍히 여겨 주시옵소서.
주님의 십자가의 그 크신 사랑으로 용서하여 주시옵소서!

예수님의 이름으로 기도하옵나이다. 아멘.

23. 역사의 얼룩점

2014. 8. 17.

역사의 주인 되시는 하나님 아버지!
지난 역사의 얼룩점과 처절한 고통,
그리고 몸서리치던 일제의 억압에서 눈물을 그치게 하시고
해방으로 기쁨과 자유를 주셨지만
잊지 말아야 할 해방의 의미를, 그 자유의 가치를, 하나님의 그 뜻을
까마득히 잊은 채 살아가는 망각의 비극을 안고 돌아왔습니다.

이 자유를 방종으로 바꿔치기하고, 이 해방을 무가치하게 여기며
어머니 모태와 같이 하나밖에 없는 나의 조국과
길이길이 빛나야 할 대한민국에 대한
애국심이 식은 마음을 사하여 주옵소서.

이러한 무관심이 나만을 생각하고 있습니다.
이러한 무관심이 나의 식구만을 챙기고 있습니다.
이러한 무관심이 집단 이기주의로 변질되는
뿌리 깊은 이기주의와 오만함이 노아시대를 능가하고 있습니다.
퇴폐적 타락상이 소돔과 고모라를 추월하고 있습니다.
불의가 판을 치고 거짓이 상식처럼 되어 버린
이 나라 대한민국의 현실을 보고도 무감각에 빠진 것을
용서하여 주시옵소서.

이런 가운데서 믿는다 하면서도 세상의 사람과 조금도 다를 바 없이
국가보다 나의 이익을 먼저 생각하고,
이 나라의 번영보다 나의 번영을 먼저 꿈꾸었으며,
우리 동족의 평안보다 나와 내 가정만을 먼저 챙기며,
이 조국의 안녕보다 나의 향락에 급급하여
이 사회의 아픔도 미처 볼 수 없었고,
이 나라의 고통을 잠시도 기억할 틈이 없었던,
나만의 삶을 챙기고 가꾸며 줄곧 달려온 인생이었음을
고백하오니 용서하여 주시옵소서.

이처럼 정신없이 달려오는 동안에
혹시 나는 강도 만난 자를 슬그머니 피해가는
제사장의 위선에 빠지지 않았는지,
혹시 나는 고난당한 자를 피해 도망가는 레위인처럼
가면을 쓴 가증스러운 그리스도인이 되지는 않았는지,
혹시 나는 사두개인처럼 세속 향락과 이 땅의 욕망에 빠진
거짓 그리스도인이 되지 않았는지 반성하고 있습니다.

혹시 나는 나만이 잘 믿는다는 착각과 오류에 물들었습니다.
바리새인의 교만한 고집과 폐쇄적 집념에 빠진 그리스도인이었습니다.
나는 하나님의 나라와 우리의 조국을 잠시도 생각지 못한 것이
그토록 큰 죄인 것을 몰랐습니다.
이토록 크고 엄청난 조국 배신의 죄와
하나님 나라를 사랑하지 못한 사랑의 배반을 용서하여 주시옵소서!

예수님의 이름으로 기도하옵나이다. 아멘.

24. 맞춤형 종교생활

2014. 8. 24.

우리의 생명 되시는 하나님 아버지!
나는 잘 믿는다고 여겼지만 오류가 많았고
나는 우수하다고 으스댔지만
심히 철없는 영적 수준에 머물고 있는 것을
깨닫지 못하였습니다.

나는 하나님 중심의 신앙이라고 여겼지만
나 중심의 신앙으로 찌들어서 한 발자국도 전진하지 못하고 있는
영적인 어린아이임을 고백합니다.
저희를 불쌍히 여기시고 용서하여 주시옵소서.

때로는 아주 열심히 주님을 찾았고,
때로는 특별한 열정으로 예배하였으며,
때로는 강렬한 헌신으로 봉사하였고,
때로는 누구의 추종도 불허하는 순종으로 앞장섰으며,
때로는 경건의 모양을 폼 나게 갖추기도 했지만
돌이켜 보니 모두 나의 의를 드러내기 위한 수작이었기에
부끄러워 회개합니다.

이와 같이 열렬한 신앙생활을 돌이켜 보면
모든 것이 하나님의 나라보다
나의 이익을 챙기기에 바빴습니다.
저희들이 염치없지만 주님의 그 큰 사랑을 믿고 왔사오니
긍휼히 여겨 주시옵소서!

하나님의 영광보다 나의 자존심을 더 소중히 했습니다.
하나님의 기쁨보다 나의 기쁨에 치중했습니다.
하나님의 행복보다 나의 행복을 따졌습니다.
하나님의 성공보다 나의 성공을 꿈꾸었습니다.

하나님의 만족보다 나의 만족에 약삭빨랐습니다.
주님의 교회 유익보다 나의 손익계산에 빨랐습니다.
하나님 나라의 번영보다
나의 번영을 위한 **맞춤형 종교생활**을 신앙생활로 오해 했습니다.
이러한 인본주의 신앙을 신본주의 신앙으로 잘못 알고
죄악의 때로 찌들은 서희의 삶을
십자가의 보혈로 깨끗이 씻어 주시옵소서!

예수님의 이름으로 기도하옵나이다. 아멘.

25. 약탈당한 행복

2014. 8. 31.

쓰디쓴 인생의 고난도 선으로 바꾸시는 하나님 아버지!
인생의 고난을 아파할 줄 알았지만
그 고난의 의미는 알지 못했습니다.
인생의 눈물은 서러워하면서도
그 눈물 속에 흐르는 하늘 아버지의 설움을 몰랐습니다.
세상 삶의 무게에 가슴 아린 슬픔을 알면서도
하나님께서 가슴 쓸어내리시는 슬픈 눈물은 알지 못했습니다.
이웃의 배신에는 마음이 아리고 쓰라려서 땅을 치면서도
정작 주님을 배신하고 등지는 나로 인해 비통해 하시는
주님의 찢어진 마음은 헤아리지 못하고 있는 철없는
저희를 용서하여 주시옵소서.

주님을 전능하시다고 고백하면서도
시시때때로 염려함으로 주님을 무능한 자로 끌어내리는
한심하고 가련한 내 모습을 미처 깨닫지 못하고 있습니다.
염려함으로 행복을 약탈당하였고
염려함으로 믿음을 도난당하였으며
염려함으로 나도 모르게 주님을 멸시하며
염려의 노예가 되어 염려를 주인으로 모시고 따르며
어이없게 끌려 다녔던 저희를 용서하여 주시옵소서!

인생 회복을 꿈꾸지만 세속적인 염려로 번번이 실패하였습니다.
주님과의 관계를 회복하기를 소원하였지만
여전히 염려로 인해 내 이익에 맞춰
주님을 멀찍이 따르고 있습니다.
이웃과의 좋은 관계를 소원하지만
여전히 미워하고 시기하면서 이웃관계를 파괴하는 생활로 일관하였던
속 좁은 저희를 용서하여 주시옵소서.

이처럼 이 땅에서 이웃과 매인 상태로
하늘에서 풀리기를 기대하였고,
사람과는 가로 막아놓고 하나님과는 열리기를 사모하였으며,
가족과의 앙금을 그대로 둔 채 주님과는 바로 되기를 원하였으니,
주님 보시기에 얼마나 한심하고 가련한 모습인지 부끄러워
고개들 수 없사오니
더러운 이 마음을 주의 보혈로 깨끗이 씻어 주시옵소서.

비뚤어진 행동과 거짓 된 삶으로 주님을 배반하였고
약한 믿음으로 인생은 꼬이고 뒤틀려져
무엇 하나 제대로 된 것이 없습니다.
이제야 주님밖에 없음을 깨달아
두 손 들고 초라한 모습으로 돌아왔사오니
성령으로 크게 감동하셔서 바로 설 수 있도록
주님 십자가의 그 거룩한 피로 깨끗이 하여 주시옵소서!

예수님의 이름으로 기도하옵나이다. 아멘.

26. 주님을 복이라 하면서도

2014. 9. 7.

복의 근원이 되시는 하나님!
복의 근원을 잘못 알고 복을 찾았던 어리석은
저희를 불쌍히 여겨 주시옵소서!
복을 짓기도 하시고 복을 내리기도 하시는
하나님을 경외함이 복이라고 고백하면서도
정작 삶은 미신신앙으로 주님을 등졌던
저희를 용서하여 주시옵소서!

추석을 맞이하는 우리들의 들뜬 마음에
한가위로 흥분된 기분은 있지만
이 계절의 오곡백과와 구원을 주신 주님을 향한
감격은 싸늘하고 감사의 마음은 식었사오니 사하여 주시옵소서!

하나님은 죽이기도 하시고 살리기도 하시는 분이심을
고백하면서도 하나님을 두려워하지 않았습니다.
하나님은 가난하게도 하시고 부하게도 하심을 고백하면서도
하나님을 하찮게 여겼습니다.

하나님은 낮추기도 하시고 높이기도 하신다고 수없이 고백하면서도
스스로 높아지려고 몸부림치는 데 익숙했습니다.

하나님은 거룩한 자의 발을 지키시고
악인들을 흑암에서 꼼짝 못하게 하시는 분이심을 들었으면서도
의로운 길을 안중에 두지 않고 살아가는
저희의 탈선을 용서하여 주시옵소서.

주를 주님이라고 말하면서도
주인처럼 섬기지 않고 하인과 노예처럼 대하였습니다.
주님을 빛이라 고백하면서도
빛 속에 사는 삶을 즐겨하지 않았습니다.
주님을 길이라 말하면서도 그
 길을 따르지 못하였습니다.
주님을 삶이라 하면서도
주님을 본받기를 마다하였습니다.

주님을 슬기롭다 하면서도 주님께 지혜를 배우지 않고
세상으로부터 얕은 꾀를 배우기 원했습니다.
주님을 깨끗하다 하면서도 성결을 거부하고
정결한 삶을 추구하지 못하였습니다.
주님을 복이라 하면서도 참된 복을 추구하지 않고
이 땅의 것, 썩어질 것에만 집착하여
거룩한 복을 놓치며 살아 왔사오니
이 어리석고 거짓된 삶을 용서하여 주시옵소서!

예수님의 이름으로 기도하옵나이다. 아멘.

27. 얄팍한 인본주의 감성

2014. 9. 14.

우리의 참 생명이 되시는 하나님!
주님을 앞세운다고 하지만
언제나 내가 먼저였던 파렴치한 이기심의 옷을
십자가의 세마포로 갈아 입혀 주시기를 바라고
이 시간 거룩하신 주 앞에 섰사오니
주님께로부터 점점 멀어지게 하는 오만한 지성을 버리게 하시고,
낡고 더러워진 옷과 같이 때 묻은 교양도 깨끗이 처분하게 하시며,
하나님의 신성을 얕보는 **얄팍한 인본주의 감성**도
사라지게 하여 주시옵소서.

돼지가 그 우리에서 뒹굴 듯이 수많은 시간을
죄악 된 환경에서 악과 더불어 뒹굴었습니다.
죄에 빠진 채로 허우적거리며
이 땅의 썩어질 것만을 소원하며 살아온
저희의 위선된 삶을 용서하여 주시옵소서.

더 한심한 것은 가식된 행동과 치졸한 욕망이
나에게 그토록 큰 죄가 됨을 깨닫지 못하고 있습니다.
그보다 더욱 끔찍한 것은 내가 그 죄에 빠져 헤매고 있을 때에
통곡하시며 가슴을 찢고 계실 주님을 전혀 의식하지 못한 것입니다.

이처럼 아둔하고 미련하여 죄가 죄 됨을 알지 못하고
주님의 마음마저 헤아리지 못하는 어리석은 죄를 고백하오니
이지러진 나의 속사람과 처참하게 파괴된 영혼의 생태계를
새롭게 하여 주시옵소서.

사탄을 이길 수 있는 권세를 주셨건만
사탄에게 번번이 패하였습니다.
사탄에 끌려 다니며 종노릇하였고
죄의 노예가 되어 죄에 물들었습니다.
세상에 농간을 당하고 마귀에게 유린을 당하여
남아 있는 연약한 믿음 한 가닥 붙들고 나왔사오니
거룩하신 주님의 보혈로 깨끗이 씻어 주시옵소서.

믿음의 실상을 붙들지 못하고 신기루의 허상만을 붙들었습니다.
속으면서도 몸부림치며 살아온 저희를 불쌍히 여겨 주시옵소서.
주님의 애절한 소원을 거절하였고
주님께서 부르시는 소명마저도 매몰차게 걷어차 버리는
냉정한 거짓 믿음을 가지고 왔사오니
사하여 주시오며,
십자가의 피 어린 그 사랑으로 깨끗이 용서하여 주시옵소서.

예수님의 이름으로 기도하옵나이다. 아멘.

28. 죄의 포로

2014. 9. 28.

우리의 생명 되신 하나님!
저희는 하나님의 사랑을 한없이 받았지만 날마다 사랑을 배신하였고,
날마다 은혜를 입었지만 은혜를 등지고 살았으며
수많은 혜택과 복을 받았지만
받은 복을 세어 보지 않고 날마다 불평 속에 살면서
날마다 죄를 먹고, 날마다 악을 마시는
죄악에 빠진 악행을 용서하여 주시옵소서.

마땅히 욕심내야 할 영적인 일에는 무관심하였고,
오히려 세상과 속된 것에 욕심을 내는 죄에 빠졌으며,
하늘의 가치를 탐내야 함에도 불구하고
이 땅의 가치에만 욕심을 부리는 추한 죄를 저지르고 말았사오니
저희의 무지한 이 죄악들을 사하여 주시옵소서!

아무것도 된 것이 없으면서
다 된 줄로 생각하여 주님의 일을 그르쳤고,
아무것도 모르면서
무엇을 다 아는 것처럼 교만 하였으며,
가장 추한 모습을 하고 있으면서도
가장 깨끗하고 성결한 삶을 살고 있다고 착각하여

망령되게 행한 무지를 용서하여 주옵소서.

인생을 살면서 주님의 방식을 제쳐 두고
세속의 방법을 사용하였습니다.
영적 원리를 배제하고 사망 권세자의 처세술에 속았습니다.
사망의 음침한 골짜기에서 헤어나지 못하여
날마다 방황하는 길 잃은 양이 되었습니다.
길 되시고 목자 되신 주님 품에 돌아온 저희를 받아주소서.

주님!
주님을 의롭다 하면서도 의를 따르기보다 불의에 약삭빨랐습니다.
나의 마음은 진실을 원하면서도 거짓된 세상에 주저앉았습니다.
악인의 자리를 탐내고 언제나 죄인의 길에서 배회하였습니다.
육신의 약함만을 탓하고 핑계하였습니다.
마귀의 교활한 술수와 사탄의 능수능란한 농간에
생명이 큰 상처를 입고 믿음을 빼앗긴 채 죄에 매여 있는
저희를 용서하여 주시옵소서.

나의 인생이 마귀에게 짓밟히고 사탄에 헐 뜯겨서
죄의 포로가 되고 마귀의 노예가 되어
패배의 삶을 살다가 무너진 인생이 되었나이다.
주님께서 손잡아 주심을 바라고
패잔병 신세로 돌아온 저희를 불쌍히 보시고
십자가의 거룩한 피로 깨끗이 사하여 주시옵소서!

예수님의 이름으로 기도하옵나이다. 아멘.

29. 유치한 이기주의

2014. 10. 5.

은혜와 사랑이 풍성하신 하나님 아버지!
주님께서 저희를 버리지 않으신 줄 믿고
부드러운 주님 음성 그리워 다시 돌아왔습니다.
주님께서 저희를 박대하지 않으신 줄 알고
따뜻한 주님 품을 사모하여 주님 앞에 서 있습니다.

주님, 저희의 초라하고 누추한 허물과
더러운 죄악을 사하여 주시옵소서!
주님께서는 은혜로 먹여 주셨건만
그 은혜를 욕심으로 바꾸었습니다.
은혜로 양육하여 주셨건만
그 은혜를 야심으로 변질시켰습니다.
주님께서는 보혈의 사랑으로 옷 입혀 주셨지만
그 세마포를 더럽혀 인간 냄새와 죄의 악취를 풍기고 있는
때묻은 삶의 옷을
주의 보혈로 정결케 하여 주시옵소서.

거룩한 주님의 말씀을 듣고 또 들어 그 뜻을 알았지만
주님의 그 뜻을 왜곡시켜 악행을 저지른 실천적 악인이 되었습니다.
저희는 오만의 자리에서, 죄인의 길에서

그 은혜를 헛되이 하여 악습을 버리지 못한 채
구습을 좇는 미련한 삶을 또 반복하였사오니 사하여 주시옵소서.

저희는 사랑받으면서도 미워하는 악습을 행하였고
저희는 이웃에게 먹일 것을 명령받았지만 나 자신만 먹을 것에
몸부림치는 **유치한 이기주의**와 치졸한 내 중심적 삶에
빠지고 말았습니다.
은혜 안에 살면서도 은혜를 헛되게 하였습니다.
은혜로 용서 받았으면서도 내 의로 사는 것처럼 교만하였습니다.
주님의 지극한 배려를 받았으면서도 무례한 불손이 나를 지배하여
하나님께 불경과 이웃들에게 불손을 저질렀습니다.

이처럼 은혜를 은혜 되게 하지 못하고
그 은혜를 헛되게 한 저희의 한심한 경건을 불쌍히 보시고
십자가의 보혈로 속량하시어
나의 영과 마음과 몸을 깨끗하게 하여 주시옵소서.

예수님의 이름으로 기도하옵나이다. 아멘.

30. 시장 바닥의 가치

2014. 10. 12.

마음을 지으신 하나님!
마음의 주인이시고 마음을 다스리시는 하나님의 마음을 저버리고
내 마음대로 내 생각대로 살아온
저희를 긍휼히 여겨 주시옵소서!

하나님의 깊은 뜻을 헤아리지 못하고
내 신념을 앞세운 교만을 저질렀습니다.
하나님의 마음을 읽지 못하고
내 마음의 감정을 내세우는 오만을 행하였습니다.
하나님의 마음을 안중에 두지 않고
내 마음만을 주장하는 고질적인 고집을 부리는
저희의 나쁜 심보를 사하여 주시옵소서.

하나님의 크신 마음의 원리를 저버리고
세상의 변칙으로 눈앞의 이익을 챙기려는
때 묻은 마음으로 혈안이 되어 살아왔습니다.

주님의 깊고 오묘한 말씀 속에
생명의 소식과 거룩한 판단을 잊은 채
세상의 상식으로 말씀을 대신하였고

세상의 이해타산으로 하늘의 보화를 바꾸려는
근시안적인 짧은 생각에 사로잡힌
좁은 마음을 용서하여 주시옵소서!

얄팍한 이익에 눈이 멀어 이웃의 상처를 보지 못하였고
조그만 쾌락에 현혹되어 주님의 교회 아픔을 헤아리지 못하였습니다.
하늘의 가치관과 진리의 교훈을 따라야 함에도 거역하였던
과실을 용서하여 주시옵소서.

오히려 세상의 가르침과 시장 바닥의 가치,
대중적 유행에 휩쓸렸습니다.
세속적 가치관에 물들고 썩은 사상이 침투되어 믿음이 찌들었습니다.
저희의 세속적 체질과 더러운 근성과 허망한 죄악을 좇았사오니
주님의 십자가 보혈로 깨끗케 하여 주시고 마귀를 따르고
죄에 찌들어 인생을 낭비하며 헤맸던 저희를 불쌍히 여기사
십자가로 속량하여 주시옵소서.

예수님의 이름으로 기도하옵나이다. 아멘.

31. 인생 성공 속도

2014. 10. 19.

시간을 지으시고 우리에게 복 주시는 하나님!
하늘의 시간을 내게 주신 선물임을 망각하였습니다.
인생길을 빨리만 달려오다가 길을 잃고 방황하였습니다.

이처럼 내 인생이 파선할 위기에 처하여 몸부림치다가
지치고 곤하여 하루에도 여러 번 주저앉고 싶은 마음에
의지할 곳은 주님밖에 없는 것을 알고 돌아왔습니다.
저희를 박대하지 마시고 불쌍히 여겨 주시옵소서!

내 인생 성공과 속도에만 치중하다가
나의 삶의 방향을 잃었습니다.
형제 조직에 변화를 일으키기는 고사하고
내 살림살이에만 몰두하다가
이웃 형제를 기억도 못했습니다.
내 업무에만 신경 쓰다가
형제 조직에는 관심도 두지 못한 했습니다.

내 행복에만 힘을 쏟다가
형제는 안중에도 없었습니다.
내 상처에만 집중하다가 형제들에게 상처를 냈습니다.

나 자신, 내 가족만 아끼고 챙기는 철저한 이기주의에
빠진 저희를 용서하여 주시옵소서!

하나님의 말씀이 인생 방향이고
삶의 방향임을 몰랐습니다.
하나님의 말씀이 행복의 터전이고
평안의 보금자리임을 잊었습니다.
주님의 말씀이 승리의 방향인 것을
망각한 죄를 사하여 주옵소서!

살아 계신 하나님 말씀을 공회당 강연 듣듯이 하였습니다.
주님, 생명의 말씀을 예비군 훈련장 강연 정도로 여겼습니다.
주님의 말씀을 세상의 성공 처세술 강의 정도로 여기며
종교에 심취하고 처세술에 도취되는 불신앙적인 교만을
십자가에서 흘리신 예수님의 보배로운 피로
깨끗케 하여 주시옵소서!

예수님의 이름으로 기도하옵나이다. 아멘.

32. 계산된 거래

2014. 10. 26.

하늘에 계신 우리 아버지!
아직도 내 영혼 깊숙이 흐르는 악과 욕심으로 찌든
육신을 가지고 왔습니다.

섬기기보다 내 배를 채우려고 안간힘을 쓰고
육욕을 만족시키려고 하늘의 소망을 외면하였습니다.
주님 앞에 믿음이라 생각하고 행한다 하였지만
사람에게 보이고자 애쓰고 가면을 쓴
거짓 믿음이었음을 고백하오니 용서하여 주시옵소서!

사랑이라 여기고 주님과 이웃을 대하였는데
알고 보니 이익을 생각했습니다.
이해심이라 여기고 이웃에게 말했는데
손익을 따지는 계산이었습니다.
배려라 여기고 양보했는데
떠넘기는 책임 회피였습니다.
나는 왜 **계산된 거래**와 위장된 거짓 사랑을
참 사랑이라고 생각했었는지.
아둔함으로 인해 주님 앞에 고개들 수 없습니다.

충성이라 여기고 땀 흘렸는데
주님께서 '불법을 행하는 자들'이라고
'내게서 떠나가라' 라고
호통 치실까 두렵습니다.

그의 나라와 의를 구한다고 자부했는데
온갖 욕심으로 이 땅의 것과 물질만 구하는
이방 사람과 조금도 다르지 않은
중한 죄에 빠지고도 깨닫지 못했던
저희를 용서하여 주옵소서!

주님께 영광된 일이라 여기고 일하였는데
그 영광을 가로 채 내 영광만 챙기고 말았습니다.
지혜롭다고 여기면서 주님의 일을 거스르고
주님께 순종한다고 행한 것을 뒤돌아보니
마귀의 뜻을 따랐던 적이 한 두 번이 아니었기에
가슴이 미어집니다.

경험 있다고 여기면서 주님의 의를 드러내지 못하고
경륜이 많다고 여기다가 주님의 일을 그르치며
나의 판단으로 교회를 움직이고 세상 방법으로
교회를 이끌려 했던 무분별한 나의 욕망을
용서하여 주시옵소서.

예수님의 이름으로 기도하옵나이다. 아멘.

33. 경건 흉내

2014. 11. 9.

우리의 참 생명이신 하나님!
주의 은혜로 살면서도 내 능력으로 사는 것처럼 교만하였습니다.
가장 모자라고 부족하면서도 그 부족을 깨닫지 못하였습니다.
가장 되지못하면서도 다 된 것처럼 생각하며
교만을 숨기고 겸손한 척하였습니다.
죄인 중에 괴수인 나 자신을 알아보지 못하고
제법 의인인 것처럼 으스댔습니다.

합당치 못한 인격과 되지못한 성품으로
하나님의 이름을 상습적으로 더럽히고
습관적으로 욕되게 하는 철없고 미련한
저희를 용서하여 주시옵소서!

은혜를 구하고 있지만 내 이익을 위해 구하였습니다.
거룩을 찾았지만 내 품위와 나의 존재감을 드러내려고 하는
비열한 마음과 타락한 심성을 나타내고 말았습니다.
하늘의 복을 구하는 척하면서 이 땅의 것을 찾았을 뿐이었고
은혜를 구하는 척하면서 세상의 영화를 덧칠한 삶을 희구하는
나의 욕망의 속내를 숨기며 살아 온 저희를 용서하여 주시옵소서.

찬송을 부르고 있지만 더러운 입술입니다.
기도를 드리고 있으나 가증한 혀를 놀리고 있습니다.
주님을 생각하고 있사오나
교활하고 거만한 생각으로 가득 차 있습니다.

주님께 무릎을 꿇고 앉아 있지만
사실은 마귀의 유혹과 죄의 권세에 무릎을 꿇었던
치사하고 치욕스런 타락한 무릎을 다시 가지고 나왔사오니
물리치지 마시고 용서하여 주시옵소서.

사냥꾼의 근성과 들사람의 습관과 장자권을 멸시하는
에서의 심성을 그대로 가지고
복을 받겠다고 거룩을 행세하고 곧잘 **경건을 흉내** 내었습니다.
거룩한 영성을 구하지 못하였고 믿음을 정착시키지 못하였으며
은혜의 속성을 깨닫지 못하며 경건의 훈련에 게으르고 회피하였던
육체의 근성을 제압해야 하지만
육체의 소욕대로 날뛰고 있는 나약하고 한심한 저희를
십자가의 보혈로 속량하여 주시고
그 큰 사랑으로 새롭게 하여 주시옵소서.

예수님의 이름으로 기도하옵나이다. 아멘.

34. 예배 관람

2014. 11. 16. 추수감사절

살아 계신 하나님!
추수감사절을 통해 하나님께 나아오게 하셨지만
감사의 의미도 바로 알지 못하고 살아온
한심한 저희를 사하여 주시옵소서!

주님께서 은혜로 먹여 주시고
사랑으로 양육하여 주셨지만
은혜를 욕심으로 바꾸었습니다.
그 큰 사랑을 나의 욕심으로 변질시켰습니다.
역한 인간 냄새와 구역질나는 죄의 악취를 풍기며
주님의 뜻을 왜곡한 악독한 죄를 용서하여 주시옵소서.

한없는 사랑을 받으면서도
미워하는 악질적인 근성이 아직 남아 있습니다.
은혜 안에 살면서도 오만한 성품 때문에
은혜를 은혜로 인정하지 않는 근성이 아직 잔존하고 있습니다.

용서를 받고 살면서도 미련하여 내 의로 사는 것처럼 착각한 나머지
교만하고 무례하며 하나님 두기를 싫어하는
타락의 심성이 가득하오니 저희를 긍휼히 여기셔서

그 크신 사랑으로 용서하여 주시옵소서.

주님의 말씀을 수없이 듣고 있지만
듣는 것으로 끝냈습니다.
그 많은 예배를 드리지만 예배를 드리기보다
예배를 관람하는 즐거움만 맛보다가
뻣뻣한 목과 오만한 귀로 변질되어
어이없는 죄에 빠질 때가 많았습니다.
해마다 추수감사절을 맞이하지만
추수감사의 진실을 몰랐습니다.
그 많은 추수감사절을 경험했지만
감사의 진실은 다 잃어버리고 말았습니다.

추수감사의 정신은 다 놓친 채
외식과 형식으로 겉모양과 겉치레로
주님께 눈가림하였습니다.
추수감사를 작은 푼돈으로 주님께 구제하는 것으로
오해한 끔찍한 죄에 빠진 것을 십자가로 속량하시고
그 피의 사랑으로 용납하여 주시옵소서.

예수님의 이름으로 기도하옵나이다. 아멘.

35. 빌려주신 재물

2014. 11. 23.

우리를 먼저 사랑하신 하나님!
이익 계산은 있으나 이 세상을 훈훈하게 해야 할 사랑은 식었습니다.
사명이 우리에게 있으나
그늘진 이 땅을 비출 마음의 빛이 없어 어둠 그대로 입니다.

사랑 없어 목말라 하는 세상에
예수 사랑을 전해야 함에도 불구하고
강도 만난 자를 피해 가는 제사장처럼 이웃의 아픔을 피하였습니다.
강도 만난 자를 피하여 가는 레위인처럼 종교인이 되고 말았습니다.
강도 만난 자를 공감은 하였지만
애써 돌보고 살폈던 사마리아 사람처럼
제대로 돌본 적이 없사오니 용서하여 주시옵소서.

언제나 사랑 받을 것만 기다렸고 동정의 대상이 되기만 하였으며
구제의 대상이 되기만 하였던 나 자신을 돌아보면서
주는 자가 되지 못한 것을 마음 아파하고 있는
저희를 긍휼히 여겨 주시옵소서.

우리의 목숨과 생명을 하나님이 선물로 주셨고
재물도 잠시 무이자로 빌려 주셨는데도

나의 생명을 나의 소유로 착각하였으며
주께서 내게 **빌려주신 재물**을 내 것인 양 마구 사용 하였습니다.
내게 주신 생명이 하나님과 연결된 것임을 모르고
경시하는 불신앙에 빠졌습니다.
우리 이웃의 모든 생명도 하나님이 주신 생명인데도
내 맘대로 모독하고 멸시하였던 죄를 용서하여 주시옵소서.

경솔한 말로 이웃의 인격을 짓밟았습니다.
이웃의 가치를 모독하는 행동을 일삼았습니다.
이웃의 진실을 뒤집는 망동을 저질렀습니다.
이웃의 아픔을 더 후벼 파면서 살았습니다.
이 못난 악독과 불의를 용서하여 주시옵소서.

우리 이웃들 가운데는 몸과 마음과 영혼까지 병들어
신음하는 자들이 많이 있지만
내 자신이 살아가는 일에만 급급하여
이웃의 비명 소리에 귀를 막았습니다.
내 직무에 몰두하여 약자를 피해가는 제사장의 오만을 저질렀습니다.
비참한 자의 고통하는 신음소리가 귓전을 때리지만
귀찮게 여겨 고의적으로 피하여 가는
레위인의 위선을 저지르고 말았사오니 용서하여 주시옵소서.

예수님의 이름으로 기도하옵나이다. 아멘.

36. 하나님 없는 인생 성공

2014. 11. 30.

우리의 생명 되신 하나님 아버지!
성공적인 삶을 꿈꾸었지만 처절하게 실패하였습니다.
넘어짐으로 지치고 곤한 인생 패잔병이 되어 돌아왔습니다.
그토록 승리를 장담하였지만
나의 자만으로 초라하게 패배를 겪고 말았습니다.

하나님 없는 성공을 참 성공으로 오해하였습니다.
말씀을 저버린 승리를 참 승리로 착각하였습니다.
기도 없는 번영을 참 번영이라고 포장하였습니다.
행함이 없는 믿음으로 나의 삶은 죽음의 길이었습니다.
이처럼 어이없는 저희의 거짓 믿음을 붙들고 살아가는
가련한 저희를 불쌍히 여겨 주시옵소서!

거짓 성공을 약속하는 마귀의 농간에 속았습니다.
왜곡된 승리를 사주하는 사탄의 계략에 휘말렸습니다.
변질된 번영을 공급하는 어둠의 영들에 이끌렸습니다.
이와 같이 마귀가 기뻐하며 춤추는 일을 자행하면서도
미처 깨닫지 못한 어리석음을 용서하여 주시옵소서.

인생의 우여곡절과 재난이 실패요 재앙이라 여겼는데
평안과 소망을 위한 하나님의 또 다른 성공 작업임을 알지 못했습니다.
하나님이 주신 비전을 바라보고 감사하며 성실과 인내로
나아가야 하건만 오히려 뒷걸음치고 배신하였던 나약한
저희의 믿음을 용서하여 주시옵소서.

거룩한 비전을 주신 더 깊으신 하나님을 알려 하지 않았습니다.
위대한 비전을 허락하신 더 높으신
하나님을 깨달으려 하지 않았습니다.
영광스런 비전을 보이신 더 넓으신 하나님을 알아 가는 데
성숙하지 못한 패역을 사하여 주시옵소서.

영적 탈진의 무서운 재앙을 깨닫지 못하여
애타하지도 못하는 영적 불량자가 되어
십자가 앞에 왔사오니
저희를 주님의 십자가로 속량하시고
하나님의 사랑에 연합되어 거룩한 신부 된 삶으로 살아가도록
끊을 수 없는 그리스도의 사랑을 확신하게 하여 주옵소서!

하나님 없는 인생 성공을 꿈꾸다가
천국 불법 체류자가 되어 불안의 삶을 살지는 않은지
성령님, 조명하여 주셔서 돌이켜 자복하오니 사하여 주시옵소서.

예수님의 이름으로 기도하옵나이다. 아멘.

37. 알량한 나의 감정

2014. 12. 7.

하나님 아버지!
주님 앞에 염치없이 나와 돌아올 때 용서해 주시겠다 약속하심을 믿고 나왔습니다.
주여, 알고 지은 죄가 많습니다.
핑계로도 죄를 지었습니다.
죄를 정당화하기도 했습니다.
죄의 책임을 다른 사람에게 전가하기도 했습니다.
원망하기도 했습니다.
이러한 불의한 길을 가고 있을 때 참아 주셨고
말씀을 거역할 때도 버리지 아니하신
하나님 아버지를 의지하여
두 손 들고 왔사오니 용서하여 주시옵소서.

사랑을 알지만 사랑하지 못했습니다.
진리를 배웠지만, 진리와 상관없이 살았습니다.
의를 깨달았지만,
오히려 불의에 빠지고 거짓에 물들었습니다.
은혜로 살면서도 내 힘으로 사는 것처럼 교만하였습니다.
명예도 하나님이 주셨고, 건강도 하나님이 주셨으며,
재능도 하나님이 주셨고, 목숨도 하나님이 주셨는데도

그 엄청난 선물을 잊어버리고 내 힘으로 가졌다고 여겼던
심히 작은 어리석은 믿음을 용서하여 주시옵소서.

돈도 하나님이 선물로 주셔서 그 은혜로 살고 있지만
여호와께서 집을 세우는 자이심을 잊어버리는 교만에 빠졌습니다.
물질을 주신 주의 은혜로 이 땅에 생존하고 있지만,
여호와께서 성을 지키시는 분이심을 망각하는
오만에 빠졌습니다.
아무것도 된 것이 없으면서
내 능력으로 뭔가 다 된 것처럼 착각하였습니다.
아무 가치가 없는 명예를 위하여 거짓말을 하였습니다.
썩어질 것을 위해서는 낭비를 하면서도
하늘에 보화를 쌓는 일에는 인색하였던
거짓 신앙을 용서하여 주시옵소서.

하찮은 나의 자존심을 지키기 위하여
믿음과 교회를 헌신짝처럼 여긴 적도 있습니다.
알량한 나의 감정을 다스리지 못하여
주님의 선물인 거룩한 직책을 순간에 내팽개치는
어리석은 저희를 용서하여 주시옵소서.

예수님의 이름으로 기도하옵나이다. 아멘.

38. 성탄의 무드

2014. 12. 14.

우리의 생명이신 하나님,
새롭게 살기로 결심하고 세상으로 나갔던
2014년 한 해가 저물고 있습니다.
돌이켜 보니 낭패와 실망으로 한 해를 보낸 것 같아
후회와 뉘우침으로 주님 앞에 섰습니다.

주님 앞에 수없이 결심하고 새롭게 살기를 다짐하였지만
돌아보니 퇴보하였고 생각해 보니 후퇴하였습니다.
전진을 꿈꾸었지만 늘 뒤로 물러갔으며
승승장구를 기대하였지만
처절한 패배로 기가 죽어 돌아온
저희를 용서하여 주시옵소서.

잘될 때는 내 능력으로 되는 줄로 교만하였습니다.
안될 때는 하나님을 원망하며 불평으로 일관하였던
한심한 저희를 십자가의 사랑으로 용서하여 주시옵소서.

주님, 주님께서 탄생하시는 대림절을 맞이하면서
하늘의 소리에는 무관심하였고
세상의 소리에는 귀를 기울이며 살아왔습니다.

주님의 말씀에는 무덤덤하였고
이 땅의 소리에는 민감하였습니다.
예배에는 형식이 앞섰고 기도에는 무대응으로 응대했으며
이웃 사랑을 함께해야 하지만
강도 만난 자를 피하여 가는 제사장과 레위인의 악습을
그대로 재현하고 있는 악하고 비양심적인 삶을
용서하여 주시옵소서.

성탄의 무드는 무르익어가고 있지만
성탄의 삶은 따르지 못하고 있습니다.
성탄의 찬양은 울려 퍼지고 있지만
찬양에 걸맞은 빛의 삶은 펼치지 못하고 있습니다.
성탄의 장식은 만들고 있지만
예수님을 내 안에 모시지는 못하고 있습니다.
성탄의 요란스러운 문화는 보고 있지만
구유 안의 예수님은 보지 못하고 있습니다.
성탄을 거룩한 하늘의 생명 잔치로 여기지 못하고
해마다 맞이하는 성탄을 연례행사로 여긴 나머지
세상 문화와 어깨동무하여 거룩함을 상실하고
시장 바닥의 행사로 전락시켜 이벤트가 되게 한 끔찍한 왜곡을
용서하여 주시옵소서.

예수님의 이름으로 기도하옵나이다. 아멘.

39. 세상 풍조가 파도칠 때

2014. 12. 21.

우리의 생명 되신 하나님!
죄에 매여 저주 가운데 있으면서도
저주를 깨닫지 못한 채 세상을 배회하고 방황하던
이 죄인이 돌아왔사오니 불쌍히 여겨 주시옵소서.

성탄의 축제와 요란한 연말의 무드가 나의 말초신경을 자극할 때마다
세상에 대한 향수로 마음이 흔들렸습니다.
세상 풍조가 파도칠 때마다 믿음이 술렁거렸습니다.
이 세상 풍속이 몰려올 때마다 여지없이 내 마음을 내어 주었습니다.
세상 속에, 문화 속에 끌려갈 뿐 아니라 함께 함몰되어
세상이 춤출 때 덩달아 춤추었습니다.
문화가 광란할 때 휩쓸렸습니다.

시대 가치가 잡아당길 때 힘없이 끌리고 말았습니다.
이 땅의 사망 소리에 장단을 맞추고 말았습니다.
세상이 흐르는 대로 흘러 사망의 물결에 비위를 맞추며
사탄의 유혹 소리에 환각되고 도취하였습니다.
세상에 단골이 되고 세속에 단짝이 되어 비뚤어진
생활 속에 빠져 있는 삶을 용서하여 주옵소서.

주님을 사랑한다 하였지만
나의 목적 달성을 위한 도구로만 여겼습니다.
세상에 치이고 손해 입은 보상을 받으려는 종교생활이었습니다.
주님께 예배한다고 하였지만,
나의 소원 성취를 위해 지성이면 감천이라는 이방 종교를 흉내 내는
거짓 믿음에서 벗어나지 못하였사오니 사하여 주시옵소서.

주님을 위한다고 하면서도 나의 자존심을 위하였습니다.
주님을 따른다고 하였지만, 나의 자존심을 따랐습니다.
주님을 나의 목자라 말하고 있지만
정작 나의 행동은 자존심이 나의 목자라고 숭상하고 있습니다.
주님을 섬긴다고 하였지만, 나의 자존심을 섬기는 자가 되었습니다.
교회를 받든다고 하였지만, 나의 자존심을 받드는 일이 한두 번이
아니었던 무서운 범죄를 용서하여 주시옵소서.

이웃을 먼저라고 하였지만 나를 내세우기 위한 도구에 불과했습니다.
이웃을 섬긴다고 하였지만 돌이켜 보니 내가 섬김받기 위해 이웃을
섬긴 것은 아닌가 하여 크게 후회하고 있습니다.
모든 일에 주님보다 내가 앞섰습니다.
매사에 십자가보다 나의 존재가 먼저였습니다.
교회를 사랑한다고 생각했는데 먼저 나를 더 사랑하여
교회마저 도구로 여기는 끔찍한 죄를 범하였습니다.
교회보다 나의 존재를 위해 일해 온 치명적 범죄를
용서하여 주시옵소서.

예수님의 이름으로 기도하옵나이다. 아멘.

40. 한 해의 끝자락

2014. 12. 28.

인생의 주인이 되시는 하나님!
2014년도를 돌아보고 또 돌아보고, 반추해 보고 또 되새김하면서
떳떳하지 못하였던 삶을 낱낱이 뉘우치고 있습니다.
올해 첫 시간, 영시에 큰소리치며 품었던 원대한 꿈이
주마등처럼 지나가지만 그 꿈 다 어디 갔는지
제대로 이룬 것이 없어 이 시간 한탄하고 가슴을 찢으며 아파하는
저희를 불쌍히 여겨 주시옵소서.

봄에 가졌던 포부도 나의 기억에 떠오르지만
무엇 하나 이루어진 것 없이
안개처럼 사라졌습니다.
여름에 가졌던 열정과 타오르는 기대는
나의 욕심과 게으름 속에
용해되어 버리고 말았습니다.
가을에 기대했던 충실한 열매는 고사하고
나 자신의 부족과 부실로 실패하고 넘어지며 쓰러졌던
패배의 잎만 무성하여
열매 없는 무화과 같이 되어 버린 현실을
부끄러워하고 있사오니 사하여 주시옵소서.

이 엄숙한 시간 저물어가는 **한 해의 끝자락**에서
무겁고 착잡한 마음과 가슴을 쥐어뜯고 싶은 심정으로
지나간 삶의 자취들을 되새김하면서 조목조목 뉘우치고 자복하오니
용서하여 주시옵소서!

모든 삶의 어두운 자취를 걷어내고 싶고
실패의 쓰디쓴 잔을 비우고 싶어 주 앞에 고개 숙입니다.
도저히 주님을 바라볼 수 없어 그저 하나님 앞에 떨고만 있습니다.
유난히도 세월의 아픔이 많았고 삶의 고통이 유난했던 경험을
세월 속에 묻어 버리고 삶의 흔적을 지워버리고자 엎드렸사오니
피 묻은 그 사랑으로 용서하여 주시옵소서.

하나님 앞에 올곧게 살지 못한 탈선을 낱낱이 후회하고 있습니다.
바르게 섬기지 못한 불충으로 악하고 게으른 종이 되고 말았습니다.
주님 주신 사명을 내 입맛에 안 맞는다 하여 등지고 살아왔습니다.
불평 원망, 악평 부정을 열 정탐꾼처럼 내 입에 달고 살아왔습니다.
거역, 불순종, 반항, 저항, 반목, 시기, 질투, 수군수군하였던 근성을
주의 보혈로 깨끗이 하여 주시옵소서

예수님의 이름으로 기도하옵나이다. 아멘.

41. 육신의 타성

2015. 1. 4.

은혜와 믿음을 선물로 주신 하나님!
하나님의 말씀을 멀리하고 좁은 길을 마다하며
세상의 무리를 따라 넓은 길로 가다가 믿음을 잃고
애처로운 처지가 되어 돌아왔습니다.

하나님의 선물인 믿음을 따라 살지 못하고
세속적인 야망과 유혹을 좇다가
모든 것을 다 잃고 가련한 신세로 돌아왔습니다.
말씀에 대한 무관심으로 깊은 곳을 보지 못하였습니다.
말씀을 선택하지 못하여 말씀 없는 영적 기근으로
곤고한 삶을 살아왔습니다.
위선의 직분으로 나의 삶의 모습과 영혼의 정체를
숨기며 살아온 저희를 용서하여 주옵소서.

숱한 세월을 죄인의 자리에서 악의 세력과 놀아난
얕은 잔재주와 **육신의 타성**에 젖어
깊은 곳에 그물을 내리지 못한 불순종으로,
종교적 가식과 위장된 믿음으로 지내왔습니다.
말씀의 신비에 동의하지 못하고 믿음의 능력을 인정하지 못해
외식하는 믿음과,

있어도 좋고 없어도 그만인 액세서리 신앙에 머물렀던
나약한 믿음을 불쌍히 여기사 사하여 주시옵소서.

깊고 신비한 영적 세계를 보지 못하는 짧은 안목과
높고 거룩한 세계를 분별하지 못하는 희미한 믿음으로 살다가
겨우 오늘에야 조금 깨달아 떨리는 마음으로 고개 숙였사오니
철없는 저희를 용납하여 주시기를 원하옵니다.

눈앞에 보이는 이익만 보고 실리를 챙기다가
주님의 깊고 깊은 사랑을 배신하였습니다.
낡은 생각과 옛 습관으로 귀한 세월을 방황하였으며
주신 직분과 명하신 사명을 하찮게 여긴 나머지
악하고 게으른 종이 되고 말았습니다.
말씀이 주는 거룩한 비전을 붙들고 새해에 새 출발 할 수 있도록
주님을 등지고 살아온 악의 뿌리를 십자가로 뽑아 주시고
악의 바탕을 주님의 보혈로 정결케 하여 주시옵소서.

예수님의 이름으로 기도하옵나이다. 아멘.

42. 퀴어 축제의 저주

2015. 6. 7.

우리 행복의 근본이 되시는 하나님!
메르스 공포로 긴장하고 있는 이 땅에
메르스보다 더 무섭고 더 가혹하고 더 악질적인 공포가
퀴어 축제를 통하여 파고들고 있습니다.
지금 이 시각 행복을 찾아 헤매는 인간들의 목마름을 이용하여
표현의 자유라는 이름으로 벌거벗고 춤추고
동성끼리 음란 퇴폐를 퍼트리는 어둠의 축제가
서울시청 앞에서 6월 9일에 폭발하고 있사오니
이 땅의 황무함을 용서하시고 고쳐 주시옵소서.

이 나라의 심장부에서 일어나고 있는
광란의 작태와 악행을 조장하는 죄악의 쓰나미가
대한민국을 덮치려 하고 있사오니
이 민족을 불쌍히 여겨 주시옵소서.
이 죽음의 축제를 서울시장도 허가하고 유엔 사무총장도 동의하며
국회도 이미 길을 잃고 헤매는 처절한 참상이
바로 여기 서울에서 벌어지고 있습니다.

우리의 자녀들의 영혼을 미혹하고 젊음의 비전을 폭파하며
이 나라의 꿈나무를 잔인하게 갉아먹는 비극이 오고 있사오니

이 나라 이 민족을 긍휼히 여겨 주시옵소서.

더욱 가슴 아픈 것은 이 비극이 덮치고 있는데도
비극의 축제를 하찮은 것으로 여길 뿐 아니라
기도하지 못하고 행동하지 못하는, 죽은 사자와 같은
한국교회의 무력함을 회개하옵니다.

이 퀴어 축제로 말미암아 억장이 무너지는 비애를 안고
주님께 구하오니 저희의 잘못을 용서하여 주시옵소서.

언제나 그랬듯이 아름다움을 추구하지만, 퇴폐에 빠지고 있습니다.
숱하게 길을 물어보았지만, 길 잃은 양이 되었습니다.
평안을 얻고자 하였지만, 돌아온 것은 불안뿐이었습니다.
성공을 기대했지만, 실패로 얼룩지고 말았습니다.
희망을 꿈꾸었지만, 절망에 주저앉아 있습니다.
퀴어 축제의 저주가 이 나라와 교회를 삼키려 하고 있습니다.

생명을 구하였으나 사망의 음침한 골짜기가 전부였습니다.
주님이 행복의 주인이심을 깨닫고 오늘에서야 돌아왔사오니
세상에 물들고 죄에 찌든 저희를 용서하여 주시옵소서.

예수님의 이름으로 기도하옵나이다. 아멘.

43. 인생의 음산한 질곡

2015. 6. 14.

우리의 생명의 양식이 되는 하나님!
궁핍과 가난으로 생존을 위협받는 고통의 멍에를 벗고자
주님께 왔사오니 저희의 숨 막히는 생애를 긍휼히 여겨 주시옵소서.
인생 가뭄으로 살길이 막막하고 생존의 위협이 있지만
주님을 찾지 않고 이 땅만 보며 살아온 저희를 사하여 주시옵소서.

인생의 음산한 질곡을 지날 때마다
빛이신 주님을 기억지 못하였습니다.
사망의 음침한 골짜기를 거칠 때마다
주의 지팡이와 막대기를 하찮게 여겼습니다.
죽음의 문턱에서 숨 가빠 할 때마저도
주님이 나의 생명이심을 인정하지 않는 고집불통의 불신앙을
용서하여 주시옵소서.

욱여싸임을 당할 때 싸이지 않게 하시는 산성 되시는
주님을 인정하지 않았습니다.
박해를 받을 때 버림당하지 않게 하시는 주님을 의지하지 않았습니다.
답답한 일을 당할 때는 낙심하지 않도록 하시는 든든한 바위이신
주님을 멀리했습니다.
거꾸러뜨림을 당할 때 망하지 않게 하실 보배로우신

주님을 망각하는 불신앙을 용서하여 주시옵소서.

주님께서는 나의 희망이시고 나의 참 소망이지만
저희는 한심하게도 절망하였습니다.
불신앙으로 탄식하였습니다.
때로는 불평하며 원망을 일삼아 온 저희를 용서하여 주시옵소서.

하나님의 깊으신 뜻과 한없이 크신 생명의 원리를 저버리고
세상의 출세와 세상의 꿈을 궁극적 목표로 삼고 어리석게 살아온
저희를 불쌍히 여겨 주시옵소서.

눈앞에 놓인 먹을 수 있을 만한 보암직한 선악과 이익에 집착하여
영원한 생명과 참 떡이신 생명과 양식을 놓쳤습니다.
이해타산에 사로잡혀 귀에 들리는 대로 판단하여 깊으신
주님의 생각을 헤아리지 못한 낡은 생각을 용서하여 주시옵소서.

얄팍한 나의 이익에 현혹되어 이웃의 아픔을 보지 못하였고
조그만 나의 소득을 챙기느라
주님의 의도와 거리가 먼 생활을 하였습니다.
이웃을 사랑하는 삶과는 무관하게 비열하고 무정하며
위장된 거짓 믿음생활로 일관하였습니다.
나와 내 집만 생각하는 이기주의에 사로잡혀
하나님 나라와 상관없는 위선의 삶을 살아온 저희를
십자가로 속량하시고 주님의 거룩한 피로 용서하여 주시옵소서.

예수님의 이름으로 기도하옵나이다. 아멘.

44. 세상의 우물가

2015. 6. 21.

생명의 샘물이신 하나님!
오늘도 생수를 주시는 주님이 여기 계시건만
세상의 우물가에서 방황하며
사람을 붙들고 목마름을 해갈하려 했습니다.
이 세상 물질의 우물가에서 만족을 얻고자 하였지만 헛수고였습니다.
이 세상의 명예의 우물가에서 기쁨을 찾았지만 슬픔뿐이었습니다.
이 세상의 권력의 우물가에서 성공을 꿈꾸었지만 실패뿐이었습니다.
이 세상의 쾌락의 우물가에서 환희를 기대하였지만
허탈함뿐이었던 방황의 세월을 회개하오니 용서하여 주시옵소서.

세상을 볼 때 희망을 빼앗겼고 사람을 볼 때는 절망에 빠졌습니다.
바쁘고 바쁘다는 핑계로 숱한 세월을 허비하며 허망하게 살아온
저희가 인간의 한계를 깨닫고 이제야 돌아왔사오니
불쌍히 여겨 주시옵소서.

날마다 애타도록 평안에 목말라하면서
성령의 도우심을 기다리지 않고 악인의 생각을 따라갔습니다.
그토록 인생이 절박하다고 하면서도
나를 구원하시는 하나님을 바라보지 않았습니다.
이 시대에 퍼지는 전염병이 창궐한다고 주님을 멀리하였습니다.

이 땅에 중동 호흡기 증후군이 판을 친다고 영적 삶을 소홀히 하는
심약한 믿음을 사하여 주옵소서.

아무리 세상이 위험해도 낮의 해와 밤의 달이 나를 해치 못하게 하
시는 주님을 신뢰하지 못하였습니다.
제아무리 치명적인 재앙이라도 사냥꾼의 올무에서와 심한 전염병에
서 건지실 분은 전능하신 하나님이신데 의지하지 못하였습니다.
오히려 사람만 바라보고 두려워하는 딱하기 그지없는 저희를 불쌍
히 보시고 용서하여 주시옵소서.

천 명이 왼쪽에서 엎드러질지라도 지켜 주시는 전능의 하나님,
만 명이 오른쪽에서 쓰러질지라도 일으켜 주시는 능력의 주님,
이 재앙을 주관하시는 우리 주님을 기억하지 못하고 있는
불신앙을 사하여 주옵소서.

이처럼 처절한 형편에 있으면서도 말씀을 사모하지 않았고,
다급하다 푸념하면서도 주님께 나아와 기도하지 않았으며,
나는 문제가 없어 '평안하다, 평안하다' 내게는 문제가 터지지 않았다고
나태한 생각에 빠져 궁색한 변명만 늘어놓았습니다.
이처럼 하나님을 의지하지 못하고 배반하는 악행을 저질렀으며
기도하지 않으므로 기도하기를 쉬는 죄를 범하였사오니
십자가로 속량하시고
거룩하신 주님의 사랑으로 용서하여 주시옵소서.

예수님의 이름으로 기도하옵나이다. 아멘.

45. 퀴어 광란 퍼레이드

2015. 6. 28.

하늘에 계신 아버지!
오늘 대한민국 한복판 서울에서
광란의 행사가 진행되는 이 광경을 보고 계시지요.
이 나라 이 민족의 퇴폐를 조장하고 음란을 부추기며
소돔과 고모라를 방불케 하는
정부와 서울시 당국의 빗나간 행정을 보고 계시지요.
이 민족을 불쌍히 여겨 주시옵소서.

동성애로 가정의 건전한 규범을 파괴하고
사회의 아름다운 윤리를 썩게 만드는 탁류가 흐르고 있습니다.
동성애 퀴어 광란으로 이 민족의 문화를 병들게 하고 있습니다.
퀴어 축제라는 핑계로 재앙을 부르는 패망의 장례를 치르고
광란으로 성적 타락을 조장하고 있사오니
우리의 죄를 용서하여 주시옵소서.

퀴어 광란은 무지한 서울시장이 허가하고
시류에 영합하려는 당국이 동조하고
시장이 선동하여 대한민국 심장부에서 벌어져 진행되고 있습니다.
퀴어 퍼레이드를 허가하고 조장하여 대한민국의 심장부로부터
이 민족의 윤리를 갉아 먹고 있으며

영혼이 무너져 내리는 황폐한 성읍같이
황무하게 하는 비극의 땅으로 만들고 있는 패륜을 사하여 주시옵소서.

이 땅이 황무하고 적막하여 슬픔과 잃어버린 땅으로
변질되어 가고 있사오니
가련한 이 민족의 지도자들과 무모하게 동조하는
인권주의 자들의 죄를 보시고
한국교회의 무능함과 조국을 위해 기도하지 못한
우리의 죄를 용서하여 주시옵소서.

동성애는 선천적 성향이 아니라
정신적 질환인 것을 오도하고 있습니다.
동성애는 소수 인권의 문제가 아니라
내면의 욕망을 왜곡하고 있사오며
다름을 주장하는 동성애는
비윤리적인 죄악을 선으로 가장하고 있습니다.
개인의 존엄을 외치며 국민 개개인의 존엄을 훼손하고 있사오니,
저 불쌍한 주최자들과 우리의 동족을 사하여 주시옵소서.

그들은 평등을 소리치며 다수의 역차별을 조장하고 있습니다.
메르스 감염보다 무서운 생각을 교묘하게 파고들어
공멸을 음흉하게 꾸미고 있습니다.
소수자 인권을 보호하라는 목소리로
대한민국의 전 인권을 짓밟으려 하는
저의를 아시는 주님께서 민족을 불쌍히 보시고
돌이키도록 감동하여 주시옵소서.

문란함의 극치로 서울을 유사 성행위로
물들이려 하고 있습니다.
소수 배려라는 성행위 퍼포먼스로
성 정체성을 송두리째 흔들고 있습니다.
퀴어 축제는 문화 테러요,
윤리와 미풍양속으로 살아온 이 민족의 정서를 습격하고 있는
어둠의 영들 축제이오니 혈과 육으로 대항하지 말고
성령과 말씀으로 대항하는 믿음을 주시옵소서.

퀴어 퍼레이드를 통하여 가정을 넘어뜨리며
젊은 세대를 유혹하여 가치관을 송두리째 흔들어 놓고 있습니다.
영혼을 혼미케 하여 사망의 골짜기로 이끌기 위해
교묘하게 덮치고 있사오니
이때를 위해 깨어 있지 못하고 세상에 영합하고
이 땅의 것만을 추구하며 살아온
덜떨어진 믿음과 시대를 읽을 줄도, 볼 줄도 모르는
한심한 저의 죄를 용서하여 주시옵소서.

퀴어 광란 퍼레이드가 재앙을 부르는 비극이 되고 있습니다.
퀴어 퍼레이드로 광란의 동성결혼이 난무하는
어처구니없는 악행이 메르스처럼 퍼지고 있습니다.
동성애는 가증한 짓이고 해서는 안 되는 일이며 부끄러운 짓이라는,
성경을 통한 하나님의 경고를 외면하고 있습니다.

퀴어 광란 퍼레이드로 말미암아
여자를 사위로 맞아야 하는 재앙이 덮치고 있습니다.

남자를 며느리로 받아야 하는
황당한 재앙이 습격해 오고 있습니다.
이 땅을 물들이는 어둠의 영들과
하나님의 심판이 되는 무서운 죄악을
십자가의 보혈로 속량하여 주시옵소서.

예수님의 이름으로 기도하옵나이다. 아멘.

46. 방황을 끝낼 수 있도록

2015. 7. 12.

긍휼이 풍성하신 하나님!
죄와 허물로 인해 죽었던 우리를 살려 주신
그 은혜를 까마득히 망각하였습니다.
그 많은 세월 속에 방황하며 길 잃은 양이 되어
숱한 악행을 저질렀습니다.
원망과 불평으로 초라한 영혼이 되어 견디다 못해 쓰러졌습니다.
불신앙과 의심에 빠진 채로 이제야 돌아왔사오니
참으시고 기다려 주시는 그 크신 사랑으로 긍휼히 여겨 주시옵소서.

방황을 끝낼 수 있도록 거룩한 집을 주셨지만,
아버지의 집으로 돌아오지 않았습니다.
주님의 풍성한 말씀의 식탁을 거절하여
내 영혼은 굶주리고 있습니다.
예배의 기회를 주셨지만, 예배를 소홀히 하여
한심하게도 세상을 예배하고 물질을 경배하였습니다.

절망을 끝낼 수 있도록 소망을 주셨건만 인내하지 못하였고,
좌절을 끝낼 수 있도록 믿음을 주셨지만 역사하지 못하였으며,
불행을 끝낼 수 있도록 사랑을 주셨지만 수고하기를 거절하는
불순종에 빠졌사오니 용서하여 주시옵소서.

인생의 피곤에서 벗어 날 수 있도록 새 힘을 허락하셨으나
세상의 힘을 의지하다가 낭패와 실망 당한 뒤에 돌아왔습니다.
하늘의 안식을 내 앞에 상 차려 주셨지만 챙기지 못하였습니다.
삶의 고단함에서 벗어날 수 있도록 거룩한 주일을 주셨지만
하찮게 여기다가 후회하오니 용서하여 주시옵소서.

평안의 행복을 소홀히 하고 주일 안식의 예배를 놓치고
정신없이 인생살이에만 몰두하였습니다.
어리석고 미련하여 삶의 가치관이 이지러지고 말았습니다.
시대를 볼 줄 모르고 현실을 꿰뚫지 못해
믿음이 흐트러진 주님 없는 삶을 크게 후회하면서
저희의 합당치 못했던 한심한 삶을 참회하오니
용서하여 주시옵소서.

죄의 속박에서 자유할 수 있도록 진리를 주셨지만
거짓된 진리에 속아 살아왔습니다.
진리를 주셨지만,
진리를 무가치하게 여기는 왜곡된 가치관에 빠졌습니다.
고달픈 인생의 방황을 끝내도록
주일 안식의 생명을 주셨지만
지금도 방황하고 있는 저희의 방탕을
주님의 보혈로 깨끗하게 하여 주시옵소서.

예수님의 이름으로 기도하옵나이다. 아멘.

47. 약속마다 공수표

2015. 7. 19.

은혜 베푸시기를 기뻐하시는 하나님 아버지!
수많은 은혜를 받았지만
다 잊어버리고 은혜 받지 못한 사람처럼 불평하였습니다.
그 많은 사랑을 받고 살아왔으면서도
사랑받지 못한 사람처럼 외롭다고 훌쩍 훌쩍 고독에 울었습니다.

말로 다 할 수 없는 엄청난 복을 받았으면서도
알지 못해 허무하고 공허하다며 슬피 울었습니다.
그 귀중한 보배를 주셨지만 깨닫지 못해 허탈감에 빠져 서글프다고
'흑~ 흑~' 또 울고 있는 가련한 저희를 불쌍히 여겨 주시옵소서.

주님께서는 그 많고 숱한 하늘의 거룩한 양식을 주셨건만 그것을 멀리하면서 이 세상의 속된 것으로 욕망의 배를 꾸역 꾸역 채우려고 하였습니다.
하늘의 온갖 보화들을 날마다 받고 있지만 기쁨으로 받지 못해 세상에 빼앗기고 세상이 주는 기쁨을 영원한 것으로 착각하였습니다.
그 소중한 믿음의 보배를 마귀에게 탈취당한 채 마귀가 주는 달콤한 성공에 속아 믿음 없는 빈껍데기 종교인 생활로 하루하루를 간신히 버티고 있는 나약함과 어리석음을 용서하여 주시옵소서.

세상이 주는 조그만 이익에 즐거워하고 마귀가 주는 위장된 행복에 웃으며 속아 살아온 허탈한 저희가 방황의 길을 이제야 돌이켜 돌아왔사오니 받아 주시옵소서.

하나님의 영광을 위한다고 하였지만,
저희의 안일과 부귀만을 좇았습니다.
주님이 우선이고 그의 나라가 먼저라고 말은 잘 하지만
항상 내 인생이 먼저였고 나 자신을 우선하였습니다.
주님의 뜻을 따른다고 하였지만 속된 것을 좇아가는 우선순위가 뒤바뀐 삶을 추구하다가 왔사오니 사하여 주시옵소서.

감사하다고 하였지만 위장된 감사로 하나님을 속였습니다.
하나님을 원망하는 데 익숙하여 이웃도 원망하였습니다.
세상을 탓하는 데 능숙하여 가족마저 탓하였습니다.
원망하고 탓하는 죄를 사하여 주시기를 간절히 원합니다.

교회를 우선한다고 하였지만 돌이켜 보면
교회는 뒷전이었고 내 업무가 앞섰습니다.
주님의 일이 중요하다고 말은 하였지만 말마다 거짓이요,
약속마다 공수표였으며, 행동마다 배신이고, 판단하는 것마다 나를 더 소중하게 여기며 자아 중심의 표리부동한 언행 불일치의 삶으로 일관했던 거짓된 삶을 용서하여 주시옵소서.

예수님의 이름으로 기도하옵나이다. 아멘.

48. 교회가 교회답게

2015. 7. 26.

교회가 교회답게 되기를 바라시는 주님!
교회는 예수님의 거룩한 옥체라고 하면서도
교회를 함부로 대하였던 반역의 대열에 선 것을 몰랐습니다.
교회를 더럽히는 것이 주님 얼굴에 침 뱉는 일임을 알지 못했습니다.
교회를 비방하는 것이 주님의 몸에 못질하는 것임을 알지 못한
무지와 어리석음을 용서하여 주시옵소서.

교회의 성결을 천하게 대하는 것이
성결하신 주님께 창을 들이대는 것임을 미처 깨닫지 못했습니다.
교회 질서를 왜곡하는 것이
주님의 얼굴에 가래침 뱉는 모욕이었음을 알지 못했습니다.
교회와 함께하는 것이
주님과 함께 깨어 있는 것임을 미처 생각지 못했습니다.
교회를 멀리하는 안이한 방심이
주님을 홀로 겟세마네 동산에 남겨 두고 등 돌리는 배신이었음을
깨닫지 못하였사오니
저희의 죄를 용서하여 주시옵소서.

교회가 있는 것은 육체를 입고 오신 주님이 생명 주신 이유요,
교회가 존재하는 것은 주님이 살 찢으신 이유이며,

교회 사랑은 주님이 피를 흘리시기까지
우리를 사랑해 주신 사랑의 이유였건만
교회를 세상의 사교 단체나 교양 강좌기관으로 오해하였던
어리석음을 용서하여 주시옵소서.

교회가 세상의 유일한 희망이지만
세상보다 못한 천박한 조직으로 여겨
교회에 희망을 걸지 못했습니다.
교회가 우리의 신앙의 산실이건만
교회를 미신적 사당으로 여길 때도 있었습니다.
교회가 사람을 살리는 생명이지만
나에게 돌아오는 조그만 이득만을 챙기려고 하였습니다.

교회가 영원한 행복을 주는 곳인데도
한 줌도 안 되는 육적인 욕망이나 충족시켜 주는
종교단체로 여겼습니다.
이처럼 믿음 없는 마음으로 교회를 출입하였던
불쌍하고 가련한 저희를 사하여 주시옵소서.

예수님의 이름으로 기도하옵나이다. 아멘.

49. 참 진리를 놓치고

2015. 8. 30.

십자가의 고난을 겪으시고 승리하신 주님!
고난당하기 전에는 어리석게 그릇 행하였습니다.
고난당한 것이 내게 유익한 것을 알지 못해
한숨과 원망으로 일관하였던 짧은 생각을
용서하여 주시옵소서.

하나님을 모르는 애굽에서 고난받은
눈물의 노예 생활도 감찰하셨던 주님!
하나님을 배반하였다가 바벨론에서 경험한
비참했던 과거도 보고 계셨던 주님!
하나님을 거역하다가 앗수르에서 농락과 수치를 당하고 짓밟혔던
아픈 세월도 불꽃 같은 눈으로 샅샅이 살피시며 아파하셨던
주님 앞에 돌아왔사오니
그 모진 고난의 의미를 깨닫고 회개하는 저희를
용서하여 주시옵소서.

세상에서 환난을 당하나 담대하라고 주님 말씀하셨건만
두려움에 사로잡혀 안식하지 못하였습니다.
환난이 무서워 사탄의 교묘한 술수에 이용당하고
세상과 야합하여 기쁨 없는 삶으로 한탄하고 있습니다.

사람은 고난을 위하여 태어났다고 운명론으로만 여겨
고난을 정복할 의욕마저 상실하였습니다.
고통을 수수께끼로 여겨 미신적으로 대하는
종교적 마술에 속고 있습니다.
고난을 무시하라는 심리적 치료의 위장된 술수에
참 진리를 놓치고 말았사오니 용서하여 주시옵소서.

고난을 통해 생명을 주시고 차원 높은 고난의 경지에서
고난을 사용하여 우리를 가꾸시는
주님의 크신 사랑을 자주 망각하며 살아온
저희를 십자가로 속량하시고 사하소서.

주님이 찔리시므로 낫게 하셨다 하신 것을
징계를 받으시는 고난으로 평화를 주셨다 하신 것을
믿지 못한 연약한 믿음을
피 흘려주신 고난의 사랑으로
용서하셔서 새롭게 하여 주시옵소서.

예수님의 이름으로 기도하옵나이다. 아멘.

50. 성령님을 근심케

2015. 9. 13.

지존하신 성부 성자 성령 삼위일체 하나님!
하나님을 모르고 살아온 세월이
너무 많아 어리석고 한심하여 후회하고 있사오니
거절하지 마시고 용납하여 주시옵소서.

주님을 부끄럽게 여기는 확신 없는 종교생활로
종교인의 탈속에 갇혀 나의 삶을 위장하였습니다.
성령님의 감동으로 주께로 돌아왔건만
내가 어떻게 이 자리에 온 것도 왜 앉아 있는지도 모르는
미신적 믿음에 머문 철없는 믿음을 사하여 주시옵소서.

성령님의 역사로 거듭난 하나님의 자녀 되게 하셨건만
그 은혜를 잊어버렸습니다.
하나님의 자녀 된 것을 수치스럽게 여겨 십자가를 자랑하지 못하여
성령님을 근심케 하였습니다.
그리스도의 보배로운 피로 구속함을 받은
자랑스러운 은혜를 부끄럽게 여겨
성령님을 슬프게 했던 아둔함을 사하여 주시옵소서.

성령님의 탄식하시는 간구 소리를 고의로 외면하였습니다.
인생의 성공을 나의 노력의 대가로 여기는 배은망덕에 빠졌습니다.
성령님을 인격적인 하나님으로 인정하지 못했습니다.
성령님의 역사를 귀신들의 역사 정도로 폄하시켰습니다.
성령님의 의도를 깨닫지 못한 어리석음을 용서하여 주시옵소서.

세상 소리에 함몰되어 성령님의 세미한 소리를 듣지 못했습니다.
미신적 신앙에 감염되어 한심한 믿음으로 교회를 출입하였습니다.
무덤덤하고 마음이 냉담하여 성령님을 환영하지 못하였습니다.
냉랭한 믿음과 차가운 가슴으로 성령님을
박대하였던 무서운 죄를 용서하여 주시옵소서.

성령님을 존귀하게 여겨야 할 저희가 성령님을 홀대하였습니다.
성령님을 의지하기는커녕 세상의 힘을 더 의지하였습니다.
성령님을 주인으로 사랑하지 못하여 믿음의 정조를 팔고 말았습니다.
망령된 말과 그릇된 행실로 사탄의 생각에 연루된 나머지
세상과 야합하여 성령님을 근심케 하였으며
주님의 가슴을 갈기갈기 찢어 놓는 성령님의 배반자가 되었습니다.

이처럼 성령님의 역사를 훼방하여 영원히 용서받을 수 없는
생각과 언동을 일삼았던 치명적인 죄를 십자가로 속량하시고
성령님을 보내신 그 사랑으로 용서하여 주시옵소서!

예수님의 이름으로 기도하옵나이다. 아멘.

51. 성탄절 준비

2015. 12. 20.

우리를 위해 이 땅에 오신 주님!
이 죄인을 위하여 몸을 찢고 피를 흘리시고 십자가 지시기 위하여 이 땅에 탄생하신 주님 앞에 섰사오니 씻을 수 없는 만 가지 죄와 악으로 더럽혀진 부끄러운 저희를 용서하여 주시기 원합니다.

마귀가 유혹하는 그 거짓말에 속아 비참한 저주 가운데 빠진 인간들을 위하여 지극히 높으시지만 낮은 자로 이 땅에 오셨고 한없이 크시지만 작은 자의 모습으로 우리와 함께 머물러 계셨으며 지극히 거룩하시지만, 죄와 저주의 십자가를 짊어지시기 위하여 생명의 양식으로 구유에 탄생하신 예수님을 마중도, 환대도 하지 못하는 저희를 불쌍히 여겨 주시옵소서.

어찌 된 일인지 주님 탄생하셨지만 찬양할 줄도 모른 채
고요한 밤을 소란스럽게 지껄였습니다.
안타깝게도 주님 탄생하셨지만,
평화를 전하지도 못하면서 거룩한 밤을 내 입에 담았습니다.
이같이 위선의 모습을 가지고 돌아온 저희를 용서하여 주시옵소서.

주님의 탄생을 보기는 보아도 보지 못하였습니다.
강림하심을 듣기는 들어도 깨닫지 못하였습니다.

주님의 탄생을 깨달았으나 행하지 못하였습니다.
보는 데 쇠약하고 듣는 데 우매하여
더디 깨닫는 저희를 용서하여 주시옵소서.

성탄 캐럴에는 가슴이 설레고 뛰고 있지만
주님의 십자가에는 무덤덤한 가슴이 되었습니다.
이웃의 사랑을 받을 때는 한없이 기뻐하면서
이웃을 사랑하는 일에는 나의 손발을 묶었습니다.
주님 성탄의 그 엄청난 사랑을 받았지만
그 사랑 전하는 일에는 침묵하였습니다.
섬겨야 할 이웃에게 도리어 상처 내고 아픔을 주지 않았는지
돌아보고 있습니다.
사랑해야 할 이웃을 도리어 바쁘다 바쁘다는 핑계로
등지고 말았습니다.

저희보다 약한 이웃 앞에서는 군림하는 허세를 맘껏 부리면서
저희보다 강한 자 앞에서는 비굴한 아첨으로 이득을 챙겼습니다.
힘 있는 자 앞에서는 천박한 아부로 유익을 얻으면서
박해자 앞에서는 신앙을 흥정하여 신앙을 타협하였습니다.
주님의 섬기는 길을 걷기보다 섬김받는 길을 택하였으며
인격을 팔고 의를 뒤로 밀어내었던 저희를
십자가로 속량하시고 대속의 사랑으로 용서하여 주시옵소서.

예수님의 이름으로 기도하옵나이다. 아멘.

52. 어설픈 신앙

2015. 12. 27.

한 해를 잘 마무리하게 하시는 고마우신 하나님!
또한, 우리에게 세월을 주시고 시간을 허락하셔서
우리의 성숙을 기다리시는 하나님!

2015년 한 해를 돌이켜 보면
지난날에 수없이 결심했고 수없이 다짐하며 수없이 서원했지만
날이 갈수록 주께로부터 멀어졌고
세월이 흐를수록 주님과 등졌던
어설픈 신앙을 용서하여 주시기를 간절히 비옵나이다.

내 삶의 세월 속에 언제나 함께하신 하나님!
내 인생의 시간 속에 늘 같이해 주신 하나님!
그 사랑이 엄청나고 그 은혜가 한이 없건만 까마득히 잊었습니다.

그 숱한 세월 속에 베푸신 하나님의 은혜에
감사하기보다 오히려 불평하였습니다.
그 많은 시간 속에 공급하신 하나님의 사랑에
행복해하기보다 오히려 원망하였습니다.
그나마 은혜에 감사한다고 할 때마저도 감사한 것이
변변치 못해 부끄러워 고개 들지 못하고 있사오니

이 시간 긍휼히 여겨 주시옵소서.

내 생각대로 살다 보니 된 일이 없습니다.
내 뜻대로 살다가 실패하고 말았습니다.
진실을 생각하면서도 거짓되게 살았습니다.
의를 생각하면서도 죄악에 빠졌습니다.

빛을 좋아하면서도 오히려 어둠에 머물렀고,
기뻐하기를 좋아하면서도 슬픈 눈물의 세월을 보냈으며,
감사하기 원하면서도 하나님을 원망하고 세상을 탓하는데
찌들어 있는 저희를 용서하여 주시옵소서.

충성하기를 원하였으나 늘 핑계하고 변명하기에 바빴습니다.
순종하기를 원하였지만,
오히려 주님께서 내 뜻에 따라주기를 원하였습니다.
교회를 사랑한다 하였으나 나를 위한 사랑에 그쳤습니다.
이토록 나의 이득과 내 뜻만을 이루기 위해
옹졸하게 살아온 저희를 십자가의 보혈로 속량하시고
그 보혈의 사랑으로 용서하여 주시옵소서.

예수님의 이름으로 기도하옵나이다. 아멘.

53. 새해 새 결심

2016. 1. 3.

복의 근원이 되시는 하나님 아버지!
우리를 반갑게 맞이하시는 주님의 넉넉한 사랑을 믿고
돌아온 저희를 용납하여 주시옵소서.
저희가 **새해 새 결심**을 하면서 출발하였고
단단히 결심하며 당당하던 엊그제 내 모습이
이제는 초라한 신세가 되어 돌아왔습니다.

어느 때인가 흐지부지되어
어두운 세상에서 오락가락하며 방황하다가
지치고 곤한 몸으로 돌아왔사오니 저희를 불쌍히 여겨 주시옵소서.
세상에서 사악한 무리와 짝하여 온갖 죄를 저질렀습니다.
이 땅의 세파에 휩쓸려 잡된 생각에 사로잡혀 살아왔습니다.

활개 치는 어두운 세상의 세력 앞에 굴복하였습니다.
마귀의 농간에 놀아나고 사탄의 음모에 연루되어 살다가
세상 풍조에 물들고 땅의 가치를 흠모하며 죄악에 물들어
살아온 치명적인 타락을 용서하여 주시옵소서.

이 땅의 소유를 최고의 가치로 여기는
왜곡된 가치관을 버리지 못하였습니다.

이 땅의 향락을 최상의 만족으로 알고
부나방처럼 불을 향해 돌진하는 위험한 삶이었습니다.
이 땅의 돈이 가져다주는 쾌락을
따라가다가 허탈에 빠진 저희를 용서하여 주시옵소서.

이 땅의 신기루와 같은 허상을 좇다가
헤어날 수 없는 깊고 깊은 수렁에서 허우적대고 있습니다.
이 땅의 야망을 탐내다가 삶의 허무에 빠지고
영혼은 허탈감에 빠진 채 길 잃은 한 마리 양이 되어 버린
저희를 불쌍히 여겨 주시옵소서.

수많은 시간을 가식의 너울로 위장하였습니다.
거룩한 직분을 종교적 이력서로 둔갑시켰습니다.
충성을 다짐하고 순종을 각오하였으나
늘 핑계하였고 변명하였습니다.

이처럼 거짓으로 나를 가리고
위선으로 나의 민낯을 철저히 숨기며 살아온 죄악을
십자가로 속량하시고
주님의 거룩하신 보혈로 깨끗이 사하여 주시옵소서.

예수님의 이름으로 기도하옵나이다. 아멘.

54. 야심차게 결심하였으나

2016. 1. 10.

오늘도 저희를 선대해 주시는 크신 사랑의 하나님!
언제나 그랬던 것처럼 새해 새 마음을 품고 출발하였건만 …
새해는 새로운 결단으로 단단히 마음먹고 시작하였건만 …
며칠 되지 않아 그 마음, 그 결심, 그 계획이 허물어진 성터처럼 …
의심과 두려움에 빠져 있습니다.
걱정과 근심으로 흔들리고 있습니다.
야심 차게 결심하였으나 마음이 빈곤에 처하였습니다.
그래서 부끄러운 마음으로 주님 앞에 돌아와 서 있사오니
손잡아 주시옵소서.

새해 새로운 다짐을 하고 새 출발 하였던 결심들이
며칠도 되지 않아서 헝클어져 있는
연약한 믿음을 사하여 주시고,
새해 새 출발도 하기 전에 의심하며 두려워하고 있는
저희를 불쌍히 여겨 주시옵소서.

새로운 한 해를 주님과 함께 어떻게 승리할 수 있을지 걱정하고
어떻게 해야 주님 뜻대로 살 수 있을지 선한 고민을 하면서도
헛된 생각으로 인생의 수많은 날을 낭비하지 않을까
걱정하고 있습니다.

그 많은 세월을 왜곡된 믿음 때문에 주님을 아프게 하였으며,
아둔하고 미련한 생각 때문에 주님을 욕되게 하였던 불충을
용서하여 주시옵소서.

새해라는 기회를 주셨지만 변변치 못해 자주 기회를 잃고 있습니다.
주님의 뜻을 가르쳐 주셨지만,
생각이 아둔하여 거룩한 그 뜻을 등지며 살아가고 있습니다.
아직 새로운 계획도 세우지 못하고 새 출발도 못한 채
걱정만 하는 저희의 나약하고 머뭇거리며 더디 믿는 믿음을
용서하여 주시옵소서.

돌이켜 보면 주님만 섬기겠다는 다짐과는 달리
세상을 따르고 있는 탕자였으며
주님과 함께 살겠다고 다짐한 지가 엊그제인데
힘없이 세상에 밀리고 맥없이 유혹에 사로잡혀
주님과 멀어진 먼 나라에서 탕자의 신세가 된
저희를 불쌍히 여겨 주시옵소서.
이 모든 죄악을 주님의 십자가로 속량하시고
거룩하신 주의 보혈로 깨끗이 사하여 주시옵소서.

예수님의 이름으로 기도하옵나이다. 아멘.

55. 함부로 말한 죄

2016. 1. 24.

말씀으로 천지를 만드시고 말씀으로 운행하시는 하나님!
말씀 따라 복된 말만 바라셨지만 허탄한 말을 하였습니다.
주님의 거룩한 말씀을 세상의 허다한 풍설로 왜곡하였습니다.
생명의 말씀을 실없는 말로 둔갑시켜
세상의 소리로 변질시킨 거짓된 삶을 용서하여 주시옵소서.

하늘의 소리를 세상 소리로 덧칠하여 종교로 전락시켰습니다.
주님의 음성을 들었지만, 사람의 소리로 경건을 왜곡하였습니다.
염치없지만 돌아왔사오니 저희를 용서하시고 받아 주시옵소서.

저희의 어리석은 생각을 고집하며
다른 사람의 생각을 무시하였습니다.
내가 하는 말이 나의 현실을 만드는 중요한 언어임을 잊었습니다.
이웃을 사랑한다고 하면서 사랑받기만을 기대하고 있는
속 좁은 저희를 사하여 주시옵소서.

이웃을 섬긴다고 하면서
오히려 섬김받으려고 은근히 기다렸습니다.
이웃을 돕는다고 하면서
오히려 이웃을 이용하려는 말뿐이었습니다.

이웃을 배려한다고 하면서 함부로 말을 하여
이웃의 가슴에 언어로 상처를 주었던 함부로 말한 죄를
용서하여 주시옵소서.

선을 행한다고 마음을 먹지만
불의를 행하는 탈선을 조장하는 말에 빠졌습니다.
일시적인 안일을 위하여 진리의 말을 포기하였습니다.
이 땅의 오아시스를 찾다가 세상과 타협하는 말로 길을 잃고
신기루에 빠져 허탈해하고 있습니다.
이처럼 미련하고 어리석게 말 잔치로 망하고 있는 저희를
용서하여 주시옵소서.

사람들이 보는 앞에서 말로 거룩한 척하였습니다.
혼자 있을 때는 불신자보다 못한 말을 내뱉었습니다.
밥 먹듯이 먹고 마시는 못된 말로 악한 죄에 물들었습니다.
주님 앞에 부끄러워 감히 고개를 들 수 없어 슬피 울며 회개하오니
성령으로 감동하사 말로 저지른 온갖 죄악을
십자가의 피로서 정결하게 하여 주시옵소서.

예수님의 이름으로 기도하옵나이다. 아멘.

56. 거짓 경건으로

2016. 1. 31.

하나님 아버지!
하나님께서는 언제나 엄청난 사랑과 말로 다 할 수 없는 은혜를 주셨건만 저희는 분별없이 행하고 믿음 없이 살다가 하나님의 뜻을 외면하며 육신의 정욕을 따라 지나온 부끄러움을 낱낱이 자백하오니 용서하여 주시옵소서.

아직도 세상의 잡된 생각과 내게 익숙한 더러운 습관에 물들어 있는 악습으로 인해 주님과 가까워질 기회를 놓쳤습니다.
빛을 원하면서도 어둠에 눌러앉기를 즐겼습니다.
사랑받기 원하면서도 사랑을 베푸는 데 인색하였습니다.
진실을 원하면서도 거짓과 위선에 물들어 몰염치한 양심이 되어 버린 허물 많은 저희를 용서하여 주시옵소서.

천박한 육신의 생각으로
하늘의 거룩한 보물을 무가치하게 여겼습니다.
이 땅의 하찮은 이득에 눈이 멀어 주님의 이름을 욕되게 하였습니다.
세상에서 저지른 악행과 짐짓 지은 죄를 정당화하려 변명하였습니다.
믿는다고 하면서도 가식과 핑계로 나의 잘못을 발뺌하기에 급급하여 하나님의 얼굴에 먹칠하였던 한심한 저희를 용서하여 주시옵소서.

강퍅한 마음으로 죄를 짓고
오만한 마음으로 이웃을 업신여겼습니다.
부질없는 자존심 때문에 남을 비방하고
내 명예를 위해 이웃을 헐뜯었습니다.
거친 언행으로 이웃의 가슴에 깊은 상처를 내고도 정의였다고 위장하였던 파렴치하고 한심스러운 저희를 용서하여 주시옵소서.

그 많은 세월 속에 저지른 죄를 죄로 인정하지 않았고
핑계와 변명으로 거룩함을 위장하였습니다.
잘못을 잘못으로 고백하지 못하는 가면을
쓴 **거짓 경건으로** 진실을 포장하였습니다.

하나님을 믿는다 하면서도 실제로는
세상의 원리와 힘을 믿고 거들먹거렸습니다.
십자가를 거절하고 죄인의 무리와 어울리면서
죄를 먹고 마시며 의를 버린 채 이 세상에 집착하였습니다.

하늘의 진리와 가치를 뭉개버리고 마귀와 짝을 맺고 불의와 한통속이 되었던 때가 한두 번이 아니었으며 세상의 거짓과 야합하는 아찔하고도 위험천만한 생활로 절망적인 가식과 추악한 언행을 일삼았습니다.
이 악행을 십자가의 보혈로 속량하시고
주님의 그 크신 사랑으로 용서하여 주시옵소서.

예수님의 이름으로 기도하옵나이다. 아멘.

57. 설날의 족쇄

2016. 2. 7.

고유 명절의 설날을 허락하신 하나님 아버지!
수많은 인파를 몰고 다니는 민족 대이동이 시작되는 설날에는 마음이 들뜨고 가슴이 설레는 흥분에 젖으면서도 주님의 말씀에는 감동도 식었고 믿음의 등불마저 희미하게 가물거리고 있어 부끄러운 마음에 머리 들지 못한 채 고개 숙였사오니 저희를 긍휼히 여겨 주시옵소서.

주님께서 저희에게 새해를 주시고 새로운 아침을 주셨건만
아직도 새로운 출발을 하지 못하고 있습니다.
새로운 기회를 주셨건만 미련하여 새 시간에 새 사람으로 서지 못하고 있는 아둔한 저희를 용서하여 주시옵소서.

주님을 높이고 증거하는 명절이 되어야 하건만
행여 나만을 위한 설날이 된 것은 아닌지,
세상 명절날에 주님을 잊어버리고 있지 않은지,
전통 제사의식에 한 통속이 되고 있지 않은지,
명절을 즐기는 문화에 영합된 것은 아닌지,
생명의 말씀과 한 걸음씩 멀어지고 있는 것은 아닌지 …
영적 분별력과 믿음의 판단력을 허락하여 주시옵소서.

돌이켜 보니 낡은 시대를 따랐습니다.
낡은 풍습을 따랐습니다.
뒤돌아보니 어두운 세속에 물들었습니다.
살펴보니 나의 모습이 세상에 깊이 빠지는 위기에 처했음을 발견하고
놀란 가슴으로 주 앞에 날래게 뛰어나와 머리 숙이오니
용서하여 주시옵소서.

하나님의 명철한 생각을 버려두고 저희의 아둔한 생각을 고집하며
옛 일에서 아직도 벗어나지 못하고 있습니다.
새 일을 생각하지만 늘 옛일에서 탈출하지 못하고 있습니다.
새 뜻을 품고자 하지만
나약하여 실패로 지난날을 후회하고 있습니다.
새 마음을 다지고자 하였으나 과거의 실패로 주눅이 들었습니다.

새롭게 출발하고자 하였으나
허물과 죄책감에 눌려 전진하지 못하며
과거의 올가미와 넘어짐의 족쇄에 매여 있는
저희를 불쌍히 여겨 주시옵소서.

지난 일에 묶였고, 가책에 사로잡혔으며, 연약함에 짓눌려
허무와 허탈감으로 한 발자국도 나아가지 못하고 있는
연약한 저희를 십자가로 속량하시고
주님의 보혈로 깨끗게 하여 주시옵소서.

예수님의 이름으로 기도하옵나이다. 아멘.

58. 새 출발

2016. 2. 14.

새 출발의 기회, 첫날을 주신 하나님!
허물투성이의 죄와 부패한 옛 모습을 벗지 못한 채
그 귀한 세월 다 보내고 이제 뉘우치는 눈물로 주께 돌아왔사오니
주여 나를 받으사 맞아 주시옵소서.

지난날을 돌이켜 보니 옛 구습에 젖어 살았습니다.
악하고 더러운 생각에 빠져 허우적거렸습니다.
때로는 속된 욕심으로 가득하여
주님의 뜻을 거스르고 말씀에서 탈선하였습니다.

하나님의 나라를 알고 있으면서도 안중에 두지 않았고,
수없이 들었지만,
오히려 이 땅의 나라에만 온갖 정성과 관심을 쏟으며,
이 세상 사람들과 다를 바 없는 삶을 믿음이라고 착각하여
저지른 악행이 산을 이루고 믿음의 누수 현상이 강을 이루었사오니
그 큰 죄악을 빽빽한 구름이 사라지듯이 정결케 하여 주시고
자욱한 안개가 없어지듯이 말갛게 씻어 주시옵소서.

이 땅의 쾌락을 하늘의 행복으로 착각하여
성령의 감동에 민감하지 못하였습니다.

하늘의 가치를 흠모하면서 세속의 가치를 따랐습니다.
영의 진리를 그리워하면서 왜곡된 삶에 젖었습니다.
생명의 진리를 옳다 하면서 거짓된 삶을 살아가고 있는
거짓투성이의 죄악을 용서하여 주시옵소서.

이웃의 불행을 나의 성공과 출세의 발판으로 여겼습니다.
이웃의 아픔을 나의 배를 채우는 야비한 도구로 삼았습니다.
절제하지 못하는 분노 때문에 감정의 노예가 되어
이웃의 가슴에 씻을 수 없는 상처를 내었고 하나님의 거룩함을
손상시키고 말았사오니 사하여 주시옵소서.

종종 하나님을 높인다 하면서
나의 못난 성품 때문에 하나님 이름의 영광을 훼손하였습니다.
거짓이 숨어 있는 이권 앞에서는 이득을 챙기고
진실을 양보하였습니다.

세속의 소리에는 귀를 활짝 열고 감화 감동이었으나
하나님의 음성에는 마음을 닫고 설레거나 기뻐하지 못하였습니다.
세속적인 성공을 하나님의 복으로 여기는
오해와 비뚤어진 가치관으로
자주 가식과 위선의 가면을 쓰고 살면서 종교꾼이 된 저희를
십자가로 속량하시고 그 크신 은혜로 용서하여 주시옵소서.

예수님의 이름으로 기도를 드리옵나이다. 아멘.

59. 절묘한 변명

2016. 2. 28.

빛 되신 하나님!
빛난 주석보다 빛나는 보좌 앞에 나아와
성결하신 주님 앞에 조용히 고개 숙였습니다.
간절한 뉘우침과 진실한 고백을 드리오니 주의 피로 정결케 하시고
피 묻은 십자가로 용서하셔서 새롭게 하여 주시옵소서.

우리는 아직까지 세상의 잡된 생각과
내게 익숙한 습관적인 죄악으로 찌들어 있습니다.
자기만을 생각하는 허상을 깨고 남을 위해 몸 바치신
주님의 희생과 보혈의 정신을 따르지 못하였습니다.

주님의 뜻을 헤아려 받들기보다 내 뜻을 펼치려고
철저한 내 고집을 부렸습니다.
주님의 마음을 깨닫기보다 내 집념을 관철하려고
질긴 아집을 드러냈습니다.
울고 있는 자들에게 주님의 사랑을 행하지 않고
절묘한 변명으로 피하여 지나갔습니다.
고통스러워하고 있는 자들에게 주님의 위로를 전하지 못하고
포장된 핑계로 교묘히 피한 무책임을 사하여 주시옵소서.

고독에 우는 자들에게 주님처럼 친구가 되어 주지 못할지언정
오히려 쓴맛을 안기는 간교한 입술을 제단 숯불로 정하게 하여 주소서.
오히려 비열하게 슬픔을 주고 핑계와 변명으로 피하여 갔던
한없이 옹졸한 나의 마음을 용서하여 주시옵소서.

이웃과 우리 민족이 사랑에 목말라하고 있지만
나는 나, 너는 너라는 의식으로 무관심하였습니다.
세계와 종족들이 복음에 갈급해 하고 있지만
나의 이익에 갇히고 내 집안 생각에만 몰두하며
이기주의의 감옥에 갇혀 있는
속 좁은 저희의 아둔함을 사하여 주시옵소서.

이웃 사랑은 꿈조차 꾸지 못한 채 나의 이익을 챙기기 위한
수단으로만 여기는 나의 졸렬한 마음을 용서하여 주시옵소서.
고민하는 외로움의 신음소리가 들릴 때 귀를 막은 것과
통곡하며 고통스러운 비명이 들릴 때 귀를 막은 것과
처량하고 비참한 모습을 보았을 때 고개를 돌린 것과
고통스러워하며 피 흘리고 있는 이웃에 눈을 감았던
추악한 나의 욕심과 비열한 나의 자존심을
십자가의 보혈로 속량하시고 그 사랑으로 용서하여 주시옵소서.

예수님의 이름으로 기도하옵나이다. 아멘.

60. 지독한 이기주의

2016. 3. 6.

사랑의 하나님!
저희를 언제나 사랑해 주시는 하나님 앞에
머리 숙여 사랑의 재점검을 기다립니다.
주의 뜻을 거스르며 육신의 정욕을 따랐던
지난날을 낱낱이 후회하면서 부끄러움을 무릅쓰고
참회하오니 용서하여 주시기를 간절히 구합니다.

그 많은 사랑을 받고도 사랑받지
못한 것처럼 분별없이 행하였습니다.
그 크신 은혜를 입고도 고립무원으로
은혜 받아본 적이 없는 것처럼 투덜거렸습니다.
주님의 높으신 뜻과 한없는 사랑을 아랑곳하지 않고
자주 불평하였던 위선의 입술을 용서하여 주시옵소서.

하나님의 그 놀라운 사랑의 그늘 아래서 행복을 체험하였건만
우리는 늘 핑계로 자리를 피하였고
변명으로 사랑을 내버리는
지독한 이기주의에 빠지고 말았습니다.
세속의 욕망으로 배를 불리고
이 땅의 꿈만을 성취하고자

이기적 욕심을 이글이글 불태웠습니다.

세상살이에만 집착한 나머지
하늘나라의 일에는 무관심하여
육적인 삶에 함몰된 불결한 영성을
주님의 보혈로 깨끗이 하여 주시옵소서.

당장 이득을 주는 세상의 소리에는 민감하였지만
이웃 영혼을 위한 생명 사랑에는 무디고 미련하였습니다.
이처럼 하나님의 나라 전진을 방해하였던 악행을
십자가의 보혈로 속량하시고
그 크신 사랑으로 용서하여 주시옵소서.

예수님의 이름으로 기도하옵나이다. 아멘.

61. 세월의 현주소

2016. 3. 20.

하나님의 사랑으로 이 땅에 오셔서
세월을 구속하여 주신 하나님!

그 사랑 가지고 육신의 몸을 입으시고
나의 생명을 구속하여 주신 주님,
주님은 우리가 육체의 날을 예수와 같은 날로 살기를 바라셨지만
어이없게도 나 자신만을 위한 삶으로 살아왔습니다.
주님은 내가 하는 일이 예수의 일로 채우기를 그토록 원하셨지만
나는 세상만을 바라보며
뒤죽박죽 낭비하며 허송세월을 용서하여 주시옵소서.

하나님이 원하시는 시간으로 나의 세월에 채우기를
원하셨지만 나의 세월 속에 욕망만 가득 채운
한심한 저희를 용서하여 주시옵소서.

하나님이 기대하시는 하늘의 거룩함을
나의 세월 속에 담아야 하지만
그 기대를 저버리고 나의 삶의 시간에
온통 더러움으로 가득 담았습니다.
그 세월 속에 주님의 삶을 채우지 못한

저희를 불쌍히 여겨 주시옵소서.

나의 시간으로 세속의 잡된 것만을 위해 동분서주하다가
온갖 잡된 더러움으로 가득해진 저희를
보혈로 깨끗하게 하여 주시옵소서.

사탄의 유혹에 도둑맞은 세월 때문에 가슴을 치며
원통한 눈물을 흘리고 있사오니 용서하여 주시옵소서.

주님께서 그토록 처절하게 곤욕을 치르고 억울하게 치욕을 겪으시며
피 흘리신 고난주간을 맞아
세월을 늘 도둑맞은 다음에 아끼지 못하여 후회하는 어리석음을
용서하여 주시옵소서.

내게 잠깐 주어지는 **세월의 현주소**를 발견하지 못한 채
하늘의 삶을 살지 못하고 이 땅에만 집착하는 저희의 고단한 생애를
십자가의 보혈로 속량하시고 그 사랑으로 용서하여 주시옵소서.

예수님의 이름으로 기도하옵나이다. 아멘.

62. 주님을 꾸짖는 자

2016. 3. 27.

사랑이 많으신 하나님!
그 엄청난 수모와 끔찍한 십자가에 죽으시고 오늘 새벽에 부활하신
그 사랑을 의지하고 돌아왔사오니
저희를 물리치지 마시고 받아 주시옵소서.

저희는 삶의 목표를 잃고 방황하며 어두운 세상을 쏘다녔습니다.
인생의 방향을 잃고 이리 밀리고 저리 쫓기며 땅에만 집착하였습니다.
주님을 목자로 인정하지 못해 수없이 주님의 길을 거절하였습니다.
우리를 그 끔찍한 방탕에서 건지시려고 겟세마네 동산에서 울부짖는
주님의 음성을 뿌리쳤던 맹랑한 저희를 사하여 주시옵소서.

내 생각을 관철하기 위하여
집요한 기도로 주님을 설득하려 하였습니다.
나의 이상을 이루기 위하여
화려한 예배로 주님을 이해시키려 하였습니다.
나의 탐욕을 달성하기 위해
폼 나게 봉사하여 주님을 양해하도록 압박하였습니다.
이처럼 저희의 아둔한 생각을 사하여 주시옵소서.

충성스러운 신용으로 주님을 납득시켜서
내가 바라는 복을 받아내려 하였습니다.
주님을 잘 이해시키려 하고, 주님을 설득하려 하며,
떼를 쓰고, 고집을 부리며,
심지어 내 형편을 왜 모르시냐고 버릇없이 주님을 꾸짖기도 하며
주님을 훈계하기도 하였던 저희를 용서하여 주시옵소서.

나의 꿈을 성취하기 위해 주님의 생각을 꺾으려 하였습니다.
내 마음대로 살아가려고 주님 의도를 굴복시키려 하였습니다.
주님의 견해 보다 나의 견해를 관철하려 옹고집을 부렸습니다.
주님의 계획을 바꾸려고 주님의 음성을 못 들은 척하였습니다.
이처럼 얼룩진 나의 위선의 행적을 알고도 참아 주시며
보고도 기다려 주시는 주님 앞에 부끄러워하고 있사오니
사하여 주시옵소서.

부정한 입술로 하나님을 모독하였습니다.
거친 언어로 이웃의 가슴을 후벼 팠습니다.
냉정한 목구멍으로 이웃을 멸시하였습니다.
타락한 혀로 하나님과 사람 앞에 거만을 떨며,
양심을 때 묻히고 영을 더럽히는 악행을 저질렀습니다.
주님께서 무거운 십자가의 잔을 앞에 놓고 애절하게
기도하실 때 나는 내 밥그릇 챙기기에만 바빴던 무책임을
십자가의 보혈로 깨끗하게 하여 주시옵소서.

예수님의 이름으로 기도하옵나이다. 아멘.

63. 늑대만도 못한 지조

2016. 4. 22.

늘 좋은 것을 주시는 하나님!
좋은 것 중에 가정을 주셨지만
가정을 지키지 못한 악행을 사하여 주시옵소서.

가족을 주셨지만, 가족을 소홀히 한 부도덕을
용서하여 주시옵소서.

남녀와 이성을 선물로 주신 것을 악용하여
계명을 어긴 불법을 용서하여 주시옵소서.

이 세상의 풍조를 그리워하며 마음이 탈선하였습니다.
이 땅의 풍속을 마음에 담고 살아가는 정신적 음란에 빠졌습니다.
감각적 쾌락에 흠뻑 젖어 주님을 잃어버린
육체적 타락을 저질렀사오니
용서하여 주시옵소서.

때로는 비둘기만도 못하게 정조를 소홀히 하였습니다.
때로는 황새만도 못하게 정절을 무가치하게 여겼습니다.
때로는 **늑대만도 못하게 지조**를 올곧게 지키지 못하였습니다.
수많은 세월을 금수만도 못하게 세상만을 좋아하며 살아온 저희를 용서하여 주시옵소서.

진실을 생각하면서도 거짓되게 살았습니다.
주님을 사랑한다면서도 세상을 사랑하였습니다.
말씀을 따른다 하면서도 세상 여론을 따랐습니다.
주님을 그리워한다면서도
퇴폐를 그리워하고 음란을 동경하였던
저희를 사하여 주시옵소서.

의를 생각하면서도 죄악에 빠졌습니다.
빛을 좋아하면서도 어둠에 머물렀습니다.
새 삶을 좋아하면서도 옛 삶에서 빠져나오지 못했습니다.

하늘의 가치를 알면서도
하찮은 이 땅의 것을 얻으려고 안간힘을 쓰면서
아등바등, 허둥대며 살아온 저희를
십자가로 속량하시고
그 거룩한 피로 속량하여 주시옵소서.

예수님의 이름으로 기도하옵나이다. 아멘.

64. 고갈된 인생

2016. 6. 5.

고갈된 인생의 생수가 되시는 주님!
오늘도 저희는 타는 목마름으로 생수를 기대하며
주님께 돌아왔사오니 긍휼히 여겨 주시옵소서.

헛된 세상에 살면서 탐욕으로 실수를 하였습니다.
부질없는 이익을 위하여 주의 이름을 욕되게 하였습니다.
하찮은 자존심을 지키려고 믿음을 하찮게 여겼습니다.
맹랑한 나의 고집 때문에 주의 말씀을 거슬렀던
어이없는 삶을 낱낱이 후회하고 있사오니
용서하여 주시옵소서.

생각의 가치를 몰라 비뚤어진 생각과 흐트러진 삶으로
인생의 방향을 잃었습니다.
소유의 가치를 몰라 기쁨을 잊고 슬픔과 탄식 속에
욕망에 지배당하였습니다.
믿음의 가치를 몰라 능력을 잃고 주림과 목마름에 헐떡이며 헤매던
허약한 믿음을 용서하여 주시옵소서.

모를 때는 몰라서 죄를 짓고
깨달았을 때는 알면서도 행하지 못하였으며

악의 편에 서고 죄에 빠지는 오만함에 머물렀던
불의를 용서하여 주시옵소서.

깨닫고도 고치지 못하였고 믿고도 행하지 못하였으며
무한한 용서를 받았지만 용서하지 못하고
사랑에 감격하면서도 사랑을 실천하지 못하였습니다.
거짓 믿음으로 가면을 쓰고 위선의 영성으로
악행을 덮었던 추악한 죄악을
십자가로 속량하시고 그 크신 사랑으로
용서하여 주시옵소서.

예수님의 이름으로 기도하옵나이다. 아멘.

65. 교회를 허무는 여우

2016. 6. 12.

생명을 창조하셔서 우리의 주인 되신 하나님!
생명을 주신 하나님께 영광 돌리지 못했습니다.
영생을 주신 주님께 찬양 드리지 못했습니다.
복을 주신 하나님께 감사하지 못했습니다.
삶의 비상구를 주신 하나님께 기도하지 못하고
오로지 나의 이득과 편안함만 추구하다가
염치없이 돌아왔사오니 박절하게 대하지 마시고 용납하여 주시옵소서.

우리의 죄악이 시대정신을 신봉하여
하나님 두기를 거절하고 말았습니다.
우리의 악독함이 하늘에 사무치도록 극심하여
임박한 진노를 깨닫지 못하고 있습니다.
우리의 타락이 도를 넘어
범람하는 물결처럼 나의 인생을 삼키고 있사오니
용서하여 주옵소서.

우리의 사랑이 식어 미움과 증오로 차가워져서
이웃의 생명을 농단하는 살인에 빠지고 있으면서도
깨닫지 못하고 있는 저희를 용서하여 주시옵소서.

당연히 용서할 자를 용서하지 못하여
이를 갈고 보복을 계획하는 증오의 길을 걸었습니다.
사랑할 자를 사랑하지 못하여 원수 갚는 일에 몰두하며
이웃을 멸시하는 교만에 빠졌습니다.
이해할 자를 이해하지 못하여 등 돌리고 살아가는
거만하고 뻔뻔하며 염치없는 저희를 용서하여 주시옵소서.

변변치 못한 인격과 되지못한 성품으로
이웃에게 씻지 못할 상처를 남겼습니다.
거친 언어와 날카로운 말투로
가족과 이웃들에게 깊은 상처를 남겼습니다.
나의 표독스러운 표정이 가시가 되어
교회를 허무는 여우가 되고
이웃에게는 평생에 한이 되도록 고통을 안겨 주는
퇴폐한 영성과 위장된 경건을 사하여 주시옵소서.

복음에 목밀라하는 불신자들의 애타는 소리를 외면하며
알량한 잔머리만 굴리다가 환난의 함정에 빠져
허우적거리며 방황하고 있는 이 죄인을
십자가로 속량하시고 피 묻은 그 사랑으로
용서하여 주시옵소서.

예수님의 이름으로 기도하옵나이다. 아멘.

66. 불효막심 신앙

2016. 6. 19.

온 우주의 하나님 아버지!
구속받은 하나님의 자녀이면서도 죄에 매여
멸망하는 자와 함께 어울리면서 문제 속에 방황하던 저희를
용납하여 주시옵소서.

살아 계신 하나님 아버지를 귀신 부르듯이 하찮게 여겼습니다.
전지전능하신 하나님 아버지를
삼신할미에게 빌듯이 우습게 대하였습니다.
사랑 많으신 하나님 아버지가 나를 외면한 것으로 오해하여
아버지의 크신 사랑을 떠나 살았던 저희를 불쌍히 여겨 주시옵소서.

나를 지으시고 낳으신 육신의 부모님을
내가 맘껏 부려먹을 수 있는 도구로만 여겼던
불효막심한 신앙으로 살았습니다.
나를 기르시고 양육하신 부모님의 은혜를
자식이 은혜로 여기지 못하고
빚쟁이에게 빚을 받듯이 위세를 부렸습니다.
밥 한술을 건고고 잠 한숨만 설쳐도 놀라시며 앉고서고 안절부절
나를 위해 일편단심 부모님의 그 사랑을 까마득히 잊었사오니
불효막심하기 그지없는 저희를 용서하여 주시옵소서.

육신의 부모님이 하나님의 모형이라면서도
하나님의 뜻을 거역하고 본능적 생계에만 집착하였습니다.
크고 크신 부모님의 마음을 갈기갈기 찢었고
그 인격을 모질게 짓밟았던 적이 한두 번이 아녔습니다.
부요하신 하나님을 아버지로 모셨지만
이 땅의 것 다 갖지 못하였다고 주눅이 들고
욕구불만에 매여 살아가는 어리석은 저희를
용서하여 주시옵소서.

넉넉하신 하나님을 아버지라 부르면서도
이 세상 욕심으로 늘 기가 죽어지냈습니다.
하나님의 자녀이면서도 마귀의 자식처럼 행하였습니다.
하늘의 백성이면서도 세상에 속한 자로 살며
세속영화에 굽실거리고
세상 가치에 비위 맞추기에 급급하였습니다.
조그만 이득에 아부하며 죄와 결탁하고 불의와 짝을 맺으며
속된 것에 머리를 조아렸던 저희를
십자가로 속량하시고 그 사랑으로 용서하여 주시옵소서.

예수님의 이름으로 기도하옵나이다. 아멘.

67. 회복과 통일

2016. 6. 26.

우리의 조국 대한민국을 주신 하나님!
광복을 맞은 지도 70년, 분단의 아픔을 떠안은 지도 70년,
70년의 장구한 세월이 흘렀지만,
아직도 조국 분단의 비극과 6·25전쟁의 참상으로
뼈저린 상처 속에 살아가는 우리 민족을 불쌍히 여겨 주시옵소서.

하나님의 선민 유다를 짓밟아 인육을 도려 먹는
바벨론의 침략도 70년을 넘기지 못하였습니다.
한반도 조국 강토에 피비린내를 처참하게 풍기던
살인마 공산주의 사상도 70년을 넘지 못하였습니다.
어찌 된 일인지 우리 민족의 분단은 70년이 되었건만
쪼개진 조국 강토와 깨어진 우리 민족의 상처는 아직 그대로입니다.
하나가 되는 회복뿐만 아니라 통일의 기미조차 보이지 않고 있는 이때
다급히 한국교회를 찾으시는 하나님의 목소리마저 듣지 못하는
저희의 아둔한 귀를 용서하여 주시옵소서.

회복은 하나님의 뜻이건만
그 뜻을 헤아리지 못하였습니다.
통일은 하나님의 마음이건만
그 마음을 분별하지 못하였습니다.

하나 됨은 주님의 몸 되신 사랑이건만
이루지 못했습니다.
연합은 교회를 낳으신 주님의 간곡한 뜻이건만
분열하였습니다.
회복과 통일은 주님의 부탁이건만 사명을 외면하는
어리석은 한국교회를 사하여 주시옵소서.

오로지 나만을 위해 썩어질 세상살이에만 빠져 있는
성도들과 몰지각한 영성과
미래를 내다보지 못한 채 짧은 생각으로 살아가는 저희를
용서해 주소서.

조국이 아파하고 민족이 슬퍼하지만,
함께 엎드려 울지 못하고
동포가 낙심하고 국가가 위험에 처했으나
무릎 꿇지 못하는 한심한 저희를
십자가로 속량하시고
주님의 사랑으로 용서하여 주시옵소서.

예수님의 이름으로 기도하옵나이다. 아멘.

68. 거짓 행복

2016. 7. 3.

하나님 아버지!
이 시간 간절히 구합니다.
죄에 매여 헤매고 악에 빠져 허우적대던 이 죄인을 받아 주시옵소서.
아직도 죄악에서 빠져나오지 못하여 눈물로 세월을 보내고
아직도 세속의 길에 빠져 한숨으로 방황하던 저희지만
늘 변함없는 사랑으로 용서하시는 주님께 돌아왔사오니
불쌍히 여겨 주시옵소서.

저희의 그 많은 죄로 인하여 하나님을 뵈올 수 없었으나
십자가를 통해 뵈올 수 있게 하신 그 은혜를 또 잊었습니다.
낮고 천한 우리가 감히 가까이할 수 없는 지존하신 하나님을
부활의 은혜를 통하여 대면할 수 있게 하신 그 은혜,
잊고 살아가는 불신앙을 용서하여 주소서.

하나님을 아버지라 부를 수 있는 그 엄청난 신분을 주셨건만
까마득히 망각하여 버림받은 줄로 여긴 나머지 이방 땅에서
쥐엄 열매로 배를 불리려 했던 탕자의 방황처럼
근심과 낙담, 그리고 절망하였던 저희를 용서하여 주시옵소서.

무슨 핑계로 주님을 속일 수 있겠습니까?
무슨 변명으로 주님을 따돌릴 수 있겠습니까?
무슨 재주로 하나님을 기피할 수 있겠습니까?
무슨 방법으로 하나님의 눈에서 도망칠 수 있겠습니까?
감출 수 없는 죄악과 숨길 수 없는 온갖 악행을 저지르고도
하나님을 속이려고 잔머리 굴렸던 그 오만함을 자복하오니
용서하여 주시기를 비옵나이다.

저희의 우매한 발자취와 품격 없는 언행으로
계명을 경홀히 여긴 나머지 교회를 어지럽혔습니다.
저희의 합당치 못한 부정적 생각과 강 건너 불구경하듯 무관심으로
주님의 일을 그르쳤습니다.
세상에 현혹되어 세속을 즐겼고
물질적 치부와 육신만을 우선하는 영적 타락으로
영혼을 팔고 있는 저희를 용서하여 주소서.

그럴듯한 세상의 가치관에 속아
화려해 보이는 속된 **거짓 행복**에 속았고,
고상하게 포장된 위장술 평안에 속아 왜곡된 신앙에 빠져 버린
가련한 저희를 십자가로 속량하시고 부활을 선물로 주신
주님의 그 사랑으로 용서하여 주시옵소서.

예수님의 이름으로 기도하옵나이다. 아멘.

69. 자녀라는 이유로

2016. 7. 10.

지존하신 하나님 아버지!
우리의 처지와 우리의 삶에서 저지른 참담한 죄악을
고스란히 품은 채 돌아온 저희를 용서하여 주시기 원합니다.
우리는 하늘의 가치를 더 중요시한다고 하면서
세상을 탐내고 세속의 가치를 따라 사치했습니다.
저희가 예배 때마다 하늘의 영적 보물을 사모한다고
말하였지만 오히려 세상 허영에 도취하였습니다.
날마다 교회의 유익을 생각한다고 하면서
돌이켜 보니 내 이익을 챙기는 데만 급급하여 치명적인 타락에 빠지고
이기주의에 함몰된 저희를 용서하여 주시옵소서.

이웃과 화목하기보다는 화평을 저해하고 평화를 깨뜨렸습니다.
나의 자존심을 지키기 위해 이웃의 인격은 아랑곳하지 않았습니다.
나 개인의 이익을 계산하다가
이웃의 아픔과 고통을 돌아볼 겨를도 없이
어이없게 이웃에게 고통과 슬픔을 안겨 주는
악행을 저지르고야 말았사오니 용서하여 주시옵소서.

하나님의 지존하심을 보이시기 위해 지존하신 부모님을 주셨건만
존경은커녕 몰지각한 인격과 불량한 태도로

부모님의 가슴을 후벼 파기 일쑤였습니다.
깊고 넓고 높으신 하나님의 마음을 이 땅에서도 알 수 있게 하시는
부모님을 함부로 대하고 업신여기는 패륜을 저질렀사오니
용서하여 주시옵소서.

가깝다는 이유로 부모님을 함부로 대하였습니다.
함께 산다는 이유로 부모 공경을 놓치고 말았습니다.
자녀라는 이유로 부모님의 인생을 다 빼앗고 말았습니다.
가족이라는 이유로 부모님이 하나님의 대리인임을 망각하고 있는
철없는 저희를 용서하여 주시옵소서.

부모님이 보내심 받은 하늘의 대사임을 깨닫지 못하여
온갖 불효로 하나님을 홀대하고
방탕한 삶으로 부모님과 하나님 가슴에
비수를 꽂고 못을 박았습니다.
이처럼 부모님을 보내신 하나님께 맞설 뿐 아니라
부모님께도 대들고 있는 참으로 맹랑하고 참으로 천박한 저희를
십자가로 속량하시고
부활하신 주님의 사랑으로 용서하여 주시옵소서.

예수님의 이름으로 기도하옵나이다. 아멘.

70. 주님 멸시 예배

2016. 7. 17.

내 인생의 주인 되시는 주님!
주님을 주인이라 수없이 불렀지만
주인으로 대하지도 모시지도 못한 저희가
염치없지만 또다시 돌아왔습니다.
물리치지 마시고 맞이하여 주시옵소서.

저희는 양의 탈을 쓰고 양의 옷을 입고
속에는 노략질하는 이리의 위선 된 모습을 가지고 살아왔습니다.
때로는 경건한 척하였지만
거짓된 물질 복음에 속고 위장된 현실 행복에 눈이 멀어
하늘의 보배를 잃고 말았습니다.
종종 직분과 신앙 연조를 내세워 권력처럼 휘둘렀습니다.
이웃을 아프게 하였고 주님의 몸이신 교회에 흠집을 내었습니다.
참으로 한심한 저희를 용서하여 주시옵소서.

혹은 타인에게 따뜻한 위로를 남겨야 하는데도
알게 모르게 상처를 내고 말았습니다.
때로는 오며 가며 이웃에게 만족스러운 기쁨을 나눠야 했는데도
씻을 수 없는 슬픔을 남겼습니다.
다른 이에게 이런 말 저런 말을 주고받으면서 희망을 보여야 했건만

절망을 남기고 원망을 부추기는 저희의 믿음 없는 언행을 용
서하여 주시옵소서.

무엇보다 자식 이기는 부모 없다는 것을 빌미로
부모님께 무례하게 대하고 이런저런 이유로 버릇없이 대들었습니다.
나를 사랑해 주시는 하나님께 감사는 고사하고
생각 없이 대들고 무례하게 원망하였으며
마지못해 참여하는 형식적인 예배로
하나님을 멸시하며 버젓이 **주님 멸시 예배**를 드렸사오니
용서하여 주소서.

어느 때인가 경건의 옷을 벗어 던지고
죄를 밥 먹듯이 하였고
악을 물 마시듯 하였으며
성령으로 새롭게 하심을 아예 멀리하고 살아온
저희를 주님 보혈의 샘물로 씻어 주시옵소서.

예수님의 이름으로 기도하옵나이다. 아멘.

71. 거짓 경건을 옷 입고

2016. 7. 24.

주님!
저희가 돌아왔습니다.
저희는 주님께서 인기 상승할 때는
제자인 것처럼 고상한 무게를 잡았습니다.
그러나 정작 주님께서 버림받고 십자가의 처절한 고난을 겪으실 때는
가차 없이 도망하였습니다.
주님께서 사명을 요구하실 때는
온갖 핑계를 대며 미련 없이 세상으로 나갔던
나약한 저희를 용서하여 주시옵소서.

내게 이득이 될 때는 주님의 제자였지만
내게 손해가 올 때는 앞면 몰수하는 배신자였습니다.
철저히 손익계산에 따라 하나님을 섬기려는 종교생활을
아직도 벗어나지 못한 저희를 용서하여 주시옵소서.

다 주를 버릴지라도 주님을 절대 버리지 않겠다고
호언장담하였으나 제자다운 면모는 다 팽개치고 말았습니다.
주님 제자다움은 어디 가고
거짓 제자 노릇에 익숙하여 위장된 거룩으로 주님을 속이려 했던
뻔뻔스러운 저희를 사하여 주시옵소서.

말씀을 따라가지 못하고 나의 감정을 따르다가
교회와 멀어지고 경건생활과 등지는
어이없는 종교인이 되었습니다.
아둔한 영적 감각으로 내 느낌을 추종하다가
속된 것에 현혹되어 세상에서 방황하던
이 죄인을 사하여 주시옵소서.

나의 철학을 따르다가 진리의 소리를 듣지 못했습니다.
나의 신념을 추종하다가 영의 소리를 놓치고 말았습니다.
잡된 세상 소리에 귀를 기울이다 사탄의 음성에 현혹되었습니다.
하나님의 말씀을 양식 삼아야 하지만
세상의 것으로 배를 불리려 했습니다.
거짓 경건을 옷 입고 세상의 가치로 배를 불리려 한 불의함을
용서하여 주시옵소서.

주님의 부활을 믿는다 하면서
소망 없는 자처럼 절망하였습니다.
재림을 기다린다 하면서
이 세상이 영원할 줄로 착각한 나머지
그 많은 열정과 그 많은 정성과 그 많은 시간을 이 땅에만 쏟아붓는
인생 낭비의 죄를 주님의 보혈로 깨끗이 사하여 주시옵소서.

예수님의 이름으로 기도하옵나이다. 아멘.

72. 날 강도 짓

2016. 7. 31.

거룩하신 하나님!
이날 주일 아침에 우리를 맞이하시는 주님께
마음을 열지 못하고 성품도 무릎 꿇지 못하는
이 죄인을 용서하여 주시옵소서.

주일을 성일이라 말하면서도
거룩하게 구별할 줄 모르고 다만 휘젓고 다니기만 했습니다.
즐겁게 안식할 주일날을
슬프고 무거운 도살장같이 거북하게 여겼습니다.
기쁘고 행복한 날로 보내야 할 주일날을
불안해하고 쫓기는 마음으로 지내고 있는
저희를 불쌍히 여겨 주시옵소서.

주일은 반갑고 기다려지는 날이어야 함에도 불구하고
부담스럽게 여겼던 나약한 믿음을 사하여 주시옵소서.

안식의 삶을 공급하는 주일날을 누리지 못하고
구경꾼처럼 관망하는 어리석은 저희를 용서하여 주시옵소서.

거룩한 이 날에 금 같은 순종을 주님께 바치지 못했습니다.
성별된 이날에 향기로운 겸손을 주님께 드리지 못했습니다.
거룩한 이 날을 나의 소원과 이 땅의 목적만을 구하는 데 사용했습니다.
성별된 주일날에 이득을 챙기려는 종교 행위를 앞세우며
감히 주님과 거래하려 했던 상업적 신앙을 용서하여 주시옵소서.
주님의 시간을 도둑질하고
주님의 날을 내 것으로 마구 사용한
날 강도 짓을 사하여 주옵소서.

이날에 새 은혜를 입고 영원히 쉼을 얻는
생명의 날로 여겨야 하는데도
세상 것으로 오염시켰습니다.
이날에 복음의 빛을 사모하며 목말라 해야 하건만
급기야 나의 온갖 추한 욕망을 드러내고 말았습니다.
이날에 죄의 짐을 벗겨 주신 구속의 은혜를 감격하면서 감사해야 하건만
잡다한 세상 이야기로 시장 바닥을 방불케 하는 추함을 드러냈사오니
용서하여 주시옵소서.

오히려 주님의 날에 세상 쾌락을 기대하였고
세속에 영합하는 변질된 복음인 교양강좌를 기다렸으며
때 묻은 복음에만 귀가 활짝 열리고
진리에는 귀가 막혀 버린 타락한 영성을
주님의 보혈로 깨끗하게 하여 주시옵소서.

예수님의 이름으로 기도하옵나이다. 아멘.

73. 부활의 주일을 폄하

2016. 8. 7.

거룩하신 하나님!
즐겁게 안식할 날을 슬프게 지냈던 삶이 무거워
그 짐을 들고 안식의 주인이신 주님께 돌아왔습니다.
안식의 삶을 늘 필요로 하면서 주일 안식을 버리고 있는
저희의 이중적 태도를 사하여 주시옵소서.

주일 안식의 보배로움을 익히 알면서도
주일과는 담을 쌓고 있습니다.
주일 안식의 위대한 능력을 알면서도
주일을 하찮게 여기고 있습니다.
주일 안식이 주는 자유의 진리를 깨달았지만
율법 아래 머무는 안식일의 속박에 잡혀있는 저희를
용서하여 주시옵소서.

이미 율법의 정죄를 주님께서 십자가로 성취하신 복음의 안식을
어리석게도 율법의 안식으로 왜곡하여 속박당하고 있습니다.
그 무서운 율법의 저주를 십자가로 대신 받으신
주님의 사랑을 변질시켜 토요일 안식에 빠지고 있습니다.
준엄한 율법의 심판을 대신 받으신 주님을
오늘까지도 바로 믿지 못하는 영적 무지를 용서하여 주시옵소서.

율법과 선지자의 명하신 율법의 빚을 십자가로 다 갚아 주시고
율법의 저주인 사망을 부활로 이기시고 다시 사신 주님을
알아보지 못하는 아둔함을 불쌍히 여겨 주시옵소서.

부활로 생명을 주신 주님을 내 마음에 주인으로 모셔야 하건만
여전히 내가 주인 노릇 하는 교만한 마음을 사하여 주시옵소서.

부활의 주님을 주인이라 입술로는 수없이 말하였지만
여전히 내 고집과 집념이 나의 주인이 되는 자만에 빠졌습니다.
부활하신 주님이 내 마음의 왕이시라고 늘 고백했지만
아직도 내 주장과 의견이 왕 노릇 하는 거짓을 사하여 주시옵소서.

내 인생의 주인은 부활의 주님이라
번드르르하게 주절거리는 위선을 떨었습니다.
여전히 철없는 내 생각이 내 인생의 주인으로 군림하고 있으며
주님을 주인이라 읊조리며 생색을 내면서
속으론 내가 주인이었습니다.
아직도 내 경험이 나를 다스리려고
오만에 빠진 악질적인 죄를 사하여 주시옵소서.

이처럼 참으로 **부활의 주일을 폄하**하는 딱한 믿음과
가련한 영혼을 십자가의 보혈로 깨끗하게 씻어 주시고
부활의 그 넉넉한 사랑으로 용서하여 주시옵소서.

예수님의 이름으로 기도하옵나이다. 아멘.

74. 낡은 가치관

2016. 8. 14.

큰일을 행하시는 크신 하나님!
감격스러운 광복을 맞은 지도 71년이지만
그 고마움을 깡그리 잊은 채 살고 있습니다.
분단의 비극을 떠안은 지도 71년이지만
남북을 위해 나의 사명을 다하지 못하고 있습니다.
광복의 큰일을 행하신 하나님을 잊어버린 채
장구한 세월만 갉아먹고 있는 저희를 용서하여 주시옵소서.

대한민국을 헐뜯은 경험은 있지만 축복해 본 적이 없습니다.
우리나라를 원망한 적은 있지만 격려해 본 적이 없습니다.
나의 조국을 비판해 본 적이 있지만 칭찬해 본 적이 없습니다.
이 나라를 미워한 일은 있지만 기도해 본 적이 없습니다.
우리 대한민국을 위해 축복하지 못하고, 격려하지 못하고,
칭찬하지 못하고, 기도하지 못한 죄를 용서하여 주시옵소서.

우리나라가 어둠이 자욱한 이 나라이건만 빛이 되지 못하였습니다.
썩어 가고 있는 이 세상이 되고 있지만, 소금이 되지 못하였습니다.
냄새가 진동하며 부패하여 가는 이 사회에 빛과 소금이 되지 못해
희망과 생명을 주지 못하고 있는
한국교회의 악행을 용서하여 주시옵소서.

빛이면서 이 세상의 어둠을 걷어내지 못하였습니다.
소금이면서 이 썩어 가는 사회 속에 녹아들지 못하였습니다.
이 대한민국을 웃음 대신 울게 만드는 저희를 용서하여 주시옵소서.

잘살아 보려는 산업화에 몰두하다 교회를 떠났습니다.
민주화에 치중하다가 교회의 책임을 내팽개쳤습니다.
나의 쾌락을 위해 방종하고 방탕하고 있는
저희의 속된 욕망과 비뚤어진 사욕을 사하여 주시옵소서.

대한민국과 민족을 안중에 두지 않고
집단 이기주의에 함몰되었습니다.
이웃과 교회보다 내 가족과 내 지역만을 챙기려는
개인주의에 빠졌습니다.
나의 욕망, 나의 가정, 나의 지역의 야심을 채우려는 욕망 때문에
정치는 표류하고 경제는 불안하며,
사회는 탈선하고 교육은 길을 잃었으며,
역사는 왜곡되고 진실은 파묻혔으며
민족은 방황하고 하나님의 나라는 더럽혀지며
교회는 세상을 닮아가고 있사오니,
주님, 이처럼 예수님 없는 저희의 **낡은 가치관**을 사하여 주시고
말씀의 바탕 없는 왜곡된 믿음을 용서하여 주시옵소서.

예수님의 이름으로 기도하옵나이다. 아멘.

75. 짝퉁 행복

2016. 8. 21.

우리를 사랑하시는 주님!
주님, 저희의 생각이 너무 짧았습니다.
주님, 저희의 생각이 매우 편협했습니다.
주님, 저희의 생각이 아주 옹졸했습니다.
주님, 저희의 생각이 너무 졸렬했습니다.

이같이 저희의 생각이 길을 잃었고 저희 가치관이 표류하고 있습니다. 진정한 안식을 맛보지 못한 나머지 원망이 싹트고 불평이 지배하였습니다.
안식 없는 한숨이 안개같이 뒤 덥혀 한없이 실의에 빠졌습니다.
음부까지 내려가는 절망에 빠져 '하나님이 어디 있느냐?'
악을 쓰고 앙탈을 부렸던 나의 삶이 부끄러워 고개 들지 못하고 있사오니 용서하여 주시옵소서.

주님 안에 참된 쉼이 있건만 세상에서 쉼을 찾으려 하였나이다.
주 안에 진정한 안식이 있건만 물질로 안식하려 하였나이다.
오늘날까지 주일 안식일을 무거운 짐으로만 여기며 나의 성공 가도에 방해가 되는 부담으로만 생각하는 율법 신앙에서 아직까지 벗어나지 못하고 있는 저희를 용서하여 주시옵소서.

나의 믿음은 주님 영광 위한다고 하였지만
내 이득을 위해 이용가치로만 여겼고,
나의 비전은 하나님 나라를 위한다고 하면서도
사실은 내 이득을 위한 수단에 불과했으며,
나의 충성은 교회를 위한다고 자주 읊조렸지만
속마음은 나를 위한 것만 챙기려고 하는 뒤틀린 이기심을 품었사오니
용서하여 주시옵소서.

주 안에 보장된 안전이 있에도 주를 떠나서 안전을 찾으려 했습니다.
세상 속에서 안식을 찾으려 했던 아둔한 안목과 짧은 생각을
사하여 주시옵소서.

주님이 주신 안식을 육신 행복의 발판으로만 여기며
참 안식의 행복을 무시하고 나의 신념을 내세웠습니다.
동료의 불행을 내 이익의 수단으로 여기며,
이웃의 아픔을 내 성공의 발판으로 삼았던
비뚤어진 양심을 사하여 주시옵소서.

세상의 출세와 이 땅의 거짓된 **짝퉁 행복**에 빠져
하늘의 소망을 외면하며 묵은 때처럼 세상에 찌들어 있습니다.
악인의 꾀를 좇으며 생각이 무너지고 죄인의 길에서 길을 잃었습니다.
오만한 자의 자리에서 낡은 가치관으로 안식을 흉내 냈습니다.
위장된 거룩에 빠져 종교의식을 믿음생활로 착각하는 속된 생각을
주님 보혈의 샘물로 말갛게 씻어 주시옵소서.

예수님의 이름으로 기도하옵나이다. 아멘.

76. 올곧음을 굽어짐으로

2016. 8. 28.

거룩하신 주님!
한 주간의 삶을 돌아볼 때 허물투성이의 죄와 부패했던
옛 모습을 벗지 못한 채 돌아왔사오니
저희 허물을 사하여 주시옵소서.

악하고 더러운 생각의 구습에 젖어 살았습니다.
속된 욕심과 잔꾀로 인생을 경영하려 했습니다.
혈기 가득한 성품으로 주님을 원망하며 지내온 저희를
주의 거룩한 피로 씻어 주시옵소서.
되지못한 인격 때문에 주님의 이름을 욕되게 하였습니다.
거친 성격과 토라지는 오해 때문에 이웃에게 고통을 안겼습니다.
행함 없는 위장된 믿음과 내용 없는 형식적 올무에 매여
인격은 파괴되고 성품은 허물어져 행복의 바닥을 치고 있는
나약한 믿음을 불쌍히 여겨 주시옵소서.

절제하지 못하는 분노로 하나님의 성품을 훼손하였고,
통제되지 않는 감정의 노예로 분노를 폭발시켰으며,
거짓이 숨어 있는 이권 앞에서 진실을 양보하였습니다.
주님의 영광을 가로채려 음흉한 속마음을 품었습니다.
내 명성을 얻으려고 천박한 본색을 드러냈습니다.

나의 이득을 챙기기 위해 주의 이름을 도용하였습니다.
나의 이름을 내세우기 위해 주의 이름으로 속였던
허물투성이의 못난 자아를 십자가에 못 박아 주시옵소서.

진실을 거짓으로 왜곡하는 데 능숙하였고,
진짜를 가짜로 변질시키는 데 뛰어났으며,
참됨을 그릇됨으로 곡해하는 데 능란하였고,
올곧음을 굽어짐으로 바꾸는 생각의 올무에서
한 걸음도 전진하지 못하는
한심한 저희를 용서하여 주시옵소서.

하나님의 이름의 거룩함을 앞세워야 하건만
거룩함은 늘 뒷전이었습니다.
존귀하신 하나님의 이름을 망령되고 천박하게 불렀습니다.
사람에게도 예절 가져야 하건만
하물며 하나님께 예절 없이
불손하고 버릇없는 말로 조롱하였습니다.
능력의 하나님 이름을 무시하며 귀신에게 말하듯 한
망령된 입술을 제단 숯불로 지져 주시옵소서.

예수님의 이름으로 기도하옵나이다. 아멘.

77. 망령된 예배

2016. 9. 4.

영광 가운데 계시는 성부, 성자, 성령 하나님!
하나님께 예배할 때 헛된 욕망을 품은 그대로
망령된 예배를 드렸습니다.
주제넘은 생각으로 하나님을 이용하려는 예배로 변질시켰습니다.
때 묻은 생각과 왜곡된 믿음으로 주님의 얼굴에 먹칠하였습니다.
예배 성공이 인생의 성공 척도라고 되뇌면서도
예배의 거룩함을 지키지 못하였사오니 사하여 주시옵소서.

빛을 원하면서도 어둠에 눌러앉아 있기를 즐겼습니다.
사랑받기를 원하면서 사랑을 주는 데는 인색하였습니다.
진실을 원하면서도 위선적인 삶에 머물렀던
허물 많은 저희를 용서하여 주시옵소서.

늘 육신의 생각 때문에 하늘의 보물을 무가치하게 여겼고,
하찮은 이득에 눈이 멀어 주님의 이름을 망령되게 불렀으며,
부질없는 욕망으로 예배를 멸시하는 방탕한 생각에 빠졌사오니
이처럼 가식과 핑계로 사명을 피하였던 거짓된 믿음을
용서하여 주시옵소서.

주님의 말씀에는 나의 형편과 처지를 핑계 대며
가룟 유다처럼 귀를 막았습니다.
사명이 다가왔을 때는
세속을 향한 환상에 이끌려 탕자처럼 도망하였습니다.
주님 바라시는 뜻을
변명과 핑계로 요리조리
요나처럼 잘도 피하였습니다.
주님께 충성스러운 줄 알고 설치다가 베드로처럼 주님을 배신하는
치명적 실수를 저지르기도 하였사오니 사하여 주시옵소서.

길바닥처럼 강퍅한 마음으로 말씀을 심중에 두지 않았고
거만한 나의 심성을 돋보이게 하려고 죄인의 길을 걸어갔으며
알량한 내 자존심을 지키려고 남을 비방하는 오만한 자리에 앉았고
나의 잘못을 정당화하려고 이웃을 흠집 내는 데 잔머리를 굴렸던
속 좁은 저희를 사하여 주시옵소서.

나의 체면을 위해서라면 파렴치하게도 타인의 명예를 짓밟았습니다.
내 이득을 위해서라면 뻔뻔한 속내를 드러내는 일도 서슴지 않았습니다.
나의 손익만을 따지려고 부끄럼 없이 거친 언행을 일삼았습니다.
나의 작은 명예와 자존심을 사수하기 위해서라면
이웃을 헐뜯으며 핑계와 정당화로 죄를 숨기려 했던
가증스러운 방탕의 옷을
십자가의 보혈로 깨끗이 씻어 주시옵소서.

예수님의 이름으로 기도하옵나이다. 아멘.

78. 믿음을 선물로 받은 자

2016. 9. 11.

늘 넉넉한 사랑으로 돌봐주시는 하나님!
수많은 날을 죄에 살고 악에 매여
하나님의 그 넉넉한 사랑을 배신하면서 헤매고 다녔던
방황을 끝내려고 오늘에서야 돌아왔사오니
넉넉하신 사랑으로 용납하여 주시옵소서.

언제나 풍성한 평화를 누리게 하시는 하나님!
하나님의 자녀이면서도 마귀의 자식처럼 행하였습니다.
하나님의 백성이면서도 공중 권세 잡은 자의 노예로 살았습니다.
하늘에 속한 자이면서도 세상에 속한 자로 유리하며 다녔습니다.
주님, 죄를 먹고 악을 마시며 즐기던
죄의 근성을 치유하여 주시옵소서.

믿음을 선물로 받은 자이면서도 불신앙의 꾀를 좇았습니다.
속죄함 받은 자이면서도 불의한 죄인의 길로 걸어갔습니다.
복을 받은 자이면서도 저주의 오만한 자의 자리에 앉았습니다.
빛의 자녀이면서 어둠의 권세 아래 굴종하였고
영광의 백성이면서 이방의 풍습에 젖어 살았던
나약함을 용서하여 주시옵소서.

주님을 찬양할 수 있는 특권을 주셨건만 우상을 찬양하였습니다.
몸 바칠 건강을 주셨지만 바쁘다는 핑계로 헌신을 마다하였습니다.
상처 입은 이웃에게 다가갈 기회를 주셨건만 선한 기회를 피하였습니다.
추악해진 때 묻은 입술과 나 중심의 삶에만 몰두하고 있는 이기주의
근성을 사하여 주시옵소서.

세계 도처에 울고 있는 영혼의 비명소리에도
모른 척 아랑곳하지 않았습니다.
울부짖는 영혼의 애절한 고통 소리에 귀를 막았습니다.
슬픈 자의 피눈물을 매몰차게 외면하였습니다.
울어도 슬퍼해도 관심을 두지 않고 선교의 발을 멈추며
사랑의 손을 거두었던 저희를 용서하여 주시옵소서.

믿음도 행함도 없는 거짓 생활을 진짜로 착각할 때가 많았습니다.
겉치레 종교생활로 지옥을 향해 가면서도 천국 생활로 오해하였던
어리석은 믿음을 용서하여 주시옵소서.

속된 것에 재미를 붙이고 땅의 것에만 흥미를 느끼다가
사람에게 상처 입고 마귀에게 할퀴어 만신창이가 되었습니다.
길 잃은 양처럼 세상 풍조에 휘말려 가련한 처지가 되었습니다.
내 맘대로 고집하며 온갖 죄를 저지른 저희를 용서하여 주시옵소서.

예수님의 이름으로 기도하옵나이다. 아멘.

79. 삶의 운영을 기도에서

2016. 9. 18.

넉넉한 사랑의 하나님!
저희가 죄의 길에서 헤맬 때 기다려 주시고
우상숭배에 빠져 허우적거릴 때 참아 주시며
짐짓 죄악에 물들어 있을 때 건져 주시는
넉넉한 사랑의 주님 앞에 나아왔습니다.
염치없지만 또다시 죄를 자복하오니 용서하여 주시옵소서.

죄 중에 살면서도 죄가 아니라고 변명하였습니다.
죄를 뻔뻔하게 다른 사람에게 전가했습니다.
막중한 나의 책임을 다른 사람에 짐 지우고 말았습니다.
나의 불충한 죄를 모면하기 위해 핑계하고 정당화하였습니다.
하나님과 이웃에게 하지 말아야 할 짓을 저지르고도
돌이키지 못하는 이 악행을 이제야 자백하오니
사하여 주시옵소서.

주를 믿는다고 하면서도 주님의 뜻과는 상관없이 살았습니다.
주님의 엄청난 사랑 속에 살면서도 사랑을 줄 줄 몰랐습니다.
그 많은 은혜 가운데 살면서도 감사하지 못하였습니다.
내 마음속에 원망을 가득히 품었고
내 입술에는 불평을 토하며 살아가는

어리석고 미련한 저희를 용서하여 주시옵소서.

우리는 수많은 은혜를 입고, 수많은 사랑을 받고,
수많은 축복을 누리고, 수많은 도움을 받았지만,
감격은 사라지고 기쁨도 몽땅 잃어버렸습니다.

하늘의 소망은 안중에도 없고
오로지 이 땅의 보물을 쌓기에만 급급하여
늘 주눅 들고 기가 죽은 채
맥이 빠져 생기도 없이 믿음생활 하는
참으로 딱하고 안타까운 저희를
불쌍히 보시고 용서하여 주시옵소서.

삶의 보람을 믿음에서 찾지 않았습니다.
삶의 기쁨을 찬송에서 찾지 않았습니다.
삶의 운영을 기도에서 찾지 않았습니다.
삶의 주권을 주님께 묻지 않고
내 뜻대로 살아가는 정말 고집 센
저희의 강퍅함을 용서해 주시옵소서.

예수님의 이름으로 기도하옵나이다. 아멘.

80. 애굽의 향수

2016. 9. 25.

은혜를 베푸시는 하나님!
애굽과 같은 세상의 저주와 불행에서 벗어나게 하신
하나님의 은혜를 까마득히 잊었습니다.
이 세상의 죄악과 무서운 형벌에서 건지시고 구원의 가나안을 주셨건만
또다시 애굽의 향수에 빠져 죄의 애굽을 흠모하였습니다.
가나안의 행복을 빼앗긴 연약한 저희를 사하여 주시옵소서.

십자가의 능력으로 우리 죄를 대속하여 주셨건만
아직도 죄의 속박과 악의 굴레에서 벗어나지 못한 채
방황하고 있습니다.
이 시간 능력의 십자가로 속량하신 은혜를 다시 한번
회복하기 위하여 염치 불구하고 주님께 돌아왔사오니
저희의 잘못과 한심스러운 잘못을 용서하여 주시옵소서.

의로우신 하나님!
내 목구멍은 열린 무덤이었고, 내 혓바닥은 속임을 일삼았습니다.
입술에는 독사의 독이 묻어 있고,
입에는 저주와 악독함이 가득하였습니다.
내 발에는 포악과 사술과 악행이 묻었고,
내 눈에는 하나님을 두려워하지 않는 오만함의 핏발이 서 있사오니

사하여 주시옵소서.

선을 행하는 중에도 교만이 있었고
의를 생각하면서도 독선과 아집을 부리며
하나님께 무모하게 생떼를 쓰고 이웃에게 양보 없는 앙탈을 부리다가
희망을 잃고 절망에 빠진 저희를 용서하여 주시옵소서.

진리를 이야기하는 중에도 원망이 있었고
기도를 드리면서도 원수 갚아 달라고 한을 품고 살아가는
뿌리 깊은 죄의 근성을 송두리째 뽑아 주시옵소서.

때로는 하나님의 일을 생각하면서도 게을렀습니다.
때로는 하나님의 일을 발견하였을 때는 방관하였습니다.
거룩한 사명이 주어질 때는 구실을 삼아 소홀히 하였습니다.
하늘의 막중한 임무가 맡겨질 때면 하찮게 구경만 하였습니다.
들었을 때는 핑계로, 깨달았을 때는 변명으로 충성을 피하였던
불충을 용서하여 주시옵소서.

사랑 많으신 주님!
악하고 게으른 종을 바깥 어두운 데로 내쫓으시는 저주를 거두시고
이를 갈며 슬피 우는 무서운 형벌을 면하게 해 주시기를 원하여
머리 숙였사오니 주님의 피 흘린 그 사랑으로 용서하여 주시옵소서.
이 시간 우리 각자 각자가 자기 음성으로
자기의 뿌리 깊은 악과 죄를 주님께 자백드리겠습니다.

예수님의 이름으로 기도하옵나이다. 아멘.

81. 내 형통의 발판으로

2016. 10. 9.

우리의 인생길을 인도하시는 주님!
저희가 정직을 하찮게 여기는 그릇됨을 주님은 아십니다.
작은 일이라고 자주 아둔한 생각을 하였습니다.
시시한 일이라고 쉽게 거짓을 말하였습니다.
미미한 일이라고 때때로 죄에 빠지고
어이없이 악에 물들었던 악행을 용서하여 주시옵소서.

아무리 힘들고 어려워도 구원의 좁은 길을 가야 함에도 불구하고
무리를 따라 넓은 길로 갔습니다.
아무리 고통스러워도 십자가의 생명을 택해야 하였건만
사는 길을 마다하고 죽음의 음침한 골짜기를 헤매고 있는
저희를 용납하여 주시옵소서.

하나님의 뜻을 저버리고 하나님의 큰 원리를 등졌습니다.
세상의 출세를 인생의 목표로 삼고 욕심을 채우기에 바빴습니다.
세상의 비뚤어진 상식을 올곧은 진리보다 우선하며
나의 이익만을 챙기고 있는 어리석은 저희를 사하여 주시옵소서.

눈앞의 이익에 집착하여 영원한 생명을 잃은 채 살아가고 있습니다.
근시안적인 이해타산에 사로잡혀

깊으신 주님의 생각을 헤아리지 못했습니다.
얄팍한 나의 이익에 현혹되어
이웃의 아픔과 상처를 보지 못하고 있습니다.
이기주의의 가치관에 꽁꽁 묶여
사랑과 헌신을 저버리며 나와 내 혈육만을 고집하는
비열하고 무정한 저희를 긍휼히 보시고 사하여 주시옵소서.

하나님의 말씀을 내 영혼의 양식으로 여기지 않고
성공의 방법으로 착각했습니다.
주님의 은혜를 내 출세의 수단으로 생각했던
속 좁은 의식으로 살았습니다.
교회를 내 형통의 발판으로 이용하려 했던 짧은 안목과 미숙한 믿음을
주님의 사랑으로 용서하여 주시기를 간절히 원하는 마음으로
각자 자기 음성으로 자기의 뿌리 깊은 죄악을
주님께 자백하겠습니다.

> 죄 사함 받은 후 새 사람 되어서 주 앞에 서는 날 늘 찬송하겠네
> 주의 은혜로 대속받아서 피와 같이 붉은 죄 눈같이 희겠네(찬송가 263장 4절)
>
> 만일 우리가 우리 죄를 자백하면 그는 미쁘시고 의로우사
> 우리 죄를 사하시며 우리를 모든 불의에서 깨끗하게 하실 것이요(요일 1:9).

말씀하신 사죄의 복음으로 용서받은 줄 믿습니다.

예수님의 이름으로 기도하옵나이다. 아멘.

82. 채우지 못한 빈 잔

2016. 10. 16.

우리를 기다리시는 하나님!
헛되고 헛된 것을 잡으려고 안간힘을 쏟다가
채우지 못한 빈 잔을 들고 허탈한 마음으로 주님께 돌아왔사오니
박절하게 대하지 마시고 맞아 주시옵소서.

세상 것과 비길 수 없는 하늘의 보배를
왜곡된 가치관으로 놓쳤습니다.
빈 들이나 사막에서도 주님의 뜻 받들겠다고 다짐했던
단단한 결심도 허물어졌습니다.

마음에 분을 삭이지 못하여 받은 은혜를 다 쏟아버리고
가슴에 앙심을 품다가 이웃과 원수를 맺고 살아온
참으로 한심한 믿음생활을 고백하오니 용서하여 주시옵소서.

조그만 어려운 시험 닥칠 때 형편없이 무너졌습니다.
나의 생애를 주께 맡기겠다고 날마다 읊조렸지만 거짓이었습니다.
어떤 상황이나 고난의 형편에서도
주님을 등지지 않겠다고 호언장담하였으나
배신하기 일쑤였던 연약한 저희를 사하여 주시옵소서.

황량한 사막 같은 내 가슴이 샘물을 기대했지만
늘 허탈한 신기루였습니다.
황무지 같은 메마른 내 영혼이 숲을 기대했지만
늘 모진 가시밭이었습니다.

괴로울 때 주님의 얼굴을 외면하며
주님을 등진 채 세상을 바라보았습니다.
힘이 없고 연약하며 믿음 없는 이 죄인을
용서하여 주시기를 간절히 원하는 믿음으로
이 시간 우리 각자의 목소리로
나의 죄를 자백 드리겠습니다.

죄 사함 받은 후 새 사람 되어서 주 앞에 서는 날 늘 찬송하겠네
주의 은혜로 대속하여서 피와 같이 붉은 죄 눈같이 희겠네(찬송가 263장 4절).

여호와께서 말씀하시되 오라 우리가 서로 변론하자 너희의 죄가 주홍 같을지라도 눈과 같이 희어질 것이요 진홍같이 붉을지라도 양털같이 희게 되리라(사 1:18).

말씀하신 사죄의 복음으로 용서받았음을 믿습니다.

예수님의 이름으로 기도하옵나이다. 아멘.

83. 내 출세의 수단으로

2016. 10. 23.

하늘에 계신 하나님 아버지!
세상 소식과 속된 문화에 파묻혀 세상의 성공만을 꿈꾸고
주님을 내 출세의 수단으로 여기며
여기까지 숨 가쁘게 달려왔습니다.
교회를 내 형통의 발판으로 삼고 휘저으면서
교회를 사랑한다고 가면을 썼습니다.
예배를 내 번영의 무대로 삼는,
되지못한 영성을 경건한 모습으로 위장하였습니다.
이웃 성도를 이용할 도구로만 여긴 상업적 믿음을
거룩으로 포장하며 살아온 이 가라지를 사하여 주시옵소서.

내 영혼 깊숙한 곳이 악으로 물들었고 욕심으로 찌들었습니다.
섬기기보다 내 배를 채우려고 안간힘을 다하고 있습니다.
육욕을 만족하게 하려고 하늘의 소망을 외면하였던
어리석은 생각과 아둔한 마음을 용서하여 주시옵소서.

그릇 살면서도 당당하였고 거짓을 말하면서도 뻔뻔하였으며
주님을 예배하면서도 가인의 제사를 답습하였고
주님께 기도드리면서 악을 품었고 찬송하면서도 원한을 가졌던
아직도 주님 모습이라고는 조금도 닮지 못하고 있는

한없이 유치한 신앙을 용서하여 주시옵소서.

주님!
매사에 내 생각을 앞세웠고 만사에 내 뜻을 고집하였습니다.
주님의 뜻을 따른다고 하면서 내 의지를 주장하다가
주님의 마음을 근심케 하였습니다.
이토록 형편없는 저희 생각과 타락한 행실을 우슬초로 새롭게 하시고
십자가의 보혈로 덮어 주시옵소서.

성령을 따라 살아야 하건만 성령을 훼방하였습니다.
하나님의 이름을 높여야 하건만 하나님의 이름을 욕되게 하였습니다.
겸손히 주를 섬겨야 하는데도
목이 뻣뻣하고 교만하게 굴며 빗나간 삶을 용서함 받도록
나의 입술과 나의 목소리로 자복하고 비오니 ….

> 죄 사함 받은 후 새 사람 되어서 주 앞에 서는 날 늘 찬속하겠네
> 주의 은혜로 대속하여서 피와 같이 붉은 죄 눈같이 희겠네(찬송가 263장 4절).
>
> 여호와께서 말씀하시되 오라 우리가 서로 변론하자 너희의 죄가 주홍 같을지라도 눈과 같이 희어질 것이요 진홍같이 붉을지라도 양털같이 희게 되리라(사 1:18).

말씀하신 사죄의 복음으로 용서받았음을 믿습니다.

예수님의 이름으로 기도하옵나이다. 아멘.

84. 알량한 자존심

2016. 10. 31.

은혜가 한없으신 하나님!
오늘도 은혜를 베풀어 주셨으나 배은망덕한 삶을 살았사오니
용서하소서.
사랑 가운데 거하였지만, 사랑을 배신하였던 과거를 사하여 주시고
냉정한 마음과 극단의 논리로 무정한 행동을 일삼으며
못된 성품으로 살아온 비열한 나의 인생을 용서하여 주시옵소서.

파렴치한 이기심의 옷을 주님 보혈의 샘물로 깨끗이 씻어 주시고
오만불손하였던 비인격적인 습성을
주의 피 묻은 세마포로 갈아입혀 주시옵소서.

이 시간 교만한 지성도 버리게 하시고, 때 묻은 교양도 처분하게
하시며, 인본주의 감성도 사라지게 하시고, 약자를 볼 때 도망하는 근
성을 없이해 주시며 불의를 볼 때 비겁해지는 나약한 심성을 고쳐 주
시고 내 인생의 버팀목으로 삼고 있는 알량한 자존심을 뿌리째 뽑
아 주시옵소서.

남의 희생을 요구하면서 나는 희생하려 하지 않았습니다.
타인의 인내를 기대하면서 나는 참지 못해 성깔을 부렸습니다.
이웃의 사랑을 기대하면서도 받기만을 좋아하는 뻔뻔함으로

버티고 있는 못난 저희를 용서하여 주시옵소서.

저희는 자주 죄악 된 환경을 이기지 못하여 낙심하고 있습니다.
완악한 사탄을 이길 수 있는 영력이 없어 불안해하고 있습니다.
약자의 슬픔을 함께하지 못하고 나만을 생각하는
이기주의에 빠졌사오니 용서하여 주시옵소서.

주님, 내 마음은 깊은 상처로 삶의 의욕을 잃었습니다.
나의 빈 잔을 채울 수 있는 믿음이 없어서 허탈해하고 있습니다.
믿음이 없어 세속 문화의 감성에 휘둘리고 있습니다.
말씀이 없어 세상 향락의 감정에 놀아나고 있습니다.
골수에 사무치도록 뼈저린 내 삶의 과거 때문에 한 걸음도 전진하지 못하고 있사오니 사하여 주시옵소서.

힘이 없고 연약하여 한숨만 나오지만 내 삶의 소망은 오직 주님밖에 없는 줄 믿고 이 시간 염치 불구하고 존귀하신 주님 앞에 고개 숙여 나의 모든 허물과 죄를 사하여 주시도록 우리 각자의 진실한 목소리로 다 함께 자백하겠습니다.

죄 사함 받은 후 새 사람 되어서 주 앞에 서는 날 늘 찬송하겠네
주의 은혜로 대속하여서 피와 같이 붉은 죄 눈같이 희겠네 (찬송가 263장 4절).

여호와께서 말씀하시되 오라 우리가 서로 변론하자 너희의 죄가 주홍 같을지라도 눈과 같이 희어질 것이요 진홍같이 붉을지라도 양털같이 희게 되리라 (사 1:18).

사죄의 복음으로 죄 용서받았음을 믿습니다.

예수님의 이름으로 기도하옵나이다. 아멘.

85. 불량품 믿음

2016. 11. 6.

긍휼이 풍성하신 하나님!
이 시간도 부끄러움을 무릎 쓰고 탕자의 모습으로 돌아왔습니다.
주님께서는 우리가 빛이라 하셨지만, 우리는 어둠과 타협했습니다.
소금이라 하셨지만, 맛 잃은 소금이 되고 말았습니다.
증인이라 하실 때 거짓 증인이 되었습니다.
부르심을 거절하며 주님의 뜻에 합당하지 못하게 살아 온
불량품 믿음을 사하여 주옵소서.

불의를 보고도 눈을 감았고
성령의 감화를 받고도 성령을 소멸하였으며
은혜를 다 받은 양 펄펄 뛰었으나
벌써 나의 결심은 사라지고 다짐도 허물어져
맡은 바 직분을 소홀히 하며 세상에 홀려서 살아온
불충한 죄를 사하여 주시옵소서.

나라가 흔들리고 있으나 기도하지 못하였고
국가가 휘청거리고 있지만, 나의 밥그릇 챙기기에만 급급했습니다.
동족이 아파하고 있지만 내 일에만 정신을 팔았고
북녘의 피눈물을 보고 있지만 내 일신의 안일만 챙기려는
철저하게 이기주의에 빠진 타락을 용서하여 주시옵소서.

늘 주님 앞에 올 때는 새롭게 신앙을 결심하였지만
세상에 나갈 때는 그 결심이 작심삼일이었습니다.
겉 다르고 속 다른 표리부동의 양다리 신앙을 용서하여 주옵소서.

말씀에 순종하겠다고 수없이 결단하였지만, 말씀을 거역하였고
죄짓는 자와 함께 어울리다가 흩어진 마음 그대로 허겁지겁 돌아온
저희를 불쌍히 여겨 주시옵소서.

변변치 않은 체면과 합당치 못한 인격 때문에
하나님의 일을 그르친 일이 한두 번이 아녔고
하찮은 자존심 때문에 이웃에게 아픔을 주고 영혼을 손상했으며
게으른 습관 때문에 사명을 저버리고 주님의 거룩한 이름을 때 묻힌
불충을 용서하여 주실 줄 믿고 우리 함께 죄를 자백하겠습니다.

> 내 주의 보혈은 정하고 정하다 내 죄를 정케 하신 주 날 오라 하신다
> 내가 주께로 지금 가오니 골고다의 보혈로 날 씻어 주소서 아멘(찬송가 254장 1절).
>
> 여호와께서 말씀하시되 오라 우리가 서로 변론하자 너희의 죄가 주홍 같을지라도 눈과
> 같이 희어질 것이요 진홍같이 붉을지라도 양털같이 희게 되리라(사 1:18).

사죄의 복음을 확신하오며

예수님의 이름으로 기도하옵나이다. 아멘.

86. 어리석은 처세술

2016. 11. 13.

사랑이 많으신 하나님 아버지!
믿음이라 생각하고 행한 것이 불신앙이었습니다.
충성이라 여기고 땀 흘린 것이 나를 위한 것이었습니다.
주님께 영광이라 여기고 일한 것이 내 영광만을 챙겼습니다.
주님의 영광을 가로채고 불법을 저지른 이 거짓 신앙을
용서하여 주시옵소서.

주님께 기쁨의 이득을 남겨 드려야 하건만 오히려 슬픔을 남겨드리고
주님 마음을 아프게 하였으며 성령님을 근심케 하여
하나님 나라에 큰 손해를 끼쳤습니다.
주님께 순종한다고 하였지만 뒤돌아보니 마귀에게 이익을 안겨 주고
세상에 지분을 나눠 준 참으로 미련하기 그지없는 껍데기 신앙을
용서하여 주시옵소서.

주님의 의를 드러낸다고 하는 것이
나의 주관적 판단과 편협한 생각으로 주의 일을 그르쳤습니다.
무분별한 나의 욕망을 여지없이 드러내고 조그만 이득에 눈이 멀어
하나님의 뜻을 등져 버린
참으로 한심한 저희의 믿음을 사하여 주시옵소서.

가진 재능을 하나님의 은사로 여기지 않고
나의 실력으로 여겨 교만하였습니다.
가진 소유를 주님 주신 은사로 여기지 않고
내 소유로 명의 이전하기에 급급하였습니다.
나의 경영이 주님의 영광이어야 하는데도
나의 이익에 혈안이 되어 이웃에는 아무 관심 없이
나의 손익만을 따지는 철저한 이기주의를 용서하여 주시옵소서.

이 세상 살아가는 방법이 성령님이라야 하지만
시시콜콜한 나의 철학으로 살아가고 있습니다.
이 땅의 생애를 경영하는 수단이 말씀이라야 하건만
나의 시장 바닥 잡념으로 삶을 운영하며 행복을 경영하려 했던
어리석은 처세술을 용서하여 주시옵소서.

> 내 주의 보혈은 정하고 정하다 내 죄를 정케 하신 주 날 오라 하신다
> 내가 주께로 지금 가오니 골고다의 보혈로 날 씻어 주소서 아멘(찬송가 254장 1절).
>
> 여호와께서 말씀하시되 오라 우리가 서로 변론하자 너희의 죄가 주홍 같을지라도 눈과 같이 희어질 것이요 진홍같이 붉을지라도 양털같이 희게 되리라(사 1:18).

사죄의 복음을 확신하오며

예수님의 이름으로 기도하옵나이다. 아멘.

87. 업무상 횡령죄

2016. 11. 27.

사랑 많으신 하나님 아버지!
엄청난 사랑을 주셨지만, 그 사랑을 배신하였습니다.
고귀한 자유를 주셨지만, 방종으로 일관하였습니다.
한없는 은혜를 주셨지만, 은혜의 소중함을 잊어버리고
우매한 생활로 주님께 실망을 드린 저희를 용서하여 주시옵소서.

주님이 주신 자유를 최고의 가치로 여기지 못했습니다.
하나님의 뜻을 최고의 보배로 여기지 못하여
세상에 빠졌고 정욕과 물욕으로 하늘의 가치를 대신하는
때 묻고 더러운 모습으로 주님께 고개 숙였사오니
사하여 주시기를 비옵나이다.

정치적 자유를 주셨지만, 영혼의 자유로 활용하지 못하고
내 뜻을 고집하며 살아가는 방종을 일삼았습니다.
경제적 자유를 주셨지만, 사치와 낭비로 물질을 허비하였습니다.
건강의 자유를 주셨건만 쾌락과 방탕에 빠져
오직 나만을 다듬고 가꾸는 일에 몰두하며
육체의 쾌락을 추구하다가 이웃의 가련함과 아픔을 외면하고 살아오며
몰염치하게 하나님의 것을 내 맘대로 사용한 **업무상 횡령죄**를
사하여 주시옵소서.

지혜의 자유를 주셨건만 교활한 꾀를 꿈꾸었고
진리의 빛을 주셨건만 어둠과 짝하였으며
그 많은 물질을 주셨건만 내 맘대로 사용하여
하늘나라 청지기로서 업무상 횡령죄를 또 저질렀습니다.
주님의 마음을 알게 해 주셨건만 사탄의 궤계를 좇아갔으며
믿음의 자유를 주셨건만 행하기는커녕
나의 이득을 위한 수단으로 사용하며
불의한 일에 인생을 낭비한 이 죄인을 용서하여 주시옵소서.

내 몸이 약하다고 약함을 핑계 대고
내 일이 바쁘다고 시간 없음을 이유 삼았으며
내 가정이 중요하다고 이웃에 선을 행하는 것을 내팽개치고
내 업무가 급하다고 주의 일을 멀리하며 아예 등져 버리는
나의 짧은 생각과 아둔한 판단을 용서하여 주시옵소서.

> 내 주의 보혈은 정하고 정하다 내 죄를 정케 하신 주 날 오라 하신다
> 내가 주께로 지금 가오니 골고다의 보혈로 날 씻어 주소서 아멘(찬송가 254장 1절).
>
> 여호와께서 말씀하시되 오라 우리가 서로 변론하자 너희의 죄가 주홍 같을지라도 눈과 같이 희어질 것이요 진홍같이 붉을지라도 양털같이 희게 되리라(사 1:18).

사죄의 복음을 확신하오며

예수님의 이름으로 기도하옵나이다. 아멘.

88. 업무상 배임죄

2016. 12. 4.

이 나라와 온 세계 역사의 주가 되시는 하나님!
정치적 자유를 주셨지만, 이 나라를 위해 한 일이 없습니다.
신앙의 자유를 주셨지만, 국가와 민족을 섬기지 못하였습니다.
양심의 자유를 주셨지만, 조국을 위해 활용한 적이 없습니다.
내 동족을 위해 사랑의 자유를 쓰지 않았습니다.
내 동포를 위해서 하늘의 자유를 선포하지 않았습니다.
나의 한 핏줄을 위해 거룩한 복음을 전하지 않았습니다.
내 몸이 내 것인 줄 알고
내 뜻대로 고집하며 살아가는 방종을 일삼았습니다.
모든 것이 주님의 것이요, 주님이 주신 직무요, 업무이건만
나의 이익을 챙기려고 하였습니다.
위선된 믿음으로 하늘나라 업무를 배임한 죄를 용서하여 주시옵소서.

경제적 자유를 주셨지만, 사치와 낭비로 물질을 허비하였습니다.
건강의 자유를 주셨건만 속된 쾌락과 허무한 방탕에 빠져
오직 나만을 다듬고 가꾸는 일에 몰두하다가
이웃의 가련함과 아픔을 외면하며 살아온
이기주의로 거룩한 **업무상 배임죄**를 사하여 주시옵소서.

사랑의 자유를 주셨지만 미움과 증오의 종이 되었습니다.

꿈과 비전의 자유를 주셨지만, 욕망으로 살았습니다.
희망의 자유를 주셨지만, 실패의 올무에서 벗어나지 못하여
절망의 노예가 된 저희를 사하여 주시옵소서.

나라를 위해 기도를 명하실 때 기도를 잠재웠습니다.
찬송을 기다리시는 주님 앞에 입을 굳게 다물었습니다.
그 많은 재물을 주셨건만 사탄에게 이익이 돌아가게 하는,
직분자로서 하나님 나라 업무상 배임죄를 저질렀습니다.
겨자씨 같은 믿음이라도 간절히 바라시는 주님 앞에
하고 싶으나 늘 힘이 없다고 핑계하였습니다.
드리고 싶으나 가진 것이 없다고 변명하였습니다.
따르고 싶으나 시간이 없다고 회피하였습니다.

뭘 주지 않는다고 주님을 원망하고 교회를 탓하며
이웃에 변명하며 속 보이는 꼼수 처세술에 능하였사오니
이 죄인을 불쌍히 여기사 용서하여 주시기를 원하여
다 함께 나의 목소리로 자백 드리겠습니다.

> 너희 죄 흉악하나 눈과 같이 희겠네 너희 죄 흉악하나 눈과 같이 희겠네
> 죄의 빛 흉악하나 희게 되리라 주홍빛 같은 네 죄 주홍빛 같은 네 죄
> 눈과 같이 희겠네 눈과 같이 희겠네 (찬송가 255장 1절).
>
> 여호와께서 말씀하시되 오라 우리가 서로 변론하자 너희의 죄가 주홍 같을지라도 눈과
> 같이 희어질 것이요 진홍같이 붉을지라도 양털같이 희게 되리라 (사 1:18).

사죄의 복음을 확신하오며

예수님의 이름으로 기도하옵나이다. 아멘.

제3부

2017년

1. 위선의 근성

2017. 1. 22.

거룩하신 하나님!
하나님의 영광을 위한다고 하였지만
뻔뻔하게도 나의 안일과 부귀만을 계산하였습니다.
주님의 뜻을 따른다고 하면서 어이없게 속된 것만 좇아가는
저희의 아둔함을 사하여 주시옵소서.

감사를 외치면서 쏟아낸 불평과 토하여 낸 원망들이
이 사회에 독이 되었고 하나님 나라에 영적 암흑이 되었습니다.
세상의 빛과 소금 되기는커녕
오히려 세상을 좋아하고 속된 것을 탐하였습니다.
빛으로 가장하여 어둠의 행실을 숨겼고
소금으로 포장했던 부패한 행실을 사하여 주시옵소서.

미래를 꿈꾼다 하면서 과거의 어두운 삶에서 벗어나지 못한 채
지난날의 구습을 청산하지 않는
구태의연한 저희를 용서하여 주시옵소서.

겸손을 가장한 교활한 오만불손에 빠졌고
온유한 척하면서 감추어 둔 까칠한 성깔로 악독을 내뿜으며
순결을 강조하지만 끓어오르는 육욕을 다스리지 못해

방탕에 빠졌던 우리의 죄의 뿌리를 새롭게 하여 주시옵소서.

진실을 감추려고 열심히 회칠했던 거짓에 눌려 있습니다.
다 내려놓았다고 하면서도 포기할 수 없었던
탐욕의 함정에서 허우적대고 있는
거짓과 위선의 근성을
성령님께서 송두리째 뽑아 주시도록
우리의 목소리로 자백 드리겠습니다.

> 천부여 의지 없어서 손들고 옵니다 주 나를 외면하시면 나 어디 가리까 내 죄를 씻기 위하여 피 흘려 주시니 곧 회개하는 맘으로 주 앞에 옵니다 아멘(찬송가 280장 1절).
>
> 만일 우리가 우리 죄를 자백하면 그는 미쁘시고 의로우사 우리 죄를 사하시며 우리를 모든 불의에서 깨끗하게 하실 것이요(요일 1:18).

이 말씀이 사죄의 확신을 줍니다.

예수님의 이름으로 기도하옵나이다. 아멘.

2. 거룩으로 변장

2017. 1. 29.

모든 것을 통찰하시는 주님!
사랑으로 위장한 질투의 이빨을 감추어 이웃을 흠집 내었고
거룩으로 변장한 미움의 발톱을 숨기며 교회를 할퀴었으며
의로움보다 부정을 사랑하여 악독한 꾀에 빠졌던
저희의 음흉한 배신의 삶을 용서하여 주시옵소서.

하나님 사랑을 소망한다지만, 거짓이었고
나라 사랑을 외쳤지만, 가면을 쓴 연극이었으며
이웃 사랑을 말하고 있지만, 나만을 위해 이웃을 짓밟고 있는
이기주의 탈을 쓴 죄인임을 깨달았사오니 사하여 주시옵소서.

세상 것을 하늘의 것으로 위장하여
교회의 거룩함의 가치를 떨어뜨렸습니다.
주님의 몸이신 교회를 위해 기도하기보다
교회의 허물을 찾는 데 혈안이 되었습니다.
성도의 아픈 사연을 품고 보듬어 주기는커녕
쑥덕거리며 성도를 정죄하고 이웃을 심판하려는
치졸한 악랄함을 드러낸 못된 성품을 용서하여 주시옵소서.

모이면 기도하기보다 세상 잡담에 기쁨을 얻으려 안달하고
흩어지면 전도하기보다 세상 것에 흠뻑 젖어 속된 것을 즐거워하였으며
세상 향락에 도취하여 하나님 나라의 행복을 하찮게 여기는
무너진 가치관을 사하여 주시기 원하는 간절한 맘으로
다 같이 우리의 목소리로 자백 드리겠습니다.

천부여 의지 없어서 손들고 옵니다 주 나를 외면하시면 나 어디 가리까 내 죄를 씻기 위하여 피 흘려 주시니 곧 회개하는 맘으로 주 앞에 옵니다 아멘(찬송가 280장 1절).

만일 우리가 우리 죄를 자백하면 그는 미쁘시고 의로우사 우리 죄를 사하시며 우리를 모든 불의에서 깨끗하게 하실 것이요(요일 1:18).

이 말씀은 사죄의 확신을 줍니다.

예수님의 이름으로 기도하옵나이다. 아멘.

3. 명분용 신앙

2017. 2. 12.

은혜로 믿음을 주신 하나님!
은혜를 인하여 믿음으로 구원 얻게 하신
하나님의 위대한 사랑을 받았으면서도
사랑받지 않은 것처럼 낙심하였습니다.

세상에서 할 수 없는 일도 믿음으로 할 수 있는
믿음의 길을 열어 주셨는데도
그 길을 가지 않고 주저앉아 절망하고, 낙심하며, 한탄하고, 불평하는
한심한 저희의 부족을 사하여 주시옵소서.

주님, 주 안에 있는 자에게는 딴 근심할 겨를조차 없어야 하건만
근심이 나를 억압하고
주 안에 있는 자에게는 걱정할 틈조차 없어야 하건만
걱정이 나를 좀먹도록 믿음을 방치하고 신앙을 무가치하게 여겨서
결국, 믿음 없이 행하는
참으로 딱한 나약한 믿음이 되었사오니 용서하여 주시옵소서.

믿음으로 구원 얻고 믿음으로 능력 얻고
믿음으로 승리하고 믿음으로 응답받는
영적 비밀을 수없이 들어 알고 있으면서도

종교라는 장롱 속에 묻어 두었습니다.

사용하지 않는 면허증과 같이
버려두었던 믿음과 **명분용 신앙**으로 일관하며
불신을 외식으로 위장하고 종교생활을 경건으로 착각하는
둔하고 어리석은 믿음을 용서해 주시도록
우리 모두의 목소리로 자백을 드리겠습니다.

> 천부여 의지 없어서 손들고 옵니다 주 나를 외면하시면 나 어디 가리까 내 죄를 씻기 위하여 피 흘려 주시니 곧 회개하는 맘으로 주 앞에 옵니다 아멘(찬송가 280장 1절).
>
> 만일 우리가 우리 죄를 자백하면 그는 미쁘시고 의로우사 우리 죄를 사하시며 우리를 모든 불의에서 깨끗하게 하실 것이요(요일 1:18).

이 말씀은 사죄의 확신을 줍니다.

예수님의 이름으로 기도하옵나이다. 아멘.

4. 하찮은 이득 앞에서

2017. 2. 19.

하나님 아버지!
한 주간의 삶을 돌아볼 때
허물투성이 죄와 더러운 생각과 버리지 못한 욕심으로 인해
부끄러운 마음으로 왔사오니 긍휼히 여겨 주시고
흉물스러운 죄의 본성을 주님의 십자가에 못 박아 주셔서
보혈의 새 사람으로 거듭나게 하소서.

부패한 옛 모습을 벗지 못한 상태 그대로 왔습니다.
구습에 젖어 살아온 악한 모습 그대로 왔습니다.
더러운 육욕과 겉사람의 거짓 행실을 그대로 가지고 왔사오니
십자가에서 흘리신 주님의 그 보혈로 깨끗이 씻어 주시옵소서.

세상 나라에만 집중하다가
하나님의 나라를 안중에 두지 않았고
이 세상 나라에만 집착하다가 하늘의 가치를 놓쳐 버린
왜곡된 가치관과 비뚤어진 신앙을 용서하여 주시옵소서.

이해관계로 이웃에게 쉽게 적대감을 내보이는 이기심의 민낯과
이웃의 불행을 나의 성공의 발판으로 여기는 야비한 근성의 본색과
감정을 다스리지 못해 드러내는 분노로 인간관계를 깨뜨린 악행과

아직도 내 안에 이뤄야 할 하나님의 성품을
오히려 훼손하고 있는 악의 성품이 많사오니 사하여 주시옵소서.

진리를 앞세운 거짓의 본성을 감춘 위선 된 경건과
이권 앞에서 맥 못 추는 나약한 믿음과
하찮은 이득 앞에서는 스스럼없이 진실을 양보하였던
화인 맞은 양심으로 조그만 성공을 위해 하늘의 보배를 포기하였던
거짓투성이의 위선자가 되어 돌아온
옛사람의 본성을 십자가에 못 박고
성령의 불길로 깨끗이 불태워 주시도록
우리의 목소리로 자백 드리겠습니다.

> 천부여 의지 없어서 손들고 옵니다 주 나를 외면하시면 나 어디 가리까 내 죄를 씻기 위하여 피 흘려 주시니 곧 회개하는 맘으로 주 앞에 옵니다 아멘(찬송가 280장 1절).
>
> 여호와께서 말씀하시되 오라 우리가 서로 변론하자 너희의 죄가 주홍 같을지라도 눈과 같이 희어질 것이요 진홍같이 붉을지라도 양털같이 희게 되리라(사 1:18).

이 말씀이 사죄의 확신을 줍니다.

예수님의 이름으로 기도하옵나이다. 아멘.

5. 옛 사람의 근성

2017. 2. 26.

주님!
이 땅의 빗나간 교회를 보시며 가슴을 치시고
이 땅의 탈선한 교인을 보시며 눈물을 흘리시며
이 땅의 이탈된 사회를 보시고 통분히 여기시는
주님께 실망시켜 드리고 마음을 아프게 한
저희의 찌질한 믿음을 가지고 돌아왔사오니
불쌍히 여겨 주시옵소서.

외형에 얽매여 있는 교회의 빗나간 경건의 모양과
겉치레의 타성에 젖어 성도의 본분을 상실한 타락과
하늘의 가치를 망각하여 사치와 허영으로 무너진 가치관과
많은 핑계로 영적인 일에 무관심하여 황폐해진 영혼을 갖고 왔사오니
십자가에서 흘리신 보혈의 사랑으로 용서하여 주시옵소서.

주님!
주일날 교회당 안의 생활은 거룩하였으나
문밖에서는 마귀와 손잡고 흥겨워하는 배반자였습니다.
교회당 안에 머무는 시간은 매우 천사 같았으나
밖에 나가자마자 주님과는 상관이 없는
세상 사람과 조금도 다를 바 없는 탈선한 악한 생각으로 살았습니다.

거래처에서는 염치없는 마음과 거친 언어로
성도의 본분을 망각한 채
사람들을 경악게 하고 이웃을 실망하게 했습니다.
세상에 빛을 비추어야 함에도 불구하고,
소금으로 녹아야 함에도 불구하고
빛을 비춘 것도, 소금으로 녹은 것도 없어
주님의 이름을 더럽히며
아직도 속물처럼 살아온, 버리지 못한 **옛사람의 근성**을
주님께서 사해 주시도록 우리 죄를 자백 드리겠습니다.

> 천부여 의지 없어서 손들고 옵니다 주 나를 외면하시면 나 어디 가리까 내 죄를 씻기 위하여 피 흘려 주시니 곧 회개하는 맘으로 주 앞에 옵니다 아멘(찬송가 280장 1절).
>
> 여호와께서 말씀하시되 오라 우리가 서로 변론하자 너희의 죄가 주홍 같을지라도 눈과 같이 희어질 것이요 진홍같이 붉을지라도 양털같이 희게 되리라(사 1:18).

이 말씀이 사죄의 확신을 줍니다.

예수님의 이름으로 기도하옵나이다. 아멘.

6. 육신의 욕망

2017. 3. 5.

하나님 아버지!
사랑 많으신 하나님 아버지께서
저희를 한없이 사랑해 주셨지만
사랑받지 못한 것처럼 분별없이 행하였고
저희를 구원해 주셨으므로
이웃 영혼에게 구원의 소식을 전해야 하건만
그 위대한 사명 팽개치고 도망하는 제2의 요나가 된
저희를 불쌍히 여겨 주시옵소서.

저희에게 그 많은 복을 내려 주셨건만
그 복을 세상으로 흘려보내지 못하였습니다.
나와 내 가족만을 위한 속 좁은 이기심에 머물렀습니다.
은혜의 구원 소식을 꽁꽁 묶어 가두어 둔 지난날을 부끄러워하며
이 시간 낱낱이 후회하고 있사오니 용서하여 주시옵소서.

이 예배의 자리에서는 곧잘 경건한 척하지만
거짓 경건이었습니다.
밖에서는 믿지 않는 사람들과 조금도 다를 바 없는 생활이었습니다.
구원을 기다리는 어둠에 갇힌 자에게 등경 아래 둔 빛이 되었습니다.
썩어 가는 이 세상에 맛을 잃어 짓밟히는 소금이 되어 버린

표리부동한 위선을 용서하여 주시옵소서.

세상의 가치를 숭상하며 교회의 경건을 저버렸고
땅의 원리에 흠뻑 젖어 하늘의 원리를 등한히 하였습니다.
주님의 깊으신 뜻과 놀라운 은혜를 아랑곳하지 않고
안일함에 물들고 게으름에 빠져 세상에만 집착하였습니다.
불결한 삶과 **육신의 욕망**을 탐하였던
어리석고 아둔했던 저희를 용서해 주시도록
우리 함께 자백 드리겠습니다.

> 내 주의 보혈은 정하고 정하다 내 죄를 정케 하신 주 날 오라 하신다
> 내가 주께로 지금 가오니 십자가의 보혈로 날 씻어 주소서(찬송가 254장 1절).
>
> 그가 빛 가운데 계신 것 같이 우리도 빛 가운데 행하면 우리가 서로 사귐이 있고 그 아들 예수의 피가 우리를 모든 죄에서 깨끗하게 하실 것이요(요일 1:7).

이 말씀이 사죄의 확신을 줍니다.

예수님의 이름으로 기도하옵나이다. 아멘.

7. 주님의 뜻, 사탄의 뜻

2017. 3. 12.

거룩하신 하나님!
하나님의 집에서 누리는 행복을 놓쳐 버린 채
세상의 소유와 영광으로 행복하려고 광분했던
어리석음을 용서하여 주시기를 원합니다.

우리는 하늘의 백성이면서 세상의 백성처럼 살았고
주님의 뜻을 실천해야 함에도 **사탄의 뜻**을 수종 들었습니다.

주님을 따라야 할 구별된 양이면서
세상을 따르는 비열한 이리 떼로
썩은 먹잇감에 광분하며 혈안이 되어 살아온
한심한 죄악을 사하여 주시옵소서.

오랜 세월 믿는 자라고 으스대며
악인의 꾀를 좇았고
구원받았다 하며 죄인의 길에서
희희낙락 즐겼으며
잘 믿는 척하며
오만한 자의 자리에 올라앉아
갑질 하였던 죄악을 사하여 주옵소서.

악을 마시며 독을 내 뿜고
욕심을 잉태하여 죄를 낳으며
축복을 거절하여 저주를 불러들였으며
결국엔 심령이 퇴폐하였습니다.
심판을 자초하는 쇠잔한 양심과 파멸을 자초하여
황폐한 위선으로 살아온 이탈된 삶을 용서받기 위하여
우리 주님께 죄를 자백 드리겠습니다.

> 내 주의 보혈은 정하고 정하다 내 죄를 정케 하신 주 날 오라 하신다
> 내가 주께로 지금 가오니 십자가의 보혈로 날 씻어 주소서(찬송가 254장 1절).
>
> 그가 빛 가운데 계신 것 같이 우리도 빛 가운데 행하면 우리가 서로 사귐이 있고 그 아들 예수의 피가 우리를 모든 죄에서 깨끗하게 하실 것이요(요일 1:7).

이 말씀이 사죄의 확신을 줍니다.

예수님의 이름으로 기도하옵나이다. 아멘.

8. 가면을 쓴 이리 떼

2017. 3. 19.

거룩하신 하나님!
인생들이 엄연히 살아 계신 하나님을 죽었다고 살신론,
없다고 무신론을 펼치며
분명히 주님이 창조하신 만물을 두고
아메바에서 진화하였다고 망령을 떨었습니다.
지금도 영원히 살아 계신 주님을 내 좁은 소견으로 없다고 소리쳤던
어리석은 교만과 오만한 입술을 사하여 주시옵소서.

우리 신앙의 수준이
신흥종교처럼 등장하여 새로 나타난
정치라는 종교, 경제라는 종교, 사상이라는 종교, 돈이라는 종교,
예술이라는 종교, 과학이라는 종교에
세뇌되고 함몰되어 가고 있습니다.
이런 우리의 한심한 모습으로 주님 앞에 감히 설 수 없지만,
너무 두려워 어쩔 줄 몰라 하고 서 있사오니 용서하여 주시옵소서.

심지어 주체사상 종교에 2,200만 명이 신음하고 있으며
하나님 나라마저 흔들고 주님조차 부정하며
믿음마저 흥정하는 세속 종교가 등장하였고
쾌락 종교가 나타나 사람을 현혹하고 있습니다.

불평불만을 정의감으로 위장하여 주님의 몸인 교회의 덕을 훼손하고
바쁘다는 것을 핑계 삼아 경건으로 가장하여 게으름을 피웠던
나태함을 용서하여 주시옵소서.

때로는 믿는다 하지만 합당치 못한 인격과 말뿐인 위선자였고
선행이라야 고작 거만을 팔아 아첨을 사는 **가면을 쓴 이리 떼**였으며
거짓 행실로 거룩함을 가장하며 양심을 팔아 이득을 챙기려는
속된 처세술에 빠져 있는
흠과 티로 가득한 악행을 사하여 주시옵소서.

겸손을 가장한 교만으로 믿음을 위장하고
까칠한 악독을 숨기려고 뻔뻔하게 변장하여 얼굴을 숨겼습니다.
속에 있는 이리 떼를 숨기려고 양의 가죽을 입었으며
썩고 있는 내 속사람을 감추려고 회를 덧칠하여 봉합하였던
거짓 믿음을 용서하여 주시옵소서.

> 내 주의 보혈은 정하고 정하다 내 죄를 정케 하신 주 날 오라 하신다
> 내가 주께로 지금 가오니 십자가의 보혈로 날 씻어 주소서(찬송가 254장 1절).
>
> 그가 빛 가운데 계신 것 같이 우리도 빛 가운데 행하면 우리가 서로 사귐이 있고 그 아들 예수의 피가 우리를 모든 죄에서 깨끗하게 하실 것이요(요일 1:7).

이 말씀이 사죄의 확신을 줍니다.

예수님의 이름으로 기도하옵나이다. 아멘.

9. 십자가의 명예

2017. 4. 2.

십자가에서 보혈 흘려주신 주님!
이 시간 주님의 십자가 앞에 나왔습니다.
십자가에 달리신 주님 마음을 잘 모른 채
십자가 앞에 고개 숙이는 종교적 가식과 형식적 외식에 빠졌습니다.
십자가에 달리신 주님 사랑을 거절한 채
십자가를 읊조리는 거짓 종교 놀음을 용서하여 주소서.

십자가 앞에 위선을 떨고 주님 앞에 거짓을 고백하였던
합당치 않은 영성과 비뚤어진 심보로 살아가는
이 죄인이 돌아와 다시 주님의 십자가 앞에 섰사오니
십자가의 위대하신 사랑으로 사하여 주시옵소서.

십자가를 사랑하여도 모자랄 판에 십자가를 멸시하였습니다.
십자가를 자랑하여도 부족할 터인데 부끄럽게 여겼습니다.
십자가를 따라야 함에도 불구하고 구경만 하였습니다.
십자가 없는 나의 껍데기 신앙을 용서하여 주시옵소서.

주님이 맡기신 십자가를 지고 가야 하지만 뿌리쳤습니다.
십자가를 따라야 하지만 오히려 이용하려 하였습니다.
십자가를 높여야 하건만 오히려 십자가를 짓밟았습니다.

거친 성품과 비열한 언행으로
주님 십자가의 명예를 욕되게 하였던
가련한 저희를 용서하여 주시도록 함께 고백 드리겠습니다.

> 너희 죄 흉악하나 눈과 같이 희겠네, 너희 죄 흉악하나 눈과 같이 희겠네
> 죄의 빛 흉악하나 희게 되리라 주홍빛 같은 네 죄 주홍빛 같은 네 죄
> 눈과 같이 희겠네 눈과 같이 희겠네(찬송가 255장 1절).
>
> 여호와께서 말씀하시되 오라 우리가 서로 변론하자 너희의 죄가 주홍 같을지라도 눈과
> 같이 희어질 것이요 진홍같이 붉을지라도 양털같이 희게 되리라(사 1:18). 아멘.

이 말씀이 죄 사함의 확신을 줍니다.

예수님의 이름으로 기도하옵나이다. 아멘.

10. 종교적 잔소리

2017. 4. 9.

십자가에 달리신 주님!
나의 부정한 입술은 공의의 주님 십자가를 잔인하다 하였고
나의 짧은 생각은 사랑의 주님 십자가를 우유부단으로 여기며
나의 아둔한 생각으로 주님 십자가를 어리석다 하였고
나의 미련한 판단으로 십자가의 능력을 하찮은 것으로 여기며
십자가를 안중에 두지 않았던 불신앙을 사하여 주시옵소서.

골고다에서 흘리신 주님의 보배로운 붉은 피를 무가치하게 여기고
죄를 대속하는 십자가를 재앙이나 막아 주는 부적 정도로 생각하였으며
주님께서 피 쏟으신 십자가를
나의 조그만 이득을 위해 하찮게 여겼습니다.
새 생명으로 나를 나 되게 하신 십자가를 짓밟은 불신앙을
용서하여 주시옵소서.

고난이 온다고 십자가에 가까이하기를 꺼리고
바쁘다고 십자가 앞에서 기도하기를 게을리하였으며
사람들은 미련하다 하지만 우리에겐 능력이 되는 십자가를 오해하였고
십자가 없이는 생명 없다고 되뇌면서 십자가를 멀리하였으며,
십자가 없이 영광만을 탐했던 위선을 용서하여 주시옵소서.

자기 십자가를 지고 따르라는 주님 말씀을
성가시게 하는 **종교적 잔소리**로 여겼습니다.
죄악에 썩은 내 육신을 주님이 쓰시려 할 때
차갑게 고개 돌려버릴 만큼 냉랭하였습니다.

죽음의 덫에 걸려 있는 내 몸을 쓰시려 했던
주님의 마음을 헤아리지 못하고 매몰차게 뿌리쳤던
십자가를 등진 배신의 삶을 사하여 주시도록
다 함께 고백 드리겠습니다.

> 너희 죄 흉악하나 눈과 같이 희겠네, 너희 죄 흉악하나 눈과 같이 희겠네
> 죄의 빛 흉악하나 희게 되리라 주홍빛 같은 네 죄 주홍빛 같은 네 죄
> 눈과 같이 희겠네 눈과 같이 희겠네(찬송가 255장 1절).
>
> 여호와께서 말씀하시되 오라 우리가 서로 변론하자 너희의 죄가 주홍 같을지라도 눈과 같이 희어질 것이요 진홍같이 붉을지라도 양털같이 희게 되리라(사 1:18). 아멘.

이 말씀이 죄 사함의 확신을 줍니다.

예수님의 이름으로 기도하옵나이다. 아멘.

11. 부활의 무게감

2017. 4. 16.

부활하신 주님!
부활하신 주님이 밝히 보이지만 못 보고 있는
저희 어두운 눈을 용서하여 주시옵소서.
고통과 비애도, 실망과 슬픔도, 저주와 사망도
부활하신 주님께서 다 거두어 청산하셨건만
여전히 우리는 두려움에 떨고
사망의 공포에서 허우적대고 있사오니
나약한 믿음을 용서하여 주시옵소서.

십자가를 자랑해야 함에도 부끄러워하였고
부활을 생명으로 여겨야 함에도 실감하지 못하고 있습니다.
십자가의 가치를 높여야 함에도 불구하고 폄하하였으며
부활의 무게감을 인정해야 하는데 오히려 인정하지 않았던
불신앙을 사하여 주시옵소서.

썩어져 가는 저 세상에 소금 되기를 마다하며
십자가의 소금 맛을 변질시키는 하늘의 사명을 팽개쳤습니다.
어두운 이 세상의 빛이어야 하지만 등경 아래 감추며
부활의 빛을 발해야 하는 책임을 회피하였던
불신앙을 용서하여 주시옵소서.

세상에 물들지 않았다고 안이하게 나태하였고
세속에 빠지지 않았다고 방심하여 교만하다가
알고보니 불의를 따르고 사탄의 계략에 동조하여 허우적거렸습니다.

마귀의 거짓 농간에 휘말려 주님보다 나의 일이 우선이었고
주님의 몸이신 교회보다 세상일이 먼저였던
불신앙, 나태함, 위선과 거짓 신앙을 사하여 주시도록
주님께 우리의 죄를 자백 드리겠습니다.

> 너희 죄 흉악하나 눈과 같이 희겠네, 너희 죄 흉악하나 눈과 같이 희겠네
> 죄의 빛 흉악하나 희게 되리라 주홍빛 같은 네 죄 주홍빛 같은 네 죄
> 눈과 같이 희겠네 눈과 같이 희겠네(찬송가 255장 1절).
>
> 여호와께서 말씀하시되 오라 우리가 서로 변론하자 너희의 죄가 주홍 같을지라도 눈과
> 같이 희어질 것이요 진홍같이 붉을지라도 양털같이 희게 되리라(사 1:18). 아멘.

이 말씀이 죄 사함의 확신을 줍니다.

예수님의 이름으로 기도하옵나이다. 아멘.

12. 인생의 끝자락에서

2017. 4. 30.

하나님 아버지!
저희를 불쌍히 여겨 주소서!
죄악에 빠져 허우적대고 있는 저희를 건져 주시기를 원하여
부끄럽지만 아버지께 돌아와 고개 숙입니다.

아직도 땅의 것에 매여 세속의 올무에서 헤어나지 못하였고
여전히 순간적인 것에 노예가 되어 영원한 것을 놓치고 있으며
항상 후회하면서도 같은 죄를 번복하여
사망의 음침한 길에서 악을 마시고 죄를 먹는
습관적 악순환에 얽매여 살아가는 저희를
주님의 넉넉하신 그 사랑으로 용서하여 주시옵소서.

이 시간도 아버지 앞에 부끄러워
도저히 찬송을 부를 수 있는 염치가 없고
다시 엎드려 기도할 수 있는 면목도 없으며
나의 의로움이란 처음부터 가진 것 없었습니다.

드디어 밑바닥을 드러내는 나의 불의함 때문에
두려워 더 나아갈 수 없는 **인생의 끝자락에서**
두 손 들고 주님 앞에 섰사오니 십자가로 용서하여 주시옵소서.

사랑을 배웠으나 위선을 떠는 입술에 그쳤고
믿음대로 산다고 하지만 행위가 없는 죽은 믿음이었으며
충성한다 하지만 얄팍한 계산 때문에 자주 토라지고
배려한다고 하지만 치졸한 성품 때문에 이웃에 상처를 남기는
우리의 병든 믿음을 사하시고 고쳐 주시도록
나의 목소리로 자백 드리겠습니다.

> 너희 죄 흉악하나 눈과 같이 희겠네, 너희 죄 흉악하나 눈과 같이 희겠네
> 죄의 빛 흉악하나 희게 되리라 주홍빛 같은 네 죄 주홍빛 같은 네 죄
> 눈과 같이 희겠네 눈과 같이 희겠네(찬송가 255장 1절).
>
> 여호와께서 말씀하시되 오라 우리가 서로 변론하자 너희의 죄가 주홍 같을지라도 눈과 같이 희어질 것이요 진홍같이 붉을지라도 양털같이 희게 되리라(사 1:18). 아멘.

이 말씀이 죄 사함의 확신을 줍니다.

예수님의 이름으로 기도하옵나이다. 아멘.

13. 꿈나무들의 앞날

2017. 5. 7. 어린이 주일 축복기도

꿈나무들의 앞날을 위하여
어린이 주일을 주신 하나님 아버지께 간구합니다.
자녀들의 장래를 위해 영적 관심보다 세상에서 성공을 꿈꾸는
일에만 몰두하였습니다.
하늘나라에 투자하기보다 이 땅에 온 정열을 쏟고 청춘을 바쳤으며
우리의 자녀가 기도하는 습관보다 세상 문화에 휩쓸리고 있지만
방관하였습니다.
주님의 말씀은 아랑곳하지 않으면서 세상 출세에만 집중하며
자녀를 암담케 하는 비뚤어진 교육으로
인생을 소모하였음을 깨닫고 황급히 돌아왔사오니 사하여 주시옵소서.

자녀의 앞날을 위한다면서도 아둔하여 주님 말씀을 소홀히 하였고
자녀들의 미래가 복되기를 바라면서도
복의 길에서 벗어난 뒤집힌 가치관을 심어 주고 있는
부모 된 저희의 아둔한 생각과 무지한 가치관을 치유하여 주시옵소서.

꿈나무들의 앞날을 걱정해 준다 하면서
왜곡된 사고와 주님과 멀어지게 하는 지성을 심고 있습니다.
이러한 속된 사고방식에 함몰되어 살아가면서도 깨닫지 못하는
어리석음을 사하여 주옵소서.

아이들의 꿈이 세상 가치에 짓밟히고
학생들의 비전이 세상 문화에 빼앗기며
어린이들의 이상을 세월 속에 도둑맞고
마귀의 교활한 술책에 넘어갈 뿐 아니라
청년들의 경건을 위한 미래를 속수무책으로 대응하고 있습니다.
그들 위해 눈물 한 방울 흘리지 못하며
다음 세대의 신음소리와 젊은이의 몸부림을 보면서도
성도 된 나는 각성하지 못하고 기도하기를 꺼리며
오히려 무책임하게 방관하는 저희를 용서하여 주시옵소서.

우리 아이들에게 하늘 양식을 공급하기보다
세상 것을 주려고 혈안이 되었고
시류에 동화되지 않고 정로를 지향하도록 해야 함에도
세속에 물들게 하였으며
시세에 영합하지 않도록 알곡으로 영글게 해야 하지만
쭉정이를 만들었고
세파에 넘어지지 않도록 꿋꿋한 믿음의 근육을 단련시키지 못한
교회의 책임과 가정 신앙교육의 소홀함,
그리고 선생 된 자의 빗나간 사명을 용서하여 주시옵소서.

이 세상 험하고 나 비록 약하나 늘 기도 힘쓰면 큰 권능 얻겠네
주의 은혜로 대속 받아서 피와 같이 붉은 죄 눈같이 희겠네(찬송가 263장 1절).

나 곧 나는 나를 위하여 네 허물을 도말하는 자니 네 죄를 기억하지 아니하리라(사 43:25).

이 말씀이 죄 사함의 확신을 줍니다.

예수님의 이름으로 기도하옵나이다. 아멘.

14. 자녀들에게 복을 내려 주소서

(2017. 5. 6. 어린이 주일)

하나님 아버지!
저희에게 축복할 수 있는 자녀를 주시오니 감사드립니다.
주님의 이름으로 축복하오니
자녀들에게 복을 내려 주소서.

우리에게 맡기신 하나님의 자녀를
하나님의 은혜를 따라 양육할 수 있게 하시옵고
세상 지식으로만 머리를 채우지 않도록
지식의 근본인 하나님을 경외하게 하옵소서.

우리 자녀들이 세상 문화로만 사는 오염된 삶을 살지 않도록
그리스도의 문화에 매료되게 하시고
쾌락으로 살아가지 않도록
하나님을 즐거워하는 인생의 제일 된 목적을 알게 하옵소서.

우리 자녀들이 이 땅의 사망 가치에 함몰되어
생애를 허우적대지 않도록 하시옵고
자녀들에게 하늘의 가치와 성령님의 신령한 생각에 흠뻑 젖는
인내의 끈을 주시옵소서.

보이는 헛된 영화에 빠지거나
황당한 세속적인 향락에 현혹되지 않도록 하시어서
보이지 않는 영의 세계를 흠모하며
오히려 세상을 변화시키는
거룩한 **꿈**을 주옵소서.

인생길에 닥쳐올 숱한 가시밭과 쓰라린 고난이 와도
실의에 내어주지 마시옵고
단단한 신앙으로 하늘나라 소망의 주님께 삶을 의탁하는
믿음의 **깡**을 허락하시며
땅의 값싼 짝퉁 보물과 위장된 거짓 진리에
천국의 소중한 보배를 팔아버리거나
보이는 물질세계와 보이지 않는 영의 세계를 흥정하지 않도록
분별의 **끼**를 주옵소서.

이 세상의 혼돈 속에
자녀의 생각이 현혹되거나 방탕하지 않게 하시고
그 생각이 세상 가치에 매몰되지 않도록 하시오며
하나님의 자녀 된 정체성을 견고히 할 수 있는
거룩한 **꼴**이 되게 하소서.
생각이 아둔하여 무너진 바벨탑을 추구하거나
마음이 교만하여 어리석은 생각을 품지 않게 하셔서
불에 일곱 번 단련하여 순금같이 정결한 믿음이 되도록
성령님의 생각을 따르게 하옵소서.

하나님을 귀히 알고 사람 앞에 겸손하여
물질보다 예수님을 사랑하게 하시옵고
사람보다 하나님을 두렵게 여기며
세상보다 성령님을 사랑하게 하셔서
재주보다 은혜를 사모하여
보좌를 우러러 성령님의 감동을 구하는 믿음으로
길이 아니면 아니 가고 원칙이 아니면 용납하지 않는
정의의 길을 걷게 하옵소서.

말씀이 아니면 양보하지 않고
성경이 아니면 행치 않으며
말씀 중심의 삶이 되게 하시옵고
주야로 말씀을 묵상하여
시냇가의 나무 같고
발에 등불되고 길에
빛으로 삼게 하옵소서.

외로운 자의 벗이 되고
길을 잃고 방황하는 둔탁한 자의 영혼을 일깨워 주고
나만을 생각하는 이기주의 가면을 벗고
상처 입은 자의 영혼을 어루만져 주며
이웃을 먼저 생각하는 주님의 생각을 따라 살아가는
제자 된 삶을 추구하게 하셔서
자신에게는 엄격하고 타인에게는 너그러운
주님의 넉넉함을 나타내게 하옵소서.

나라를 사랑하고 국가를 가치 있게 여기며
조국의 안녕과 민족의 장래를 위해
마음과 몸을 다하여 충성하고 애국 애족 하는
다음 세대 우리 자녀가 되게 하시고
먼저 하나님의 나라와 하나님의 의를 구하는
삶의 우선순위가 명확하게 하셔서
세상 끝날까지 하나님 나라로 인해 행복하고
또한, 영원히 행복하게 하옵소서.

예수님의 이름으로 축복 기도합니다. 아멘.

15. 거짓이 판을 치고

2017. 7. 2.

말씀을 주셔서 말씀대로 살기를 원하시는 주님!
하나님께서 마련해 주신 이 거룩한 자리에 모였으나
마음은 늘 세상으로 쏠리고 속된 것에 눈이 멀어
감격으로 벅차야 할 가슴은 냉랭하게 식었습니다.
염치없지만 돌아와 머리 숙였사오니 긍휼히 여겨 주소서.

하나님께서 주신 구원의 행복과 십자가의 사랑을
기쁨으로 울먹여야 할 판에 거짓과 외식에 머물렀습니다.
세계의 비전을 주시고 조국을 복음의 무대로 주셨건만
가없는 옹졸함으로 오직 나와 내 일에만 몰두하는
이기주의에 빠져 있는 썩은 생각을 사하여 주시옵소서.

어둠이 세상을 지배하고 있지만 나는 빛을 숨겼고
썩은 냄새가 진동하는 세상이 되었음에도 소금 되기를 싫어하여
버려진 소금, 맛 잃은 소금, 짓밟히는 소금이 되어 버린
무책임하고 비굴한 소행을 용서하여 주시옵소서.

거짓이 판을 치고 불의가 강을 이루고 부패가 태산을 이루지만
겁이 많아 옳음을 피하고 생각이 무디어 그릇됨을 두둔하였으며
옹졸함으로 이웃을 돌아보지 못하고 이웃 사랑을 회피하여

황폐해진 영혼과 세상과 짝을 맞추어 살아가기를 즐기고 있는
저희의 한심한 믿음을 용서하여 주시옵소서.

감사해야 할 맥추절에 불평을 쏟았고
감격해야 할 칠칠 절에 무지를 드러내었으며
감동해야 할 오순절에 성령을 근심케 하였고
나의 신앙고백이 되어야 할 감사절 예물은
위선을 벗어나지 못하였으며 종교의식의 탈속에
머물러 있는 저희의 불신앙을 십자가로 속량해
주시도록 주님께 고백 드리겠습니다.

> 샘물과 같은 보혈은 주님의 피로다 보혈에 죄를 씻으면 정하게 되겠네
> 정하게 되겠네 정하게 되겠네 보혈에 죄를 씻으면 정하게 되겠네(찬송가 258장 1절).
>
> 내가 그들의 불의를 긍휼히 여기고 그들의 죄를 다시 기억하지 아니하리라(히 8:12).

이 말씀이 죄 사함의 확신을 줍니다.

예수님의 이름으로 기도하옵나이다. 아멘.

16. 하나님께 비는 미신

2017. 7. 9.

십자가로 승리하신 주님!
삶이 어렵다고 황폐한 실패자로 세월을 낭비하였고
세상을 이기는 힘이 없어 믿음의 상실자로 살았으며
하나님과 교제하지 못하는 기도의 패배자로 허송세월하다가
송구하지만 주님 품이 그리워 다시 돌아왔사오니
긍휼히 여기사 저희의 그릇됨을 사하여 주옵소서.

하나님의 영광을 위해 살아야 하지만
그 영광을 가로챘고 오히려 하나님 나라를 방해하였으며
여기서는 곧잘 경건을 말하지만
밖에서는 믿지 않는 사람들과 조금도 다르지 않게 사는
위선과 가면을 벗게 하여 주시옵소서.

때로는 잡귀 잡신에게 빌듯이
나의 번영을 위해 **하나님께 비는 미신**을 드러내었고
주의 나라와 의를 구하기는커녕
나의 형통만을 위하는 기복 사상에 물들었으며
세상과는 구별된 거룩한 나라가 되도록 힘써야 할 판에
세속 영광만을 챙기고 사람들의 욕심을 그대로 품고 살아가는
야심을 드러냈사오니 주님의 보혈로 깨끗하게 하여 주시옵소서.

나는 죽고 내 안에 사는 이가 그리스도라며 수없이 읊조리고
죽든지 살든지 주의 영광만을 위하겠다고 수없이 외쳤건만
먼저 생각해야 할 하나님 나라는 늘 뒷전이었고
신령한 것을 찾기보다 저열하고 무가치한 것에 눈독을 들이며
갈팡질팡 머뭇거리고 있는
저희의 무지한 죄를 사하여 주시도록
마음을 다해 자백 드리겠습니다.

> 샘물과 같은 보혈은 주님의 피로다 보혈에 죄를 씻으면 정하게 되겠네
> 정하게 되겠네 정하게 되겠네 보혈에 죄를 씻으면 정하게 되겠네(찬송가 258장 1절).
>
> 내가 그들의 불의를 긍휼히 여기고 그들의 죄를 다시 기억하지 아니하리라(히 8:12).

이 말씀이 죄 사함의 확신을 줍니다.

예수님의 이름으로 기도하옵나이다. 아멘.

17. 세상 방식

2017. 7. 16.

하나님 아버지!
우리가 살아가는 삶이 믿음의 방식이라야 하지만
세상 방식에 익숙하고
우리의 됨됨이가 주님 닮아야 함에도
세상의 원리와 추악한 가식으로 더럽혀져 있사오니
십자가의 보혈로 깨끗이 씻어 주시옵소서.

세상에 취하고 욕심에 젖어 살아가면서도
제법 주님을 사랑한다고 착각하였던
저희의 황폐한 심령을 불쌍히 여겨 주시옵소서.

우리는 주님의 말씀을 들으면서도 귀를 막았고
성령의 감화를 받고서도 성령을 소멸하였으며
성령의 역사를 보면서도 성령을 슬프게 하고
성령의 역사를 알았을 때마저 거역하며 살아가는
미련한 죄를 사하여 주시기를 비옵나이다.

하나님께서는 우리에게 많은 은사를 주셨건만
주님의 기대에 어긋나게 게으름을 피웠고
하나님의 뜻을 분명하게 깨달았을 때는

감히 하나님과 타협을 시도하며
핑계를 대고 도망하기 일쑤였던
어리석고 우둔한 저희를
십자가의 그 위대하신 사랑으로 용서해 주시도록
나의 목소리로 자백 드리겠습니다.

샘물과 같은 보혈은 주님의 피로다 보혈에 죄를 씻으면 정하게 되겠네 정하게 되겠네 정하게 되겠네 보혈에 죄를 씻으면 정하게 되겠네(찬송가 258장 1절).

내가 그들의 불의를 긍휼히 여기고 그들의 죄를 다시 기억하지 아니하리라(히 8:12).

이 말씀이 죄 사함의 확신을 줍니다.

예수님의 이름으로 기도하옵나이다. 아멘.

18. 낡은 과거

2017. 7. 30.

우리를 돌보시는 하나님 아버지!
새로움을 창조하시고 우리도 새롭게 되기를 바라시는
주님의 간절한 마음을 헤아리지 못하여
낡은 과거를 벗지 못하고 어둠의 피조물이 되어
돌아왔사오니 물리치지 마시고 받아 주시옵소서.

헛된 세상에 살며 탐욕으로 실수를 하고
하찮은 이득에 눈이 멀어 주의 이름을 욕되게 하였으며
알량한 자존심을 위하여 진실을 숨기고
입술이 더러워졌고, 손에 때가 묻었으며,
거짓으로 치우친 굽은 마음은 죄의 노예가 되어 한숨 쉬고 있사오니
십자가 보혈의 샘물로 정결케 하여 주시옵소서.

항상 후회하면서도 같은 죄를 짓고 또 반복하는
악순환에 매여 살아왔습니다.
저희의 악함을 보시고, 허물을 아시고,
본래 나의 나됨을 통찰하시면서도
긍휼을 베푸시는 주님 사랑을 알기에 염치 불구하고 왔사오니
용서하여 주시옵소서.

늘 나의 일에 바빠서 이웃의 아픔을 보지 못하였고
나의 물질적 치부와 화려한 세속의 길에 빠져들어
사랑해야 할 분을 사랑하지 못하고
높여야 할 분을 높이지 못하며
섬겨야 할 분을 섬기지 못하는
왜곡된 신앙과 거짓된 위선으로 덧칠하였습니다.

양의 옷을 입은 이리 같은 뻔뻔한 목사가 아닌가 하여
양의 옷을 입은 이리 같은 가증스러운 교인이 아닌가 하여
소스라치게 놀라 머리 숙여 부끄럽지만,
십자가 대속의 사랑을 믿고 사해 주시도록
함께 자백 드리겠습니다.

> 샘물과 같은 보혈은 주님의 피로다 보혈에 죄를 씻으면 정하게 되겠네
> 정하게 되겠네 정하게 되겠네 보혈에 죄를 씻으면 정하게 되겠네(찬송가 258장 1절).
>
> 내가 그들의 불의를 긍휼히 여기고 그들의 죄를 다시 기억하지 아니하리라(히 8:12).

이 말씀이 죄 사함의 확신을 줍니다.

예수님의 이름으로 기도하옵나이다. 아멘.

19. 세상에 도취하여

2017. 8. 6.

은혜로우신 하나님!
알고도 행할 수 없고 깨닫고도 발길을 돌이키지 못하는
나약하고 비겁하며 위선적이고 가식적인 저희를
주님께서 불러 주시기에
송구함에도 불구하고 나왔사오니 받아 주시옵소서.

오, 주님!
감동은 받았지만, 그 감동으로 살아가지 못하고 있습니다.
기쁨을 얻었지만, 잠시뿐이었고 슬픔 가운데 머물렀습니다.
회개하였다지만, 말뿐이었고 행실은 바뀐 것이 없습니다.
결단하였지만, 실천하지 못하고
다짐하였지만, 위선과 거짓으로 살아가는 죽은 믿음이 되었사오니
사하여 주시옵소서.

자비하신 주님!
우리의 손이 더러워졌사오니 정결케 하여 주시고
우리의 입술이 더러운 말을 했사오니 제단 숯불로 정하게 하시오며
우리의 혀가 해서는 안 될 독사의 독을 내품는 말을 했사오니
우리의 손과 입술과 귀가 정결케 되도록
주님 보혈의 샘물로 말갛게 하여 주시옵소서.

세상에 도취하여 헛된 일을 경영하며
망령된 일에만 몰두하였습니다.
성령으로 충만해야 하는데도 세속에 취하여
음심으로 가득하였습니다.
우리의 몸이 성령의 전인 줄 알면서도
내 생각대로 마구 더럽혔습니다.
생명이신 주님을 종교 교주 정도로 여기며 살다가
아차, 이제야 깨닫고 돌아온 저희를 사하여 주시옵소서.

때를 따라 주일 따라, 순서 따라 종교의식에만 찌들어 있었고
사신들 앞에 주문을 외듯 읊조리면서 마귀를 높였습니다.
사교를 따라 종교의식을 행하듯 맹신하였으며
주님께서 맡기신 일을 마땅히 행해야 함에도 외면하였습니다.
사명과 직책에는 핑계로 잘도 피하였고
충성의 요구에는 내 생각만을 정당화하며 살아가는
왜곡된 신앙과 위선의 가면을 벗도록
나의 마음을 담아 주님께 자백 드리겠습니다.

> 그 피가 맘속에 큰 증거 됩니다 내 기도 소리 들으사 다 허락하소서
> 내가 주께로 지금 가오니 십자가의 보혈로 날 씻어 주소서(찬송가 254장 5절).
>
> 그가 빛 가운데 계신 것 같이 우리도 빛 가운데 행하면 우리가 서로 사귐이 있고 그 아들 예수의 피가 우리를 모든 죄에서 깨끗하게 하실 것이요(요일 1:7).

이 말씀이 죄 용서받았음을 확신케 합니다.

예수님의 이름으로 기도하옵나이다. 아멘.

20. 타락과 그릇된 탈선

2017. 9. 3.

사랑과 공의의 하나님!
생각 속에도 불순물이 끼이고 언어 속에도 불량스러움이 있으며
듣는 일 속에도 야합이 따르고 행동 속에도 오만이 가득한
타락과 그릇된 탈선을 뉘우치면서 돌아왔사오니
저희를 불쌍히 여겨 주시옵소서.

주님과 함께하는 줄 알았는데 주님과 등진 채 살아왔으며
주님과 동행하는 줄 알았는데 반대로 가고 있었습니다.
말씀을 따르고 있다 생각하였는데
돌이켜 보니 말씀을 거역하기 일쑤였고
사명을 준행한다고 하였지만,
오히려 나의 좁은 생각과 작은 이익에 눈이 멀어
주님의 일을 그르친 적이 한두 번이 아니오니 용서하여 주시옵소서.

국가에 반역하는 것도 중죄이건만
하물며 하나님 나라에 반하는 죄악으로 얼룩졌기에
두려워 부들부들 떨고 있사오니 사하여 주시옵소서.

주님과 함께하지 않는 자는 주님을 반대하는 자라고 하셨건만,
주님과 함께 모으지 아니하는 자는 주님을 헤치는 자라 하셨건만,

주님께서 이 작은 자에게 한 것이 곧 내게 한 것이라 하셨건만,
주님의 말씀 양식을 멀리하고 성령의 생수를 사양하다가
굶주리고 허기져 빈사 상태에 놓인 내 영혼이 소생할 수 있도록
말씀 거식증을 치유하시고 말씀의 맛이 꿀과 송이 꿀 같게 하옵소서.

사랑과 공의의 하나님!

공의를 묻어 둔 채 사랑의 하나님이라며 온갖 불법을 저질렀습니다.
사랑을 묻어 둔 채 공의의 하나님이라며 온갖 위선을 떨었습니다.
사랑을 실천하지도 공의를 행하지도 못하는 외식에만 붙들려
위장된 삶에 휘말려 한 발짝도 전진하지 못하는
한심한 믿음을 사하여 주시옵소서.
주님께서 말씀하시면 어디든지 가오리다 하고서도 그 굳은 약속은
부도 나버린 저희의 죄악을 자백 드리겠습니다.

> 너희 죄 흉악하나 눈과 같이 희겠네 너희 죄 흉악하나 눈과 같이 희겠네
> 죄의 빛 흉악하나 희게 되리라 주홍빛 같은 네 죄 주홍빛 같은 네 죄
> 눈과 같이 희겠네 눈과 같이 희겠네(찬송가 255장 1절).
>
> 여호와께서 말씀하시되 오라 우리가 서로 변론하자 너희의 죄가 주홍 같을지라도 눈과
> 같이 희어질 것이요 진홍같이 붉을지라도 양털같이 희게 되리라(사 1:18).

이 말씀이 죄 사함의 확신을 줍니다.

예수님의 이름으로 기도하옵나이다. 아멘.

21. 배신의 삶

2017. 9. 10.

길이요 진리요 생명 되신 우리 주님!
나같이 길 잃은 양에게 길이 되셔서 생명을 주셨건만
또 다른 길을 찾다가 만신창이 탕자가 되어 돌아온
저희를 불쌍히 보시고 받아 주시옵소서.

하지만 아직도 탕자의 타성을 버리지 못하여
탕자의 향수에 젖고 탕자의 근성으로 삶이 찌들었습니다.
청산하지 못한 그릇된 짓을 수없이 저질렀기에
부끄러워 고개 숙였사오니 사하여 주시옵소서.

하나님의 백성이 된 거룩이 있지만,
그 거룩함을 자랑으로 여기지 못했습니다.
하나님의 자녀 된 신분이 있지만,
신분에 맞는 본분을 다하지 못하였습니다.
주님의 신부 된 영광을 주셨건만,
그 영광의 정절을 지키지 못하였습니다.
주님의 동역자가 된 직책을 기쁘게 여기지 못하고
이 핑계 저 핑계로 사명을 소홀히 하며 주님을 배신하였사오니
용서하여 주시옵소서.

근심을 대신하여 우리에게 찬송의 옷으로 입히셨지만
여전히 주저앉아 슬퍼하고 눈물지으며 탄식하였고
우울하고 어둡고 서글픈 잿빛 생활을 대신하여
우리에게 화관을 씌워 주셔서 화창한 봄날 인생길을 주셨건만
아직까지 인생길에서 어두운 삶을 사는
답답한 저희를 용서하여 주시옵소서.

억압된 속박과 상한 마음을 고치시려
은혜의 해를 열어 주셨는데도 은혜를 은혜로 여기지 못하며
주님을 존귀케 하지도 못하고 사랑하지 못한
배신의 삶을 살아온 죄를 청산하기 위하여 함께 자백 드리겠습니다.

너희 죄 흉악하나 눈과 같이 희겠네 너희 죄 흉악하나 눈과 같이 희겠네 죄의 빛 흉악하나 희게 되리라 주홍빛 같은 네 죄 주홍빛 같은 네 죄 눈과 같이 희겠네 눈과 같이 희겠네(찬송가 255장 1절).

여호와께서 말씀하시되 오라 우리가 서로 변론하자 너희의 죄가 주홍 같을지라도 눈과 같이 희어질 것이요 진홍같이 붉을지라도 양털같이 희게 되리라(사 1:18).

이 말씀이 죄 사함의 확신을 줍니다.

예수님의 이름으로 기도하옵나이다. 아멘.

22. 말씀 거식증

2017. 9. 17.

돌아오는 자를 기꺼이 받아 주시는 하나님 아버지!
하나님 나라에 반하고 주님을 등지는 죄악으로 얼룩졌기에
두려워 안절부절 주님 앞에 떨고 있사오니 긍휼히 여겨 주시옵소서.

주님과 함께하지 않는 자는 주님을 반대하는 자라 하셨고
주님과 함께 모으지 아니하는 자는 주님을 헤치는 자라 하셨건만,
이 작은 자에게 먹이고 마시우고 한 것이 곧 내게 한 것이라 하시는
주님의 거룩한 음성을 나는 이 핑계 저 변명으로
꼬박꼬박 이유를 달아 멀리하였던 탕자의 삶을 용서하여 주시옵소서.

옛것을 버리지 못하여
주님 말씀의 양식을 멀리하고 성령의 생수를 거절하다가
내 영혼은 굶주리고 고갈되어 허기진 탈진 상태에 놓였나이다.
말씀 거식증으로 내 영혼이 허기져 영양실조가 되었습니다.
주님의 말씀 맛이 꿀과 송이 꿀같이 회복되도록
말씀 거부 장애였던 불순종을 치유해 주시옵소서.

임마누엘 되신 주님이 함께 계심에도 불구하고
늘 나 혼자라고 외로워하고 있습니다.
일시적 쾌락보다 영원한 행복을 주셨지만

그것만으로는 모자란다고 불평하였습니다.
세상이 주는 것 같지 않은 주님의 평안을 선물로 받았건만
늘 근심에 휩싸이고 걱정에 짓눌려 기가 죽어 있는
저희의 힘없는 믿음을 용서하여 주시옵소서.

험한 인생길 삶의 승리를 위해 부어 주신 성령님을 근심시켰고
희락의 기름으로 행복을 주셨지만 아직까지 운명에 사로잡혀
전진하지 못하는 믿음을 회복할 수 있도록
우리의 죄를 다 함께 자백 드리겠습니다.

> 너희 죄 흉악하나 눈과 같이 희겠네 너희 죄 흉악하나 눈과 같이 희겠네
> 죄의 빛 흉악하나 희게 되리라 주홍빛 같은 네 죄 주홍빛 같은 네 죄
> 눈과 같이 희겠네 눈과 같이 희겠네(찬송가 255장 1절).
>
> **여호와께서 말씀하시되 오라 우리가 서로 변론하자 너희의 죄가 주홍 같을지라도 눈과 같이 희어질 것이요 진홍같이 붉을지라도 양털같이 희게 되리라(사 1:18).**

이 말씀이 죄 사함의 확신을 줍니다.

예수님의 이름으로 기도하옵나이다. 아멘.

23. 영혼을 불법 점거

2017. 10. 15.

우리의 앉고 일어섬을 낱낱이 아시는 하나님 아버지!
우리의 영혼을 불법 점거하여 타락을 사주하는
악의 권세 앞에 무릎을 꿇었고
세상이 주는 화려한 이득을 탐하다가
유혹의 힘 앞에 맥없이 굴복하였으며
영원한 가치를 세상 가치로 대체하려는
교활한 사탄의 속임수에 속았습니다.
사악한 무리와 짝하고 허망한 생각으로 미래를 디자인하려 했습니다.
가식의 너울과 위선의 포장을 주님의 손길로 샅샅이 벗겨 주시옵소서.

우리는 얕은 타성과 잔재주를 고집하다가
스스로 잔꾀에 속아 수없이 넘어졌습니다.
깊은 데서 깊은 진리를 건지지 않고
얕은 곳에서 우리의 잔머리로 얄팍한 실리를 건지려다
인생무상과 절망과 허무만을 건지는
텅 빈 가슴을 안고 황급히 돌아왔사오니 용서하여 주시옵소서.

깊은 곳을 사모하지 못하는 짧은 생각이 나를 점령하고 있습니다.
깊은 세계를 보지 못하고 땅의 것만 보는 아둔한 눈이 되었습니다.
깊은 곳에 그물을 내려

하나님의 깊은 뜻과 하늘나라의 깊은 원리를 낚아야 함에도 불구하고
세상의 출세와 이 땅의 실리만을 건지려는 얕은 욕망에만 함몰되었던
근시안적 가치관을 용서하여 주시옵소서.

아직도 깊은 곳에서 목말라 하는 영혼을 위해
그물을 내리지 못하였습니다.
깊은 곳에 침몰한 생명 가치를 인양하기 위해
그물을 내릴 생각도 못하고 있습니다.
사망의 깊은 수렁에서 허우적대고 있는 영혼을 보고도
오히려 그물을 걷었던 악질적인 심성을 사하여 주시옵소서.

눈앞의 이익 때문에 위대한 사명을 내팽개치고도
아무렇지 않은 듯이 살아가는
내 안에 숨겨진 속사람의 거짓 양심과 앙금처럼 누적된
죄의 근성 때문에 일탈한 가치관이 하루속히 회복되도록
우리 다 함께 자백 드리겠습니다.

> 내 맘이 약하여 늘 넘어지오니 주 예수 힘주사 굳세게 하소서
> 주의 은혜로 대속 받아서 피와 같이 붉은 죄 눈같이 희겠네(찬송가 263장 3절).
>
> 우리의 죄를 따라 우리를 처벌하지는 아니하시며 우리의 악악을 따라 우리에게 그대로
> 갚지는 아니하셨으니 … 동이 서에서 먼 것 같이 우리의 죄과를 우리에게서 멀리 옮기셨
> 도다(시 103:10, 12).

이 말씀이 죄 사함의 확신을 줍니다.

예수님의 이름으로 기도하옵나이다. 아멘.

24. 위험한 거래

2017. 11. 5.

하나님 아버지!
돌아온 자를 맞이해 주시는 사랑의 하나님이신 줄 믿고
우리의 한계를 깨달아 주님 앞에 머리 숙였습니다.
좌절과 방황에 익숙해져 타성에 젖었고
이상과 현실 사이에서 몸부림치다가
결국엔 절망하여 돌아왔사오니
연약한 믿음을 불쌍히 여겨 주시옵소서.

거짓 뉘우침이 상식이 되었습니다.
가식의 고백이 관례가 되었습니다.
욕심의 기도가 입술을 주장하고
때 묻은 간구가 혓바닥을 부려먹고 있는
일탈한 가치관을 용서하여 주시옵소서.

광포한 생각이 속사람을 자빠트리고
음탕한 마음이 행복을 넘어뜨렸으며
세상 야망이 하늘의 가치를 둔갑시켰고
종교 상식이 구원의 길에 걸림돌로 포진하여
교회생활에 끼어들어 믿음을 둔탁하게 할 뿐 아니라
주님의 이름을 욕보인 끔찍한 죄를 용서하여 주시옵소서.

거짓이 판을 치던 우리의 과거를,
가식이 주름잡았던 우리의 위선을,
음흉함이 고질화하였던 우리의 빗나간 삶이
거룩함은 집 밖으로 멀리 내어 쫓고
불결함은 집안으로 가까이 불러들였습니다.

매우 위험한 거래를 하는 방탕을 사하여 주시고
육체의 지혜로 살지 않고 성령으로 거룩하게 살 수 있도록
우리의 목소리로 다 함께 자백 드리겠습니다.

> 십자가, 십자가 그 위에 나 죽었네 그 사랑 내 속에 강같이 흐르네
> 그의 생명 내 속에 그의 능력 내 안에 그의 소망 내 삶에 나의 삶 주의 것
> 십자가, 십자가 그 위에 나 죽었네 그 사랑 내 속에 강같이 흐르네(복음송 "십자가").
>
> 여호와의 말씀이니라 너희를 향한 내 생각을 내가 아나니 평안이요 재앙이 아니니라 너희에게 미래와 희망을 주는 것이니라(렘 29:11).

이 말씀이 죄사함의 확신을 줍니다.

예수님의 이름으로 기도하옵나이다. 아멘.

25. 비겁한 마음

2017. 11. 26.

우리를 지극히 사랑하시는 하나님 아버지!
어제와 똑같이 살면서 미래를 기대하였지만
비참한 인생파산이었습니다.
덜컥 마음의 위기를 깨닫고 그 엄청난 사랑을 믿기에
주님께 돌아왔사오니 저희를 맞아 주시옵소서.

세상일에는 발버둥 치며 아등바등 온갖 열정을 쏟았지만
여태껏 예수님을 모른 채 살아왔습니다.
세상일에는 온갖 땀과 피와 정열을 바치면서도
주의 일에는 빈둥빈둥하였습니다.
주님 주신 사명에는 마지못해 하는 척 허둥지둥하다가
이 시간 허겁지겁 돌아와 용서를 구하오니 사하여 주시옵소서.

미련하게 주의 말씀을 내 환경에 맞추려고 잔머리를 굴렸습니다.
정신병자처럼 예수 없이 내일을 꿈꾸는 허탄한 꿈에 도취되었습니다.
실성한 사람처럼 주님의 뜻을 내 뜻에 맞추려고 갈팡질팡하였습니다.
맨정신으로 못 산다고 세상에 취하고 어둠에 갇힌 채 허우적거리는
어리석은 가치관을 용서하여 주시옵소서.

자신은 실패의 DNA를 가지고 태어났다며
실패할 팔자라고 하나님을 탓하며 불평하였습니다.
불행의 유전자를 가지고 출생했다며
불행할 운명이라고 주님을 원망하며 실의에 빠졌습니다.
잘되면 내 탓이고 안 되면 네 탓, 부모 탓, 하나님 탓이라며
주님의 속을 염장질하였던 악행을 사하여 주시옵소서.

예수 믿겠다고 굳게 약속하였건만,
상황이 협조하지 않는다고 변명하였고
이젠 새 마음으로 살겠다고 결단하였지만,
환경이 여의치 않다고 핑계하며
앞으론 가치 있는 삶을 살겠다고 다짐하였건만,
형편이 따르지 않는다고 이유를 달며
절대 변치 않겠다고 주먹을 쥐었지만,
내 마음이 내키지 않는다고 핑계와 변명을 일삼았던
비겁한 마음을 용서하여 주시옵소서.

> 십자가, 십자가 그 위에 나 죽었네 그 사랑 내 속에 강같이 흐르네
> 그의 생명 내 속에 그의 능력 내 안에 그의 소망 내 삶에 나의 삶 주의 것
> 십자가, 십자가 그 위에 나 죽었네 그 사랑 내 속에 강같이 흐르네(복음송 "십자가").
>
> 나 곧 나는 나를 위하여 네 허물을 도말하는 자니 네 죄를 기억하지 아니하리라(사 43:25).

이 말씀이 죄 사함의 확신을 줍니다.

예수님의 이름으로 기도하옵나이다. 아멘.

26. 시장 바닥의 가치

2017. 12. 10.

저희의 한없이 연약함을 아시면서도 불러 주신 주님!
추하고 더러운 사람인 것을 아시면서도 받아 주신 주님!
오늘까지 오랫동안 길이길이 참으시고 환영해 주신 주님!

우리가 어이없게 죄를 짓고 있으며
자주 쉽게 죄를 범하고 있음에도 불구하고
주님께서 우리를 반가이 영접해 주시니
그 은혜가 하늘보다 높고 그 사랑이 바다보다 깊어
이 가슴 감동되어 눈물이 앞을 가려 흐느끼며 이렇게 서 있습니다.

하찮은 이득을 위하여 주의 이름을 욕되게 하였으며
알량한 자존심을 위하여 해서는 안 될 말을 해 버리고
시시한 유익을 계산하느라 경건을 팔아버리는
무너진 믿음을 용서하여 주시옵소서.

그토록 많은 것을 얻었지만 나눌 줄 모르고
엄청난 과오를 탕감받고서도 용서할 줄 모르며
그 놀라운 사랑에 빚졌지만
갚기는커녕 이기주의에 매몰되었습니다.
긍휼히 여김 받고서도 긍휼히 여길 줄 모르는 바로와 같이

강퍅한 마음과 채우지 못한 허기진 욕심 때문에
어리석은 뒷거래로 믿음을 팔고
시장 바닥의 가치로 하늘의 거룩함을 농단하였습니다.
이와 같이 아둔하고 미련한 저희를 용서하여 주시옵소서.

주신 은혜를 가벼이 여길 뿐 아니라 꼭 필요한 은혜를
사모하지도 않았습니다.
게을러서 하나님의 뜻을 내팽개칠 뿐 아니라
아둔하여 주님의 거룩함을 훼손하였습니다.
속 좁은 인격으로 이웃을 미워할 뿐 아니라
덜 떨어진 인간성으로 하늘의 삶을 구겨버렸습니다.

이렇듯 어이없는 방종과, 주책없이 우유부단했던 과오를
용서받기 위하여 경건한 마음으로 우리 주님께 자백 드리겠습니다.

십자가로 가까이 나를 이끄시고 거기 흘린 보혈로 정케 하옵소서
십자가, 십자가 무한 영광일세 요단강을 건넌 후 무한 영광일세 (찬송가 439장 1절).

여호와께서 말씀하시되 오라 우리가 서로 변론하자 너희의 죄가 주홍 같을지라도 눈과 같이 희어질 것이요 진홍같이 붉을지라도 양털같이 희게 되리라 (사 1:18).

이 말씀이 죄 사함의 확신을 줍니다.

예수님의 이름으로 기도하옵나이다. 아멘.

27. 속 좁은 밴댕이

2017. 12. 17.

사랑의 하나님 아버지!
주의 말씀이 들려 올 때 그 말씀을 외면하였으며
마음에 잔잔히 울림을 주시는 성령님을 근심케 하였고
성령님의 감동을 소멸하고 성령님의 뜻을 거역하며 살아온
저희의 모든 죄를 용서해 주시기를 원합니다.

주님께서는 우리를 진실하라 하셨으나 거짓을 행하였고
겨자씨와 같이 작더라도 참 믿음을 갖기 원하셨건만
여전히 반신반의 머뭇머뭇하는 양다리 신앙생활을 하고 있는
어정쩡한 믿음의 타락과 어설픈 기도로
방황을 거듭하고 있사오니 용서하여 주시옵소서.

주님께서는 우리에게 사랑을 원하셨지만
미신적 종교의식만 드러내었습니다.
이웃을 사랑하라 하셨으나
원수는 고사하고 옆에 있는 이웃마저도 돌아보지 못하고 있는
저희를 용서하여 주시옵소서.

십자가의 사랑으로 우리에게 베푸신 주님의 은혜가 한이 없건만
그 은혜를 배반하였습니다.

그 많은 용서를 받았으나 용서할 줄 모르는
속 좁은 밴댕이같은 이기적 악독함이 가득하였습니다.
사랑을 바라면서도 사랑할 줄 모르고
도움을 바라면서도 도움을 줄 줄 모르는 허물을
용서하여 주시옵소서.

바깥 날씨보다 냉혹하고 겨울보다 차가운 냉정과 무관심으로
이웃을 대하였습니다.
종교의식에 익숙한 경건의 모양만으로 하나님을 대하였고
거룩의 가면을 쓴 채 위장된 사랑으로 진실을 왜곡하였습니다.
이처럼 우리의 빗나간 믿음과 위장된 거룩을 용서받기 위해
우리의 목소리로 다 함께 참회하겠습니다.

> 너희 죄 흉악하나 눈과 같이 희겠네 너희 죄 흉악하나 눈과 같이 희겠네
> 죄의 빛 흉악하나 희게 되리라 주홍빛 같은 네 죄 주홍빛 같은 네 죄
> 눈과 같이 희겠네 눈과 같이 희겠네(찬송가 255장 1절).
>
> 여호와께서 말씀하시되 오라 우리가 서로 변론하자 너희의 죄가 주홍 같을지라도 눈과
> 같이 희어질 것이요 진홍같이 붉을지라도 양털같이 희게 되리라(사 1:18).

이 말씀이 죄 사함의 확신을 줍니다.

예수님의 이름으로 기도하옵나이다. 아멘.

28. 안절부절못하고

2017. 12. 24.

이 땅에 탄생하신 주님 앞에
허물로 인해 일그러진 얼굴로 부끄러워하며 서 있습니다.
죄로 인해 새파랗게 질린 창백한 얼굴로 두려워 서 있습니다.
존귀하신 주님 앞에 고개 들 수 없고 시선을 어디에 둬야 할지 몰라
안절부절못하고 있는 저희를 불쌍히 여겨 주시옵소서.

품지 말아야 할 악인의 꾀를 품다가 어둠에 거하였습니다.
보지 말아야 할 것을 보면서 영혼을 흐리게 하였습니다.
듣지 말아야 할 것을 들으므로 나의 믿음이 무너졌습니다.
하지 말아야 할 말을 하여 남의 가슴에 비수를 꽂으며
주님의 손에 다시 대못질하는 야비한 근성과 추악한 행동을
우리 위해 탄생하신 주님께서 사하여 주시옵소서.

손으로 부정을 저지르며 이웃을 이용 대상으로만 여겼고
계산에 밝아 실리를 챙기기 위해서는 이웃이든 교회든
상관없이 이용하였습니다.
나의 발걸음은 죄를 짓는 자와 함께 동행하였으며
내 생각은 죄를 밥 먹듯이 하고 나의 마음은 악을 물 마시듯 하며
나의 입술은 거짓 입술이 되어 악을 도모하기에 유난히 바빴던
불의한 죄악을 용서하여 주시옵소서.

위선과 교만의 옷을 입고 시기와 질투를 일삼았습니다.
진실을 가장한 거짓 경건으로 거룩한 척 속이려 하였습니다.
내가 먼저 손 내밀지 못하면서 이웃이 따뜻하기를 기대했던
경건의 탈을 쓴 이기적 사랑을 용서하여 주시옵소서.

부정적인 근성으로 주님의 얼굴을 부끄럽게 하였고
비판의 체질로 이웃을 악담하고 형제를 넘어지게 하였던
치명적인 타락과 참담한 거짓 경건을 용서해 주시기 위해
이 땅에 오셔서 기다리시는 주님께 우리의 죄를 고백 드리겠습니다.

> 너희 죄 흉악하나 눈과 같이 희겠네 너희 죄 흉악하나 눈과 같이 희겠네
> 죄의 빛 흉악하나 희게 되리라 주홍빛 같은 네 죄 주홍빛 같은 네 죄
> 눈과 같이 희겠네 눈과 같이 희겠네(찬송가 255장 1절).
>
> 여호와께서 말씀하시되 오라 우리가 서로 변론하자 너희의 죄가 주홍 같을지라도 눈과
> 같이 희어질 것이요 진홍같이 붉을지라도 양털같이 희게 되리라(사 1:18).

이 말씀이 죄 사함의 확신을 줍니다.

예수님의 이름으로 기도하옵나이다. 아멘.

29. 무르익은 죄악

2017. 12. 25. 성탄절

2000여 년 전 그 시절 이맘 때 탄생하신 주님!
주님께서 하늘과 땅 사이에 다리를 놓으시려 탄생하셨지만
우리는 그 다리를 건너려 하지 않는 교만에 빠졌습니다.

하나님의 손을 잡으시고 인간의 손을 잡으시며
십자가로 화목시키려 탄생하셨건만 우리는 세상에 도취하여
십자가에서 손 내미신 주님의 피 묻은 손을 매정하게 뿌리친
불신을 사하여 주시옵소서.

저주와 죽음의 길을 구원의 길로 바꾸시려 탄생하셨건만
길 되신 주님을 알아보지 못한 저희의 아둔함을 사하여 주시옵소서.

누구보다 겸손하게 탄생하신 주님을
나의 오만 때문에 영접하지 못했습니다.
누구보다 가난하게 오신 주님을
세상의 부요에 눈이 멀어 맞이하지 못했던
한심한 저희를 용서하여 주시옵소서.

주님의 영광스러운 면류관을 벗기고
오히려 주님의 머리에 가시관을 씌웠습니다.

어이없게 죄에 빠지고 끔찍한 악을 저지르는
흉측한 죄에 빠졌습니다.
의에 주리고 목마른 자에게 복을 주시러 오셨지만
세속의 가치로 배를 불리고 세상 문화에 만취하여
하늘의 복을 알아보지 못한 어리석음을
용서하여 주시옵소서.

무르익은 죄악이 우리를 주관치 못하게 하실 분이 오셨지만
죄를 즐기고 악을 흥겨워하는 근성으로 죄인 중에 괴수가 되었습니다.
여전히 기다려 주시는 주님께서 저희의 온갖 치졸한 죄를 사해 주시도록
우리의 목소리로 진실하게 자백 드리겠습니다.

> 피와 같이 붉은 죄 없는 이가 없네 십자가의 공로로 눈과 같이 되네
> 예수여, 예수여 나의 죄 위하여 보배 피를 흘리니 죄인 받으소서(찬송가 144장 3절).
>
> 허물로 죽은 우리를 그리스도와 함께 살리셨고 너희는 은혜로 구원을 받은 것이라(엡 2:5).

이 말씀이 죄 사함의 확신을 줍니다.

예수님의 이름으로 기도하옵나이다. 아멘.

30. 세월과 나이테

2017. 12. 31.

하나님 아버지!
또 한 해를 보내면서 역사의 주인이신 하나님을
잠시라도 잊지 않았는지 두려움이 앞섭니다.
그 엄청난 사랑으로 우리의 손을 꼭 잡아 주신
1년 동안의 잊을 수 없는 뜨거운 은혜를 망각하고 있는
저희를 불쌍히 여겨 주시옵소서.

하나님, 우리는 연말이 올 때면
모든 것이 다 끝난 것처럼 두려워했습니다.
내일이 없는 것처럼 절망하기도 했습니다.
하늘이 무너진 것처럼 걱정하기도 했습니다.
무거운 짐을 나만 홀로 진 것처럼
근심 걱정에 짓눌려 살아온 믿음 없는 저희를 용서하여 주시옵소서.

한 달 두 달 쉼 없이 큰 은혜를 받았으나 깨닫지 못했습니다.
매일매일 발걸음마다 사랑을 체험했으나 감사를 놓쳤습니다.
매 순간마다 잡아 주신 그 손길을 뿌리쳤습니다.
쓸데없는 일에 근심하고, 소망 없는 곳에 기대를 걸며
속절없이 속아 살아온 우리의 어리석음을 용서하여 주시옵소서.

무가치한 일에 눈독을 들이고, 주신 은혜를 남용하고
하나님 주신 그 많은 기회를 게을러서 헛되이 보냈으며
아껴야 할 황금 같은 시간을 땅에 묻어 둔 채
인생을 낭비한 불충을 용서하여 주시옵소서.

지난 세월과 나이테 속에 얼룩진 탐욕의 자취와
놓친 시간의 파편 속에 비겁함으로 얼룩지게 한 자국을 고백합니다.
복 받을 자의 반열에서 멀어져 살면서 복을 기대하였고
은혜를 기다리면서도 은혜 받을 자리를 등진 어리석음을
사하여 주시옵소서.

돈을 합당치 못한 일에 사용하면서 마음을 쏟고 정열을 바쳤습니다.
기억하지 말아야 할 것은 기억하고 버려야 할 생각은 꼼꼼히 챙기며
생각해야 할 일은 생각지 못한 어리석음을
용서하여 주시고자 기다리시는 주님께 다 함께 자복하겠습니다.

> 죄에서 자유를 얻게 함은 보혈의 능력, 주의 보혈 시험을 이기고 승리하니
> 참 놀라운 능력이로다 주의 보혈 능력 있도다 주의 피 믿으오
> 주의 보혈 그 어린양의 매우 귀중한 피로다(찬송가 268장 1절).
>
> 여호와께서 말씀하시되 오라 우리가 서로 변론하자 너희의 죄가 주홍 같을지라도 눈과
> 같이 희어질 것이요 진홍같이 붉을지라도 양털같이 희게 되리라(사 1:18).

이 말씀이 죄 사함의 확신을 줍니다.

예수님의 이름으로 기도하옵나이다. 아멘.

제4부

2018-2019년

1. 설익고 미숙한 믿음

2018. 1. 7. 새해

새해 첫 주일 아침을 주셨지만
새 사람으로 서지 못하고 있는 아쉬움으로
밝음을 원하시는 주님 앞에
어둠 속에서 갈피 잡지 못하고 있는 어리석음을 사하여 주시옵소서.

묵은해의 낡음을 버리지 못해 새로움을 받지 못하고 있습니다.
아직 **설익고 미숙한 믿음**으로 새해의 장도에 오르지 못하고 있습니다.
맞받아치는 세월의 스침에 실패의 앙금으로 미래를 놓치고 있습니다.
울분을 삭이지 못해 가지고 있는 작은 믿음마저 흔들리고 있습니다.
세파에 넘어진 아픈 기억 때문에 활기찬 비전을 놓친
저희의 딱한 믿음을 용서하여 주시옵소서.

새 일을 생각하지만, 아직 옛일에서 벗어나지 못하는 우유부단이
나를 사로잡고 있습니다.
내일을 향해 뛰고 싶지만 화석처럼 굳어버린 습관 때문에
한 발자국도 전진하지 못하고 서 있는
저희의 강퍅한 마음을 용서하여 주시옵소서.

새 뜻을 품고자 하지만 지난날의 실패한 허물과 죄악에 묶여
일어서지 못하고 있습니다.
허물어진 마음을 다잡을 수 있는 믿음의 추진력도 없고
전진할 동력도 없어 엉거주춤 머뭇거리는
저희의 나약함을 사하여 주시옵소서.

나의 이익을 위한 계획은 화려하지만
남을 위한 계획은 초라하다 못해 아예 마음조차 품지 못하였습니다.
받을 것은 주도면밀하게 철저히 계산하였지만
나누고 베풀어야 할 사랑의 빚은 염두에 두지 않았던
이기주의를 용서하여 주시옵소서.

오, 주님!
새해에 내게 기대하시는 주님의 마음을 헤아리지 못하는 미련함과
새해가 새해 되게 할 야무진 계획도, 거룩한 비전도, 향기로운 꿈도
꾸지 못하는 저희의 불신앙을 용서받도록
우리 함께 자백 드리겠습니다.

인애하신 구세주여 내가 비오니 죄인 오라 하실 때에 날 부르소서
주여, 주여 내가 비오니 죄인 오라 하실 때에 날 부르소서 (찬송가 279장 1절).

내가 주께만 범죄하여 주의 목전에 악을 행하였사오니 주께서 말씀하실 때에 의로우시다 하고 주께서 심판하실 때에 순전하시다 하리이다 (시 51:4).

이 말씀이 죄 사함의 확신을 줍니다.

예수님의 이름으로 기도하옵나이다. 아멘.

2. 고난의 시대

2018. 1. 14.

절망을 박살 내시는 하나님!
고난의 시대에 나의 절망을 박살 내주시는 주님을 잊은 채
절망을 껴안고 희망을 폭파하려는 저희의 연약한 믿음을
용서하여 주시기를 비오니 긍휼히 여겨 주시옵소서.

예수님 부활 당시 그때 그 시절,
함께 동행하셨건만 깨닫지 못하는 엠마오 제자들처럼
나 혼자라고 생각하였던 철없는 신앙을 용서하여 주시옵소서.

초대교회 성도들은 피가 마르는 박해 속에서도
믿음의 정절을 지켰건만
우리는 조금만 피곤하여도
만사를 원망하며 믿음생활을 하찮게 여겼사오니
용서하여 주시옵소서.

일제 강점기 선조들은 모진 핍박받으면서도
주님의 사랑을 세속과 거래하지 않았건만
우리는 잠시 견디기 힘들다고 경건을 흥정하며
조금 어렵다고 교회생활을 흥정하여 저울질하였고
손익을 따라 처신하려 했던 빗나간 신앙을 용서하여 주시옵소서.

공산 치하 선조들은 참혹한 박해도 견디며
신앙 절개를 넘겨주지 않았건만
우리는 좀 견디기 버겁다고 신앙을 포기하고 삶을 팽개치는
한없이 나약한 믿음이오니 사하여 주시옵소서.

오늘날 우리는 풍요한 축복의 시대에 살아가면서도 생활이 다소 어려우면 비굴하게 세상에 무릎을 꿇고
이익을 위해서라면 물불을 가리지 않으며
참아내기 좀 벅차다고 나의 마지막 재산, 희망마저 포기하는
우리의 분별없는 믿음을 용서해 주시도록
다 함께 자백 드리겠습니다.

> 인애하신 구세주여 내가 비오니 죄인 오라 하실 때에 날 부르소서
> 주여, 주여 내가 비오니 죄인 오라 하실 때에 날 부르소서 (찬송가 279장 1절).
>
> 내가 주께만 범죄하여 주의 목전에 악을 행하였사오니 주께서 말씀하실 때에 의로우시다 하고 주께서 심판하실 때에 순전하시다 하리이다 (시 51:4).

이 말씀이 죄 사함의 확신을 줍니다.

예수님의 이름으로 기도하옵나이다. 아멘.

3. 에누리 없는 말씀

2018. 1. 21.

에누리 없는 말씀의 주인이신 하나님!
주의 말씀이 내 발에 등이라 하셨건만
내 생각을 내 등불 삼았습니다.
예언의 말씀이 내 길에 빛이라야 하건만
내 신념이 내 길에 빛이었습니다.
등이 없어 어두운 발걸음이었고 빛이 없어 방황의 세월의 길을 걸어온
저희의 어리석음을 사하여 주시옵소서.

영혼의 입맛을 만족시켜 줄 말씀의 양식을 멀리하였고
고난의 시대를 뛰어넘을 하늘의 계시를 못 알아봤으며
절망을 박살 낼 주님 계시의 말씀을 하찮게 여기며
버거운 삶의 문제가 풀리지 않는다고 한탄만 하는
철없는 믿음을 용서하여 주시옵소서.

어둠을 몰아낼 예언의 빛을 등경 아래 감추었습니다.
시대를 밝힐 말씀의 광채를 산 아래 두었습니다.
영혼을 소생시킬 말씀의 생수를 경멸하였습니다.
말씀의 밑거름으로 황폐한 마음을 경작하여야 하건만
세상 것으로 영혼을 경작하려는 옹졸한 민낯을 드러냈사오니
용서하여 주시옵소서.

하나님의 말씀을 윤리와 도덕률 정도로 폄하하였고
성령의 감동으로 기록된 말씀을 내 기준으로 농단하였으며
태초부터 말씀이신 주님의 이름을 내 욕심의 도구로만 여겼고
심령 골수를 찔러 쪼개시는 말씀을 내 신념의 저울로 에누리하며
주님의 거룩함을 훼손하고 있는 찌질한 믿음과 덜 떨어진 경건을
다 함께 자백 드리겠습니다.

> 인애하신 구세주여 내가 비오니 죄인 오라 하실 때에 날 부르소서
> 주여, 주여 내가 비오니 죄인 오라 하실 때에 날 부르소서(찬송가 279장 1절).
>
> 내가 주께만 범죄하여 주의 목전에 악을 행하였사오니 주께서 말씀하실 때에 의로우시
> 다 하고 주께서 심판하실 때에 순전하시다 하리이다(시 51:4).

이 말씀이 죄 사함의 확신을 줍니다.

예수님의 이름으로 기도하옵나이다. 아멘.

4. 첫사랑의 감격

2018. 1. 28.

주님을 처음 믿을 때 가슴이 아리도록 설레였지만
첫사랑의 감격이 사라진 지 오래되었습니다.
주님께 돌아오던 그날 그때 그 첫사랑의 눈물 어린 감격도 식어
이미 옛말이 되었습니다.

이제는 타성에 젖어 믿음 없는 습관적 기도로 변질되었고
지금은 의식에 익숙하여 감동 없는 찬송을 곧잘 읊조리고 있으며
능숙한 종교생활에 빠져
쑥대밭 되어 버린 심령의 황폐함을 깨닫지 못한 채
거룩한 척하는 거짓 경건을 용서하여 주시옵소서.

나의 실리를 위해서는 거리낌 없이
이웃을 이용할 도구로만 여겼습니다.
나의 이익을 위해서라면 서슴없이
이웃에게 씻을 수 없는 상처를 주었습니다.
나의 성공을 위해서라면
거짓을 심고 출세를 거두려는 위장된 경건의 가면을 썼습니다.
이 치사한 이기주의를 용서하여 주시옵소서.

이 땅의 가치로 나의 욕망을 배 불리려 주님께 안달복달 구하면서
무엇을 먹을까, 무엇을 마실까, 무엇을 입을까
썩어 없어질 것만 구하고, 찾고, 날마다 보채고 있는
첫사랑의 배신을 용서하여 주시옵소서.

주님께서는 영광의 보좌도 비켜 세우시고 이 땅에 오셨건만
나는 자존심을 세우며 주님의 자존심과 영광을 손상했습니다.
주님은 소나기로 사랑해 주셨지만
나는 가랑비로도 보답지 못했으며
주님은 폭풍같이 사랑해 주셨지만
나는 산들바람으로도 보답하지 못하였고
주님은 십자가에 피 흘려 사랑해 주셨건만
냉수 한 그릇도 드리지 못하며 사랑의 배신자로 뻔뻔하게 살아가는
죄악을 다 함께 자백 드리겠습니다.

> 인애하신 구세주여 내가 비오니 죄인 오라 하실 때에 날 부르소서
> 주여, 수여 내가 비오니 죄인 오라 하실 때에 날 부르소서(찬송가 279장 1절).
>
> 내가 주께만 범죄하여 주의 목전에 악을 행하였사오니 주께서 말씀하실 때에 의로우시다 하고 주께서 심판하실 때에 순전하시다 하리이다(시 51:4).

이 말씀이 죄 사함의 확신을 줍니다.

예수님의 이름으로 기도하옵나이다. 아멘.

5. 물질주의

2018. 2. 4.

교회를 자신의 운명이라 여기시는 주님!
허물과 죄로 죽었던 우리를 살려주신 주님!
이방인이었고 외인이었던 우리를 착한 교회로 삼으신 주님!
그 크신 사랑 못 잊어 돌아왔사오니 불쌍히 여겨 주시옵소서.

우리는 그리스도 밖에 있었고
미천한 우리를 위대한 교회로 삼아 주신 주님의 은혜를 망각한 채
허랑방탕 살던 저희를 용서하여 주시옵소서.

진리를 따르기는커녕 진리를 왜곡시켜 편하게 살아가려 하였습니다.
십자가를 지는 삶이 아니라 십자가를 지우는 삶을 살았습니다.
교회의 권세를 믿지 못하여 교회를 하찮게 여겼습니다.
교회의 능력을 가볍게 여긴 나머지 충성하지 못했습니다.
교회를 사랑하기보다 교회의 사랑을 받기만 하려는 욕심으로
시험에 빠지기도 하고 시험에 상처 입기도 하며 살아온 삶을
사하여 주시옵소서.

믿음을 성공의 발판으로 삼으려는 미신에 빠졌습니다.
예배를 치부의 원리로 삼는 물질주의에 함몰되었습니다.
기도를 출세의 디딤돌로 삼으려는 종교의 탈을 벗지 못했습니다.

찬송을 스트레스 해소하는 노래방 쾌락으로 사용했습니다.
이처럼 교회를 내 형통의 수단으로 여기는 뒤집힌 가치관을 용서하소서.

교회에서 주님의 이름만 높여야 함에도
나의 이름을 높이려 하였습니다.
교회는 주님의 거룩만 드러나야 하지만
볼품없는 충성을 드러냈습니다.
교회는 주님의 영광만 높여야 하지만
알량한 자존심을 높이려 하였습니다.
때 묻은 양심으로 정의를 읊조리며 부정한 입술로 사랑을 지절거리고
교회 패권을 장악하려고 나의 목청을 높이는
거짓 경건을 사하여 주시옵소서.

교회에서나 세상에서나 주님의 피 묻은 십자가만 자랑해야 하는데도
자존심과 직분을 자랑하려는 교만을 숨긴 채 교회의 가치를 폄하하며
교회생활을 종교생활 터전 정도로만 여기는
엄청난 방탕을 자백하겠습니다.

> 샘물과 같은 보혈은 주님의 피로다 보혈에 죄를 씻으면 정하게 되겠네
> 정하게 되겠네 정하게 되겠네 보혈에 죄를 씻으면 정하게 되겠네 (찬송가 258장 1절).
>
> 너희가 알거니와 너희 조상이 물려 준 헛된 행실에서 대속함을 받은 것은 은이나 금같
> 이 없어질 것으로 된 것이 아니요 오직 흠 없고 점 없는 어린 양 같은 그리스도의 보배
> 로운 피로 된 것이니라 (벧전 1:18-19).

이 말씀이 죄 사함의 확신을 줍니다.

예수님의 이름으로 기도하옵나이다. 아멘.

6. 내면의 민얼굴

2018. 2. 11.

나의 앉고 일어섬을 아시는 주님!
멀리서도 내 생각을 잘 아시는 주님!

내 혀의 모든 말을 낱낱이 아시는 주님 앞에
돌아왔사오니 물리치지 마시고 받아 주시옵소서.
내 형질이 이루기 전에 이미 나를 아시는 주님께서
나의 어려움과 고난을 모르실 거라 오해하여
내 생각대로 판단하고 내 뜻대로 고집하며 내 의도대로 함부로 말한
되지못한 믿음을 사하여 주시옵소서.

교회의 생명은 믿음이요 신자의 생명도 믿음이건만
작은 어려움에 믿음을 흥정하고 조그만 이익에 명분을 거래하는
에서의 경솔한 가치관을 닮아가고 있습니다.
내 머리에는 언제나 내 생각으로만 충만한 나머지
주님 생각은 늘 뒷전이었습니다.
참으로 한심하기 그지없는 맹랑함을 용서하여 주시옵소서.

교만한 내면의 민얼굴을 숨기고 믿음의 얼굴로 위장하였습니다.
분노하는 감정의 민낯을 숨기고 겸손의 얼굴로 가면을 썼습니다.
혈기를 부리는 성품을 감추고 사랑의 얼굴로 변장하였습니다.

내 생각을 주장하다가 주님의 뜻을 굴복시키고
이웃의 뜻을 묵살시켰습니다.
내 의견을 관철하려다 주님 의견을 굴복시키고 말았습니다.
내 믿음을 주장하려다 주님 뜻을 묵살하고 짓뭉개는 쾌거가
내 믿음을 도둑맞는 것인 줄도 모르고 있는
한심한 저희를 용서해 주시옵소서.

세상과 더불어 쾌락 속에 방황하다가
검을 들고 버가모교회를 향하여 서 계신 주님의 모습 앞에
깜짝 놀란 우리들, 두려운 마음으로 믿음 회복을 위해
우리 다 함께 자백 드리겠습니다.

> 샘물과 같은 보혈은 주님의 피로다 보혈에 죄를 씻으면 정하게 되겠네
> 정하게 되겠네 정하게 되겠네 보혈에 죄를 씻으면 정하게 되겠네(찬송가 258장 1절).
>
> 너희가 알거니와 너희 조상이 물려 준 헛된 행실에서 대속함을 받은 것은 은이나 금같이 없어질 것으로 된 것이 아니요 오직 흠 없고 점 없는 어린 양 같은 그리스도의 보배로운 피로 된 것이니라(벧전 1:18-19).

이 말씀이 죄 사함의 확신을 줍니다.

예수님의 이름으로 기도하옵나이다. 아멘.

7. 영적 퇴폐

2018. 2. 18.

오래오래 참으시는 주님!
회개하고 돌아오기를 기다리시는 주님!
그러나 영원히 참으시지는 않으시는 주님 앞에 돌아왔사오니
긍휼히 여겨 주시옵소서!

주님 앞에 감히 설 수 없는 자인 것을 알지만
마음을 찢고 심령으로 회개하는 자를
기꺼이 받아 주시리라 약속하셨기에
부끄러움을 무릅 쓰고 참회의 기도를 드리오니
사하여 주시옵소서.

불꽃 같은 눈으로, 빛난 주석 같은 발로 우리 앞에 다가오시는 주님,
두려워하는 심령에 용기를 주시는 주님,
절망하는 심령을 소망으로 인도하실 주님,
두려워하고 절망하며 살아온 저희에게
사죄의 은총을 베풀어 주시옵소서.

우리는 사업도 힘 있게 하였고 무던히 사랑도 실천하였으며
때로는 믿음을 지키려고 힘을 기울이고
혹은 섬김으로 혹은 인내로 주님을 섬기고 교회를 받드는 중에

두아디라교회의 풍속을 답습하는
영적 퇴폐를 용서하여 주시옵소서.

어떨 때는 핑계로 죄를 지었고
또 어느 때는 그럴 수밖에 없었다고 변명하였으며
또한, 죄를 정당화하였고
때로는 이 죄가 다른 사람 때문이라고 남탓으로 돌리기도 하였습니다.

고집스러운 성격과 어리석은 내 자존심 때문에
주님의 이름을 더럽힌 때가 한두 번이 아니었사오니
뒤틀린 성품과 날카로운 논리에 빠져
겸손과 온유를 잃어버린 나약한 저희 죄를 사해 주실 주님 앞에
다 함께 자백 드리겠습니다.

> 샘물과 같은 보혈은 주님의 피로다 보혈에 죄를 씻으면 정하게 되겠네
> 정하게 되겠네 정하게 되겠네 보혈에 죄를 씻으면 정하게 되겠네(찬송가 258장 1절).
>
> 너희가 알거니와 너희 조상이 물려 준 헛된 행실에서 대속함을 받은 것은 은이나 금같이 없어질 것으로 된 것이 아니요 오직 흠 없고 점 없는 어린 양 같은 그리스도의 보배로운 피로 된 것이니라(벧전 1:18-19).

이 말씀이 죄 사함의 확신을 줍니다.

예수님의 이름으로 기도하옵나이다. 아멘.

8. 현실을 앞세워

2018. 2. 25.

살았으나 실상은 죽은 자라고 하시는 주님!
돌아온 자에게 사랑으로 대해 주시는 주님!
용서해 주리라 약속하셨기에 염치없지만 돌아온 저희를
긍휼히 여겨 주시옵소서.

우리가 얼마나 쉽게 넘어지고
얼마나 자주 죄에 빠지며
수없이 알게 모르게 죄를 먹고 마시는지
주님은 아시오니 사하여 주시옵소서.

주께서는 나의 앉고 일어섬을 아시고
무엇 때문에 죄에 빠지며 무엇 때문에 악에 물드는지를
겉과 속을 속속들이 다 아십니다.
말과 행동과 생각을 낱낱이 아시는 주님은 잘 아시잖습니까?
지나간 세월 속에 거짓을 말하고 잘못된 생각으로 살았고
악을 품은 채 행동하고 실리를 위해서는 양심을 팔았고
현실을 앞세워 충성할 기회를 놓쳤으며
아둔한 판단으로 주님의 이름을 욕되게 하였사오니
십자가의 피 묻은 그 사랑으로 용서하여 주시옵소서.

내 속에 믿음이 있는 줄 알았는데 죽은 믿음이었습니다.
내게 사랑이 있다고 생각하였는데 거짓 사랑이었습니다.
때로는 섬겨 주면서도
내게 돌아올 이익을 계산하는 이기심이 가득했습니다.
이처럼 양의 탈을 쓰고 경건을 위장하였던
이리 떼의 근성을 가지고 살아가는
죄를 용서받기 위해 주님께 다 같이 자백 드리겠습니다.

> 샘물과 같은 보혈은 주님의 피로다 보혈에 죄를 씻으면 정하게 되겠네
> 정하게 되겠네 정하게 되겠네 보혈에 죄를 씻으면 정하게 되겠네(찬송가 258장 1절).
>
> 너희가 알거니와 너희 조상이 물려 준 헛된 행실에서 대속함을 받은 것은 은이나 금같이 없어질 것으로 된 것이 아니요 오직 흠 없고 점 없는 어린 양 같은 그리스도의 보배로운 피로 된 것이니라(벧전 1:18-19).

이 말씀이 죄 사함의 확신을 줍니다.

예수님의 이름으로 기도하옵나이다. 아멘.

9. 황당한 세상 가치

2018. 3. 18.

오늘도 우리를 기다려 주시는 주님!
부끄럽고 염치없지만, 다시 돌아와 참회하오니
저희의 어리석음과 미련한 삶을 용서하여 주시옵소서.

하나님 나라의 보배를 세속적 가치로 대체하고
교회의 생명 가치를 속된 것으로 변질시키며
육신의 욕망에 치우쳐 하늘의 보배를 보지 못한 채
이 땅으로만 기울어진 신앙으로 주님을 등지고 살아온
배신의 삶을 용서하여 주시옵소서.

가진 것이 적다고 자주 불평하였고
내 것이 없다고 시도 때도 없이 원망하였으며
더 달라고만 욕심부리다가 육욕에 발목 잡혀
감사를 잃어버린 황폐한 심령을 용서하여 주시옵소서.

내게 있는 것을 가지고도 선을 행할 줄 모르는
해괴한 미신에 사로잡혀 양심을 속였습니다.
황당한 세상 가치에 주님의 말씀을 저버렸습니다.
이 땅의 방법으로 신앙생활 하려고 하였습니다.
무모한 거짓과 가증스러운 저희의 위선을 용서하여 주시옵소서.

주님께 칭찬 들을 만한
믿음의 발자국과 순종의 열매를 내어 드릴 것 하나 없기에
부끄러워 고개 숙인 저희의 이지러진 삶을
용서해 주시도록 우리 다 함께 자백 드리겠습니다.

> 샘물과 같은 보혈은 주님의 피로다 보혈에 죄를 씻으면 정하게 되겠네
> 정하게 되겠네 정하게 되겠네 보혈에 죄를 씻으면 정하게 되겠네(찬송가 258장 1절).
>
> 너희가 알거니와 너희 조상이 물려 준 헛된 행실에서 대속함을 받은 것은 은이나 금같이 없어질 것으로 된 것이 아니요 오직 흠 없고 점 없는 어린 양 같은 그리스도의 보배로운 피로 된 것이니라(벧전 1:18-19).

이 말씀이 죄 사함의 확신을 줍니다.

예수님의 이름으로 기도하옵나이다. 아멘.

10. 하늘을 향해 삿대질

2018. 3. 25.

인생의 죄와 그 멍에를 풀어 주시는 주님!
세상에서 죄의 멍에로 고통당하며 이리 밀리고 저리 치이다가
상처투성이로 주님의 품이 그리워 돌아왔사오니 받아 주시옵소서.

왜곡된 가치로 물든 세상에서 실패하였다고
하늘을 향해 삿대질하였습니다.
뒤틀린 인간관계로 오지게 마음이 상했다고
하나님께 덤비기도 하였습니다.
빗나간 종교에 속아 가슴에 멍들고 마음이 허탈할 때
하나님께 대들며 반역하였던
저희 교만함을 사하여 주시옵소서.

답답한 현실이 암담하여 내 팔자가 찌들었다고 불평하였고
모질고 비정한 세상에서 탈출할 비상구가 없다고 절망하였으며
오아시스를 기대하였으나 신기루였다고 세상을 허무하게 여겼고
이웃을 원망하고 가족까지 원망하다가
급기야 기가 죽고 주눅이 들어 비감한 심정으로 여기 왔사오니
주님 없이 방황하던 나의 인생을 용서하여 주시옵소서.

우리는 곤고하고 가련할 때 모질다고 세상에 실망하였고
우리가 가난하고 벌거숭이 된 것이
인생 팔자 탓이라는 미신에 빠졌으며
삶이 암담하고 빈껍데기 인생 된 처지가
하나님 탓이라고 원망하다가
우리를 선대하시는 주님을 모른 채
무지와 아둔함으로 죄에 빠진 우리의 죄를
다 함께 자백 드리겠습니다.

> 샘물과 같은 보혈은 주님의 피로다 보혈에 죄를 씻으면 정하게 되겠네
> 정하게 되겠네 정하게 되겠네 보혈에 죄를 씻으면 정하게 되겠네(찬송가 258장 1절).
>
> 너희가 알거니와 너희 조상이 물려 준 헛된 행실에서 대속함을 받은 것은 은이나 금같이 없어질 것으로 된 것이 아니요 오직 흠 없고 점 없는 어린 양 같은 그리스도의 보배로운 피로 된 것이니라(벧전 1:18-19).

이 말씀이 죄 사함의 확신을 줍니다.

예수님의 이름으로 기도하옵나이다. 아멘.

11. 비열한 근성

2018. 4. 1.

하나님 아버지!
끝없이 노도처럼 밀려드는 죄악으로
세상에서 헤어나지 못하는 저희가
성령님의 감동을 따라 이 시간 주 앞에 왔사오니
하늘 보좌에 계신 주님께서 저희를 받아 주시옵소서.

환난을 당할 때 힘을 주시지만 아둔하여 믿지 못하였습니다.
악의 늪으로 마귀가 유혹할 때
주님이 붙들어 주실 때
그 손을 뿌리치기 일쑤였습니다.
못 자국 난 십자가의 사랑과 창자국 난 옆구리의 피를 잊어버린 채
세상일에 도취하여 세월을 허송한 뒤
허탈한 마음으로 돌아왔사오니 사하여 주시옵소서.

땅의 양식으로만 배를 불리려 했던 짧은 생각을 사하여 주시옵고
내게 이익이라면 남을 해하려고 계교를 품기도 하였던 야비함과
옳고 그름을 따지지 않고 약자보다 강자에게 빌붙어
떡고물이라도 떨어지기를 바라는
비열한 근성을 용서하여 주시옵소서.

의로움과 불의를 구분하지 않고
외로운 의인보다 활개 치는 무리에 동조하였던
어리석음을 용서하여 주시도록
다 함께 주님 앞에 자백 드리겠습니다.

> 천부여 의지 없어서 손들고 옵니다 주 나를 외면하시면 나 어디 가리까 내 죄를 씻기 위하여 피 흘려 주시니 곧 회개하는 맘으로 주 앞에 옵니다 아멘(찬송가 280장 1절).
>
> 만일 우리가 우리 죄를 자백하면 그는 미쁘시고 의로우사 우리 죄를 사하시며 우리를 모든 불의에서 깨끗하게 하실 것이요(요일 1:9).

이 말씀이 죄 사함의 확신을 줍니다.

예수님의 이름으로 기도하옵나이다. 아멘.

12. 이기주의와 교만

2018. 4. 8.

사랑의 원천이신 하나님!
주님께서 엄청난 사랑을 주셨지만, 우리는 사랑을 배신하였고
고귀한 자유를 주셨지만, 세상에 치우쳐 방종으로 살아왔으며
한없는 은혜를 주셨건만, 은혜의 소중함을 잊어버리고
불평이 입에 발리고 원망이 목구멍을 채우고 있사오니
불쌍히 보시고 용서하여 주시옵소서.

정치적 자유를 주셨지만, 하나님 없는 무신론 사회주의를 동경하고
경제적 자유를 주셨건만, 사치와 낭비로 이웃에 무관심하였으며
건강의 자유를 주셨지만, 엄청난 방탕과 쾌락의 덫에 걸렸으며
신앙의 자유를 주셨지만, 핑계로 피하고 변명으로 거절하며
어둠에 속하여 살아온 저희의 불의한 삶을 용서하여 주시옵소서.

지혜를 주셨지만, 악한 꾀를 도모하였고
빛을 주셨지만, 어둠을 좋아하였으며
거룩함을 바라시지만, 세상과 짝하여 마귀의 농간에 휘말렸습니다.
강도 만나 목마르고 굶주린 이웃 영혼의 비극에 눈을 감았고
마을 사람들의 가련한 영혼의 비명을 듣고도 귀를 막았으며
오히려 이용 대상이나 이익을 위한 도구로만 여겼던
이기주의와 교만을 사하여 주시옵소서.

이웃의 고통을 보고도 못 본 척 지나쳤습니다.
이웃의 눈물을 보고도 못 본 척 피하였습니다.
이웃 사랑과 마을 사랑을 입으로만 나팔 부는 것은 아닌지
이웃 사랑과 마을 사랑을 피하려고 구실 찾기에 급급하지는 않았는지
이 시간 마음에 재를 뿌리고 머리 숙이면서
용서해 주실 것을 믿으며 다 함께 자백 드리겠습니다.

> 천부여 의지 없어서 손들고 옵니다 주 나를 외면하시면 나 어디 가리까 내 죄를 씻기 위하여 피 흘려 주시니 곧 회개하는 맘으로 주 앞에 옵니다 아멘(찬송가 280장 1절).
>
> 만일 우리가 우리 죄를 자백하면 그는 미쁘시고 의로우사 우리 죄를 사하시며 우리를 모든 불의에서 깨끗하게 하실 것이요(요일 1:9).

이 말씀이 죄 사함의 확신을 줍니다.

예수님의 이름으로 기도하옵나이다. 아멘.

13. 몇 푼 되지 않는 자존심

2018. 4. 15.

거룩하신 주님!
감당 못 할 고난이 와도 승리하리라는 주님 말씀을 망각했습니다.
하나님의 손이 능력이라고 자주 읊조리면서도
마음은 늘 겁먹은 채 두려워했습니다.

소돔 같은 재앙에도 고모라 같은 심판에도 당당한 의인의 반열에 서야 하건만 너무도 약한 믿음으로 견디다 못해 쓰러지고 또 쓰러지며 버티지 못해 주님을 부인하는 나약한 저희들이 돌아왔사오니 불쌍히 여겨 주시옵소서.

작은 질병에도 크게 두려워하고 조그만 손실에도 못 견뎌 하였습니다. 작은 이익에 양심을 팔고, **몇 푼 되지 않는 자존심** 보호하려고 남에게 깊은 상처를 안기며, 세상 쾌락에 믿음을 흥정하고, 작은 상처에도 주저앉기를 수없이 반복하는, 힘없는 믿음이 부끄러워 고개 들지 못하는 저희를 용서하여 주시옵소서.

좁은 이해심으로 분쟁을 일삼고
옹졸한 속과 아둔한 분별력으로 주님의 일을 그르치는,
참으로 딱하고 어리석었던 불충을 사하여 주시옵소서.

보이는 것에만 혈안이 되어
하나님의 마음을 헤아리지 못하였습니다.
짧은 안목으로 땅엣 것에만 몰두하다가 영원한 것을 놓쳤습니다.
믿으면서도 왜곡된 가치관으로 굴절된 세상을 보았습니다.
믿으면서도 꺾여진 안목으로 굴곡진 영원을 보았습니다.
믿음이 바닥나고 사랑이 고갈되어 나의 삶은 파산하고
내 영혼은 황폐하였사오니
내 중심의 이기적인 어두운 행실을 용서하여 주시옵소서.

진실을 숨기고 거짓의 탈을 쓴 채 곧잘 경건을 흉내 내었습니다.
참된 것을 감추고 위선의 옷을 입은 채 썩고 있는 무덤이 되었습니다.
주님의 이름보다 내 이름을 드러내기를 좋아하고
교회를 드러내기보다 내 이름을 생색내기에 바빴습니다.
교회보다 사욕을 앞세우며
교회를 이용하려 주님의 이름을 욕되게 하였던
비열한 심성과 거짓된 영성을 우리 함께 고백 드리겠습니다.

> 천부여 의지 없어서 손들고 옵니다 주 나를 외면하시면 나 어디 가리까 내 죄를 씻기 위하여 피 흘려 주시니 곧 회개하는 맘으로 주 앞에 옵니다 아멘(찬송가 280장 1절).
>
> 만일 우리가 우리 죄를 자백하면 그는 미쁘시고 의로우사 우리 죄를 사하시며 우리를 모든 불의에서 깨끗하게 하실 것이요(요일 1:9).

이 말씀이 죄 사함의 확신을 줍니다.

예수님의 이름으로 기도하옵나이다. 아멘.

14. 세상 가치로 둔갑

2018. 4. 22.

하늘에 계신 우리 하나님 아버지!
인간의 흥망성쇠가 하나님 손에 달렸다고 고백하고
인생의 생사화복이 주인 되신 주님께 달려 있다 읊었지만
내가 인생의 주인 노릇 하며 살아온 것을 낱낱이 후회하며 자백하오니
주님의 보혈로 새롭게 하여 주시옵소서.

내가 사무치게 소원하던 것은 모두 이 땅의 것들뿐이었습니다.
내가 소스라치게 놀란 것은 세상 탐욕에 찌든 삶이었습니다.
내가 미련을 두고 산 것은 세상의 물질뿐이었고
보이는 것에 애착을 가지며 유한한 것에만 집착하였던
빗나간 가치관을 용서하여 주시옵소서.

나의 희망은 이 땅의 소유이고 나의 꿈은 세상 쾌락이었습니다.
마귀의 덫에 걸려 죄에 물들고 거짓 경건으로 살았습니다.
내 영혼이 황폐해 지고 있지만 깨닫지 못하고 있습니다.
내 믿음이 참담한 처지가 되었지만 알지 못하고 있습니다.
바빴던 세상일에 허둥대다가 허겁지겁 달려와
덜 채워진 욕망의 주머니를 채워달라고 횡설수설하고 있는
가련한 저희 믿음을 용서하여 주시옵소서.

영원한 가치를 세상 가치로 둔갑시켰습니다.
영혼의 울림을 세속적인 느낌으로 폄하하였습니다.
예수님 십자가의 보혈만이 속량이요 구원임을 망각한 채
반기독교적인 삶을 정의의 삶으로 오해하였습니다.
비기독교적인 삶을 포용력으로 착각했던 아둔함을 사하여 주시고
사회와 가정에서 패륜적 삶을 살면서도
곧잘 교회에서는 경건을 흉내 내고 있는
가면 쓴 신앙을 용서하여 주시옵소서.

인간의 흥망성쇠가 주님 손에 있다고 때마다 재잘거리고
인생의 생사화복이 하나님 주권에 있다고 자주 읊조리지만
매사 거짓이었고 위장술로 내가 주인 노릇 하였던
저희의 죄악을 겸손히 하나님께 자백 드리겠습니다.

천부여 의지 없어서 손들고 옵니다 주 나를 외면하시면 나 어디 가리까 내 죄를 씻기 위하여 피 흘려 주시니 곧 회개하는 맘으로 주 앞에 옵니다 아멘 (찬송가 280장 1절).

만일 우리가 우리 죄를 자백하면 그는 미쁘시고 의로우사 우리 죄를 사하시며 우리를 모든 불의에서 깨끗하게 하실 것이요 (요일 1:9).

이 말씀이 죄 사함의 확신을 줍니다.

예수님의 이름으로 기도하옵나이다. 아멘.

15. 고집과 신념

2018. 4. 29.

사랑 많으신 하나님 아버지!
돌아온 탕자를 내어 쫓지 않으시고 반갑게 맞이해 주시는 주님께
부끄러움을 무릅 쓰고 참회하오니 긍휼히 여겨 주시옵소서.

헛된 세상에 살면서 탐욕으로 실수를 저질렀습니다.
부질없는 이익을 위하여 주의 이름을 욕되게 하였습니다.
하찮은 자존심과 알량한 고집 때문에 진실을 숨겼습니다.
구원을 바라면서도 구원받은 자인지 모른 채
온갖 사이비 종교에 미혹 당하고 이단 교파에 현혹되어
갈팡질팡하던 저희를 사하여 주시옵소서.

말씀을 읽고 암송하는 데 게을러서 영적 소경이 되었고
고집과 신념이 강하여 말씀을 듣는 데 교만하였으며
나의 이론과 논리 때문에 말씀을 믿지 못하였습니다.
모를 때는 몰라서 죄를 짓고
진리를 깨달았을 때는 알면서도 연약하여
악에 빠지고 죄의 편에 서며 오만한 생각에 물들어
주님을 외면한 채 살아온 죄를 사하여 주소서.

저희의 참담한 과거를 용서하여 주시옵소서.
깨닫고도 고치지 못하고, 믿고도 행함이 없었으며
무한한 용서를 받았지만 용서할 줄 모르고
사랑에 감격하면서도 사랑을 실천하지 못하며
위선 된 신앙을 옷 입고 거짓된 경건을 자랑하였던
치명적인 타락을 용서하여 주시옵소서.

작은 소득이 있을 때는 기뻐 뛰며 좋아하다가
무엇을 조금 잃었다고 금방 원망 불평하였습니다.
세상살이가 힘들고 인생살이가 벅차다고 자주 실망하였습니다.
나의 나 됨이 하나님의 은혜요, 내가 사는 것도 하나님의 사랑인데
아직 알지 못한 채 유치한 신앙에 머물러 있는
저희를 용서해 주시도록 다 함께 자백 드리겠습니다.

> 천부여 의지 없어서 손들고 옵니다 주 나를 외면하시면 나 어디 가리까 내 죄를 씻기 위하여 피 흘려 주시니 곧 회개하는 맘으로 주 앞에 옵니다 아멘 (찬송가 280장 1절).
>
> 만일 우리가 우리 죄를 자백하면 그는 미쁘시고 의로우사 우리 죄를 사하시며 우리를 모든 불의에서 깨끗하게 하실 것이요 (요일 1:9).

이 말씀이 죄 사함의 확신을 줍니다.

예수님의 이름으로 기도하옵나이다. 아멘.

16. 배수진 신앙

2018. 5. 6.

변함없이 우리를 사랑하시는 하나님!
하나님께 등 돌린 나의 불신을 주님께 고백합니다.
하나님의 의도를 저버린 나의 배신을 자백합니다.
하나님의 의중을 헤아리지 못한 반역을 토설합니다.
세상의 이익과 하나님의 사랑을 분별치 못하는 아둔한 지각과 변변치 못한 신앙을 참회하오니 불쌍히 여겨 주시옵소서.

세상을 우리에게 위탁하셨지만, 세상을 다스리지 못했습니다.
세상 경영을 우리에게 맡기셨지만, 부도내고 말았습니다.
무너진 세상을 하나님 나라로 회복하기를 기대하셨지만, 오히려 녹슬지 않고 쇠하지 않는 하늘의 가치를 썩어질 세상 가치로 둔갑시키고 세상에서 반드시 승리해야 할 전공을 세상에 빼앗기고 마귀에게 굴복해 버린 패전의 쓴맛을 안고 돌아온 저희를 용서하여 주시옵소서.

욕망을 재산 삼고 쾌락을 꿈으로 여기는 낮은 가치관과 천박한 영성으로 살았습니다.
계산된 이익을 위해 항상 조건을 단 배려로 사랑을 왜곡시켰습니다.
위험수위를 넘고 있는 경건의 배신과 속사람의 안이함을 깨닫지 못한 저희를 불쌍히 보시고 용서하여 주시옵소서.
언제라도 교회생활이 힘들면 세상으로 돌아가려는 마음을 품고

언제라도 믿음생활이 고달프면 하나님을 원망하며
언제라도 교회생활에 갈등이 오면 세상으로 돌이키겠다는 배수진을 치며
언제라도 계산된 이익이 보일 때는 마귀와도 손 잡으려고
배수진을 치고 있는 양다리 신앙을 사하여 주시옵소서.

기도 운영권을 제쳐 두고 스스로 내 인생을 운영하려 고집하였습니다.
하나님과 손잡고 기도함으로 세상을 운영해야 하건만
짧은 내 생각으로 인생을 경영하려고 동분서주하였으며
기도 없이 세상을 운영하려 했던 기도 운영권 포기 각서처럼
기도를 쉬는 죄에 빠졌사오니 용서해 주시옵소서.

나의 성공이 아닌 주님의 성공만을 꿈꾸는 하나님 제일주의,
나의 이익이 아닌 주님의 이익만을 생각하는 하나님 중심주의,
기도하는 신앙이라야 하건만
기도 경영 없이 내 인생을 경영하려 했던 부실경영을 가슴 아파하며
다 함께 자백 드리겠습니다.

이 세상 험하고 나 비록 약하나 늘 기도 힘쓰면 큰 권능 얻겠네
주의 은혜로 대속 받아서 피와 같이 붉은 죄 눈같이 희겠네 (찬송가 263장 1절).

여호와께서 말씀하시되 오라 우리가 서로 변론하자 너희의 죄가 주홍 같을지라도 눈과 같이 희어질 것이요 진홍같이 붉을지라도 양털같이 희게되리라 (사 1:18).

이 말씀이 죄 사함의 확신을 줍니다.

예수님의 이름으로 기도하옵나이다. 아멘.

17. 철없는 신앙

2018. 5. 13.

은혜 베푸시기를 기뻐하시는 하나님!
우리가 살아가는 방식이 하나님의 영광을 가리는 생활이었고
우리의 됨됨이가 주님의 이름을 욕되게 한 적이 많았습니다.
마음과 생각, 말과 행동이 주의 영광을 가릴 뿐 아니라
하나님 나라를 방해하고 복음의 전진을 가로막았던
철없는 신앙임을 깨닫고 자백하오니 용서하여 주시옵소서.

예배하는 자리에서는 곧잘 경건을 읊조리지만
이 자리 밖에서는 믿지 않는 사람들과 조금도 다르지 않게 주절거리며
무너진 생명 경계선을 오락가락 넘나들면서
교회와 세상, 하나님 나라와 탐심의 세상 간의 경계를 넘고 말았습니다.
말로는 '하나님 나라가 임하옵소서'라고 수없이 중얼거리면서
하나님 나라가 임하기를 바라는 척만 하였고
사실상 힘쓰기는커녕 경건을 흉내 내기에 급급하였던
거짓 경건을 용서하여 주시옵소서.

우리는 하나님을 믿는다 하였지만 부끄럽게도 돌이켜 보니
세상의 가치와 원리를 믿고 따르고 신봉하였습니다.
경건하다 하면서 볼썽사납게 위선과 추악한 언행을 일삼았던 악행을
십자가의 은혜로 사하여 주시옵소서.

십자가 보혈의 한없이 깊은 뜻을 아랑곳하지 않고
안일과 치부를 위해 우리의 생애를 세상에 바쳤습니다.
이기심의 노예가 되어 이웃을 돌아볼 겨를 없이 숨 가쁘게 사느라
주님과 마귀, 교회와 세상, 진리와 비진리, 순종과 거역, 믿음과 불신,
경건과 불경건의 경계선이 분명치 못하여 위험수위에 다다른
저희의 허물을 사하여 주시옵소서.

이제야 허겁지겁 달려와 참회한다고 허둥대고 있습니다.
이제야 깨닫고 다급하게 머리 숙여 흐느끼고 있습니다.
거짓 입술의 읊조림과 가식으로 주절거리며 경거망동하는
내 혀를 새롭게 하실 주님께
우리의 모든 죄악을 진솔하게 자백 드리겠습니다.

> 이 세상 험하고 나 비록 약하나 늘 기도 힘쓰면 큰 권능 얻겠네
> 주의 은혜로 대속 받아서 피와 같이 붉은 죄 눈같이 희겠네(찬송가 263장 1절).
>
> 여호와께서 말씀하시되 오라 우리가 서로 변론하자 너희의 죄가 주홍 같을지라도 눈과 같이 희어질 것이요 진홍같이 붉을지라도 양털같이 희게되리라(사 1:18).

이 말씀이 죄 사함의 확신을 줍니다.

예수님의 이름으로 기도하옵나이다. 아멘.

18. 하늘 양식을 도둑맞고

2018. 5. 20.

육체와 영혼에 먹을 것을 주시는 하나님!
우리는 많고 많은 먹거리로 육체의 배를 채우기에 바빴습니다.
말씀의 홍수 속에 하나님 말씀의 먹거리엔 관심 두지 않았습니다.
떡으로만 사는 것이 아니요 말씀으로 사는 것을 알면서도
세상 것으로만 배를 불리려 안달했던
불쌍한 우리 영혼을 용서하여 주시옵소서.

말씀 경시 풍조에 휘말려 생각이 흐려지고
판단력이 아둔하게 되어 세상에 자주 넘어졌습니다.
말씀에 경솔하여 영의 양식을 소홀히 한 나머지
세상 문화를 달콤히 여기는 간사하였던
내 영혼을 용서하여 주시옵소서.

세상 시류에 영합하는 맛집은 잘도 찾지만
영혼을 윤택하게 하고 생명을 보존하는 말씀은
멀리하고 무관심하여 길바닥 마음으로 변질된
황폐해진 심령을 사하여 주시옵소서.

말씀 듣기를 게을리하여 믿음이 죽은 지 오래되었고
믿음을 흉내 내보았지만,

실리를 챙기고 이익을 따지다가 참 믿음을 잃어버린
어리석음을 용서하여 주시옵소서.

때로는 말씀 없는 위선으로 믿음을 치장하고
말씀 없는 믿음으로 마귀의 농간에 넘어졌습니다.
거짓과 이단에 하늘 양식을 도둑맞고
굶주린 영혼이 되었습니다.
예배와 기도, 봉사와 충성, 전도와 선교를
한가한 사람들의 영혼의 사치로 오해하였던
내 영혼의 방황을 끝낼 수 있도록
말씀 중심으로 살기 위하여 주님께 다 같이 자백 드리겠습니다.

이 세상 험하고 나 비록 약하나 늘 기도 힘쓰면 큰 권능 얻겠네
주의 은혜로 대속 받아서 피와 같이 붉은 죄 눈같이 희겠네(찬송가 263장 1절).

여호와께서 말씀하시되 오라 우리가 서로 변론하자 너희의 죄가 주홍 같을지라도 눈과
같이 희어질 것이요 진홍같이 붉을지라도 양털같이 희게되리라(사 1:18).

이 말씀이 죄 사함의 확신을 줍니다.

예수님의 이름으로 기도하옵나이다. 아멘.

19. 겁 없이 간 큰 자들

2018. 5. 27.

사랑이 많으신 하나님 아버지!
저희는 범죄한 나라요, 허물 진 백성요,
행악의 종자요, 행위가 부패한 자식이요,
겁 없이 간 큰 자들로 살아가는
우리의 허물과 죄를 사하여 주시옵소서.

여호와의 일을 게을리하는 것이 저주인 것을 깨닫지 못한 채
주의 일을 아랑곳하지 않고 겁 없이 살았습니다.
고난을 주님의 복으로 여기지 못하는 아둔한 삶을 살았습니다.
죄를 저지르고도 회개할 줄 모르는 간 큰 미련을 떨었습니다.
고난의 유익을 저주로 오해하여 시시때때로 낙심하였습니다.
미련하게 주의 이름을 욕되게 하였고 아둔하여 진리를 왜곡시키며
교만하여 패망을 자초하는 끔찍한 죄를 용서하여 주시옵소서.

우리는 자주 분노하며 이 땅의 헛된 일을 꾸미려고
하나님께 대들었고, 찬송은 건성건성, 예배는 욕망 채우려 하고,
기도는 주문 외듯이, 교회는 사회적 친분 쌓기 위해 드나들었던
우리의 일탈된 믿음을 십자가 보혈의 사랑으로 사하여 주시옵소서.

때로는 내 실력만을 의지하는 교만으로 가득했습니다.
땅의 것만을 탐하는 속된 가치관으로 겁 없이 살았습니다.
세상 것에 도취하여 왜 응답 없냐고 하나님께 대들었습니다.
내가 호소하였던 소원은 응답이 더디다고 하나님께 덤볐습니다.
나를 사랑하는 분이시라면 왜 내가 고난을 당하느냐고 따지는
영적인 교양이 없고 경건도 없는 불신앙을 용서하여 주시옵소서.

비뚤어진 가치관으로 하늘나라를 잃고
사명도 망각한 채 살아가려는 어리석음을
이 시간 우리 다 함께 자백 드리겠습니다.

이 세상 험하고 나 비록 약하나 늘 기도 힘쓰면 큰 권능 얻겠네
주의 은혜로 대속 받아서 피와 같이 붉은 죄 눈같이 희겠네(찬송가 263장 1절).

여호와께서 말씀하시되 오라 우리가 서로 변론하자 너희의 죄가 주홍 같을지라도 눈과 같이
희어질 것이요 진홍같이 붉을지라도 양털같이 희게되리라 (사 1:18).

이 말씀이 죄 사함의 확신을 줍니다.

예수님의 이름으로 기도하옵나이다. 아멘.

20. 세상의 값싼 처세술

2018. 6. 3.

우리를 승리하게 하시는 하나님 아버지!
우리는 세상에서 판판이 패하여
그 패배감에 상처 난 몸과 지친 마음을 가지고 돌아왔사오니
우리를 불쌍히 보시고 받아 주시옵소서.

호시탐탐 노리는 사탄을 분별치 못하여 패하였습니다.
교활한 마귀의 수법을 눈치채지 못하여 넘어졌습니다.
간교한 죄의 근성을 이기지 못하여 죄에 물들었습니다.
간악한 귀신의 역사를 분별하지 못하여 그 힘에 가위눌리고
그 노략질에 믿음을 빼앗기며 그 악의 공격에 당하기만 하다가 돌아온
저희를 용서하여 주시옵소서.

하늘의 증인들이 증언한 승리의 법칙을 하찮게 여겼습니다.
세상에서 승리한 믿음의 선배들을 가소롭게 여겼습니다.
마귀를 능가하고 세상이 감당 못 할 믿음을 지키지 못한 채
가증스러운 외식으로 경건을 치장하고
능력 없는 외식으로 내용 없는 모양만 붙들고 허덕이면서 살아가는
한심한 저희를 용서하여 주시옵소서.

기득권의 자리를 지키기 위해서 다른 사람을 모함하였고
우리 자신의 이익을 정당화하기 위해 위선에 빠졌으며
내 생각을 변명하기 위해서 주님의 말씀을 왜곡하였고
이웃을 배려하거나 양보하기보다 기득권 챙기기에 급급하여
속 좁은 서툰 짓을 거리낌 없이 자행하고 있는
악독을 사하여 주시옵소서.

말씀 없이 세상의 방법을 행하려고 잔머리를 굴리고
기도 없이 성공하려는 **세상의 값싼 처세술**을 선택하며
하나님의 개입을 막으려는
오만과 교만으로 얼룩진 죄를
주님 앞에 낱낱이 자백 드리겠습니다.

> 보혈을 지나 하나님 품으로 보혈을 지나 아버지 품으로
> 보혈을 지나 하나님 품으로 한 걸음씩 나가네
> 보혈을 지나 하나님 품으로 보혈을 지나 아버지 품으로
> 보혈을 지나 하나님 품으로 한 걸음씩 나가네
> 존귀한 주 보혈이 내 영을 새롭게 하시네
> 존귀한 주 보혈이 내 영을 새롭게 하네(복음송 "보혈을 지나").
>
> 그러므로 이제 그리스도 예수 안에 있는 자에게는 결코 정죄함이 없나니 이는 그리스도 예수 안에 있는 생명의 성령의 법이 죄와 사망의 법에서 너를 해방하였음이라
> (롬 8:1-2).

이 말씀이 사죄의 확신을 줍니다.

예수님의 이름으로 기도하옵나이다. 아멘.

21. 장아찌같이 찌든 경건

2018. 6. 10.

교회의 머리 되신 주님!
오랫동안 참아 주셨고 용납해 주시는 하나님이심을 믿고
부끄러움을 무릅쓰고 염치없이 참회하오니
외면하지 마시옵고 받아 주시옵소서.

우리를 교회의 지체로 삼으시고 눈동자같이 보호하시는
한없는 은혜를 입고서도
가증한 외식과 **장아찌같이 찌든 경건**으로
과거 습관을 반복하며 아무 능력 없이 허송세월하다가 돌아왔사오니
저희의 희미한 믿음을 사하여 주시옵소서.

늘 주님이 언제 오실까 생각하면서도
주님의 뜻을 알려고 하지 않았습니다.
종말에 관한 관심을 가지면서도
성경이 말하는 종말을 이해하지 못했습니다.
계시하여 주신 대로 성경을 깨닫지 못하고
시대를 풍미하며 떠도는, 미디어를 통해 들려오는
어설픈 성경 해석에 미혹되어
갈팡질팡 속아 살아온 저희를 용서하여 주시옵소서.

<u>소문</u>만 무성한 사탄의 종말 소리에 은근히 두려워하였고
시중에 떠도는 짐승의 표 이야기에 현혹되어 무서워하였으며
성경을 제대로 알지 못해 불안에 떨면서 살아온
무지한 말이나 아둔한 노새 같은 저희를
보혈의 샘물에 씻어 주실 주님 앞에 진심으로 자백 드리겠습니다.

> 보혈을 지나 하나님 품으로 보혈을 지나 아버지 품으로
> 보혈을 지나 하나님 품으로 한 걸음씩 나가네
> 보혈을 지나 하나님 품으로 보혈을 지나 아버지 품으로
> 보혈을 지나 하나님 품으로 한 걸음씩 나가네
> 존귀한 주 보혈이 내 영을 새롭게 하시네
> 존귀한 주 보혈이 내 영을 새롭게 하네(복음송 "보혈을 지나").
>
> 그러므로 이제 그리스도 예수 안에 있는 자에게는 결코 정죄함이 없나니 이는 그리스도 예수 안에 있는 생명의 성령의 법이 죄와 사망의 법에서 너를 해방하였음이라(롬 8:1-2).

이 말씀이 사죄의 확신을 줍니다.

예수님의 이름으로 기도하옵나이다. 아멘.

22. 베리칩 신드롬

2018. 6. 17.

하나님 아버지!
세상의 가치가 땅을 뒤덮고 있는 어두운 시대에서도
우리를 보호하시고 붙들어 주셨기에 다시 주님 앞에 돌아와
머리 숙여 참회하오니 저희를 외면하지 마시고 받아 주시옵소서.

인본주의 삶에 인생의 터가 무너지고 시대정신 속에 믿음이 함몰되며
돈 중심의 맘모니즘에 인생을 낭비하고 청춘을 다 바친 나머지
인생 잔고가 바닥나 빈껍데기로 돌아온 삶을 사하여 주시옵소서.

하나님의 절대가치를 잊어버리고
시류에 영합하는 상대적 세상 가치에 목숨을 걸었습니다.
기복신앙, 번영신학에 현혹되어
오로지 이 땅의 번영과 세상 성공만을 더 큰 복으로 여기는
왜곡된 가치관에 속아 살아온 저희를 용서하여 주소서.

하나님 나라에 저항하는 종교 통합을 흠모하였습니다.
하나님께 대드는 다원주의 사상에 물들었습니다.
영혼을 파괴하는 이단 교리에 어리석게 빠졌습니다.
교회를 흔드는 왜곡된 성경 해석에 믿음을 빼앗겼습니다.
마음을 뒤숭숭하게 하는 세상 즐거움에 흠뻑 취하여

하나님의 일을 태만히 하였던 불충을 용서하여 주시옵소서.

짐승의 표니 666이니 하며 **베리칩 신드롬**에 현혹되고
바코드 문신에 매력을 가지며
매매 신용카드를 마귀의 표, 짐승의 표,
매매의 표로 오해하여 두려워했던
연약한 믿음을 용서하여 주시옵소서.

마귀의 수법을 하나님의 방법으로 오해하며
경건의 모양만 가지고 경건의 능력을 부인하였던
거짓 경건을 용서해 주실 주님께 다 함께 자백 드리겠습니다.

> 보혈을 지나 하나님 품으로 보혈을 지나 아버지 품으로
> 보혈을 지나 하나님 품으로 한 걸음씩 나가네
> 보혈을 지나 하나님 품으로 보혈을 지나 아버지 품으로
> 보혈을 지나 하나님 품으로 한 걸음씩 나가네
> 존귀한 주 보혈이 내 영을 새롭게 하시네
> 존귀한 주 보혈이 내 영을 새롭게 하네(복음송 "보혈을 지나").
>
> 그러므로 이제 그리스도 예수 안에 있는 자에게는 결코 정죄함이 없나니 이는 그리스도 예수 안에 있는 생명의 성령의 법이 죄와 사망의 법에서 너를 해방하였음이라 (롬 8:1-2).

이 말씀이 사죄의 확신을 줍니다.

예수님의 이름으로 기도 합니다. 아멘.

23. 하찮은 이득에 눈이 멀어

2018. 6. 24.

오, 주님!

오늘도 우리를 불러 주셔서 지나온 세월 속에 허물의 때를 묻히고 죄로 영혼을 오염시킨 거짓된 경건과 뒤틀린 양심으로 살아온 죄악을 자복하오니 사하여 주시옵소서.

수단과 방법을 가리지 않는 거짓 교리로 성도를 유혹하고 믿음을 낚아채는 양의 탈을 쓴 교활한 이단의 무리에게 속았습니다.
영혼이 찢기고 마음이 상하여 삶이 흔들리며 인생이 휘청대고 있습니다.
아둔한 영성과 질기게 고집부렸던 나의 미련함과 힘없는 믿음을 가지고 왔사오니 용서하여 주시옵소서.

빛을 원하면서도 어둠에 머물러 있기를 즐겨하고 사랑받기를 원하면서 사랑 베푸는 데 인색하였으며 진실을 원하면서도 거짓에 물들어 살아온 허물 많은 저희를 용서하여 주시옵소서.

육신의 생각으로 하늘의 보물을 무가치하게 여겼습니다.
세상의 욕심으로 교회와 영적 가치를 폄하하였습니다.
안목의 정욕으로 하나님 나라의 거룩함을 해쳤습니다.

하찮은 이득에 눈이 멀어 주님의 이름을 욕되게 하였으며 세상 헛된 일을 좋아하고 거짓을 구하려는 짧은 생각을 용서하여 주시옵소서.

죄를 짓고도 다른 사람 때문이라고 책임을 전가하며 악행을 정당화하였습니다.
　가식과 허물을 감추려는 위선으로 믿음을 포장하고 경건을 멀리하며 충성을 태만히 하는 거짓 믿음을 사하여 주시옵소서.

강퍅한 마음으로 죄를 짓고, 오만한 마음으로 이웃을 업신여기며, 부질없는 자존심을 앞세워 남을 비방하고, 작은 명예를 위해 이웃을 헐뜯고, 나를 앞세우기 위해 남을 깎아내리는 파렴치한 언행과 천박한 심성과 잃어버린 거룩한 성품을 새롭게 해 주실 주님께 다 함께 자백드리겠습니다.

보혈을 지나 하나님 품으로 보혈을 지나 아버지 품으로
보혈을 지나 하나님 품으로 한 걸음씩 나가네
보혈을 지나 하나님 품으로 보혈을 지나 아버지 품으로
보혈을 지나 하나님 품으로 한 걸음씩 나가네
존귀한 주 보혈이 내 영을 새롭게 하시네
존귀한 주 보혈이 내 영을 새롭게 하네(복음송 "보혈을 지나").

그러므로 이제 그리스도 예수 안에 있는 자에게는 결코 정죄함이 없나니 이는 그리스도 예수 안에 있는 생명의 성령의 법이 죄와 사망의 법에서 너를 해방하였음이라 (롬 8:1-2).

이 말씀이 사죄의 확신을 줍니다.

예수님의 이름으로 기도하옵나이다. 아멘.

24. 서툰 믿음

2018. 7. 1.

하늘에 계신 우리 아버지!
저희가 돌아왔습니다.
세상에서 방황하던 이 죄인 돌아왔습니다.
주님을 섬기기보다 짐짓 인간을 섬기다가 돌아왔습니다.
자못 세상 권력의 신, 물질의 신, 쾌락의 신을 섬기다 왔습니다.
계명을 무시하고 물질을 더 사랑하다가 지금 가슴 치고 있습니다.
아차 하는 순간 짐짓 나도 모르게 사뭇 세상 것을 숭배하다가 돌아온
저희의 허술한 믿음을 사하여 주시옵소서.

호구지책을 빌미로 바다에서 나온 짐승에게 굴복하였습니다.
민생고를 이유로 땅에서 나온 짐승에게 헌신하려 하였습니다.
급기야 사탄을 숭배하는 짐승의 표를 받지 않았는지
덜컥 겁먹고 돌아와 서툰 믿음을 고백하오니 용서하여 주시옵소서.

물질적 치부와 화려한 세속을 챙기기에 급급하였습니다.
주님을 안중에 두지 못할 때가 한두 번이 아녔습니다.
교회에 허둥지둥 달려와 허겁지겁 예배의식에 그쳤습니다.
기도를 청구서 내미는 것으로 오해하여 중언부언만 일삼았던
애매모호한 영성과 갈팡질팡하는 태도를 용서하여 주시옵소서.

무엇을 먹을까 무엇을 마실까 무엇을 입을까 하여 현실을 핑계 삼아 사치와 명예를 더 사랑하였고, 인생살이를 이유 삼아 오로지 세상 것에만 몰두한 서툰 행실과 허술한 영성에 길들여진 가치관을 사하여 주시옵소서.

온통 땅의 것에 목을 매고 속된 것에 청춘을 바쳤습니다.
썩어질 것에 인생을 낭비하며 뒤틀린 인생관에 사로잡혀 오늘의 이 지경에 다다른 허덕이는 믿음과 파산지경에 놓여 황폐해진 내 영혼을 주님께 우리 함께 자백 드리겠습니다.

> 보혈을 지나 하나님 품으로 보혈을 지나 아버지 품으로
> 보혈을 지나 하나님 품으로 한 걸음씩 나가네
> 보혈을 지나 하나님 품으로 보혈을 지나 아버지 품으로
> 보혈을 지나 하나님 품으로 한 걸음씩 나가네
> 존귀한 주 보혈이 내 영을 새롭게 하시네
> 존귀한 주 보혈이 내 영을 새롭게 하네(복음송 "보혈을 지나").
>
> 그러므로 이제 그리스도 예수 안에 있는 자에게는 결코 정죄함이 없나니 이는 그리스도 예수 안에 있는 생명의 성령의 법이 죄와 사망의 법에서 너를 해방하였음이라(롬 8:1-2).

이 말씀이 사죄의 확신을 줍니다.

예수님의 이름으로 기도하옵나이다. 아멘.

25. 탈을 쓴 종교생활

2018. 7. 8.

하늘에 계신 우리 아버지!
주님께서는 치밀한 계획과 섬세한 사랑으로
우리를 돌보시건만 우리는 늘 사랑받지 못한 것처럼
원망하고 불평하였습니다.
마음속에 질투를 잉태하고 미움을 낳는
옛사람의 근성과 속사람의 부패함을 가지고 왔사오니
불쌍히 보시고 주의 피로 깨끗이 하여 주시옵소서.

섬기기보다 내 배를 채우려고 안간힘을 쓰고
이웃을 싸매주기보다 치명적인 상처를 내며
이웃에게 희망을 주기보다 고통을 주는 일이 허다하였습니다.
육욕을 만족하게 하려고 하늘의 보물 쌓기를 외면하였으며
어리석어 아둔한 행동을 하였고 아둔하여 어리석은 삶을 살며
주님 생각을 무시하였사오니 사하여 주시옵소서.

내 뜻을 고집하다가 주님의 마음을 크게 아프게 하는 철없는 짓!
내 의지를 앞세우려다가 성령님을 심히 근심케 하는 가혹한 짓!
내 경험을 앞세우다가 성령님의 거룩한 역사를 훼방하는 망령된 일!
내 명예를 떨치려 하다가 하나님의 이름을 욕되게 하는 일이
한두 번이 아녔기에 고개 들지 못하는 저희를 용서하여 주시옵소서.

믿음이라 생각하고 행동하였더니 불신앙이었습니다.
충성이라 여기고 땀 흘렸더니 불법을 행한 자였습니다.
기도라 여기고 읊조렸더니 욕망을 채우려는 중언부언이었습니다.
예배라 여기고 허겁지겁 참석하였더니
그리스도인의 **탈을 쓴 종교생활**에 그쳤던
이 한심한 행실과 철없는 신앙을 주님께 자백 드리겠습니다.

> 보혈을 지나 하나님 품으로 보혈을 지나 아버지 품으로
> 보혈을 지나 하나님 품으로 한 걸음씩 나가네
> 보혈을 지나 하나님 품으로 보혈을 지나 아버지 품으로
> 보혈을 지나 하나님 품으로 한 걸음씩 나가네
> 존귀한 주 보혈이 내 영을 새롭게 하시네
> 존귀한 주 보혈이 내 영을 새롭게 하네(복음송 "보혈을 지나").
>
> 그러므로 이제 그리스도 예수 안에 있는 자에게는 결코 정죄함이 없나니 이는 그리스도 예수 안에 있는 생명의 성령의 법이 죄와 사망의 법에서 너를 해방하였음이라 (롬 8:1-2).

이 말씀이 사죄의 확신을 줍니다.

예수님의 이름으로 기도하옵나이다. 아멘.

26. 허둥대는 예배

2018. 7. 15.

존귀하신 하나님 아버지!
매 주일 교회에 가서 하나님 아버지께 예배를 수도 없이 드렸지만 그중에 하나님께서 받으실 만한 예배가 얼마나 되는지 두렵습니다.

솔직히 하나님께 예배하기보다 설교 들으러 간 적이 더 많았습니다. 기도하기보다 다른 사람의 기도를 듣고 구경하는 관객에 그쳤습니다. 찬양을 드리기보다 달콤한 음악과 뛰어난 가창력을 감상할 뿐이었습니다.
준비된 예물 없이 주머니를 뒤지는 황당한 예배드리기 일쑤였습니다.
이러한 종교생활을 신앙생활로 착각하여 흉내만 내는 가식적 예배를 드린 것 같아 두렵고 떨리는 마음으로 용서를 청하오니 사하여 주소서.

거기서 멈추지 않고 예배 시간이 빨리 끝이 나기를 기다린 적도 있었고 마음으로 드리지 못하는 껍데기 거짓 예배로 눈가림하기 일쑤였으며 세상과 타협하여 짐승에 굴복하며 용에게 경배하는 배신을 하였습니다.
예배의 시간은 있었지만 예배의 삶은 없었던 죄를 용서하여 주시옵소서.

예배 출석은 했지만 마음은 멀었고, 예배 형식은 있었지만 영과 진리 없이 나를 드러내려는 공치사뿐이었습니다.

주님 받으실 온전한 가치를 드리려는 예배는 없었습니다.

위장된 가인의 예배와 불순종의 거짓된 사울의 제물만 있었던 부실 예배를 사하여 주시옵소서.

준비해야 할 예배의 마음은 허둥대기 일쑤이고, 남는 시간에 예배하려 하였으며, 예물은 적당히, 찬양은 관람하듯, 소원 성취에 함몰된 미신적 기도, 들어야 할 말씀에는 귀를 막고 혹 들리는 말씀마저도 눈 감아버리는 빗나간 예배, 왜곡된 믿음을 하나님께 영광 돌리는 것으로 여겼던 거짓 경건과 허둥대는 예배를 용서받기 위해 우리 다 함께 주님께 자백 드리겠습니다.

> 보혈을 지나 하나님 품으로 보혈을 지나 아버지 품으로
> 보혈을 지나 하나님 품으로 한 걸음씩 나가네
> 보혈을 지나 하나님 품으로 보혈을 지나 아버지 품으로
> 보혈을 지나 하나님 품으로 한 걸음씩 나가네
> 존귀한 주 보혈이 내 영을 새롭게 하시네
> 존귀한 주 보혈이 내 영을 새롭게 하네(복음송 "보혈을 지나").
>
> 그러므로 이제 그리스도 예수 안에 있는 자에게는 결코 정죄함이 없나니 이는 그리스도 예수 안에 있는 생명의 성령의 법이 죄와 사망의 법에서 너를 해방하였음이라 (롬 8:1-2).

이 말씀이 사죄의 확신을 줍니다.

예수님의 이름으로 기도하옵나이다. 아멘.

27. 분실한 미래

2018. 7. 22.

하늘에 계신 우리 아버지!
오늘에 집착하여 꿈을 도둑맞고 미래의 희망을 분실하였습니다.
오늘의 쾌락을 붙들려는 아둔함으로 미래를 탈취당하였습니다.
오늘의 실리를 챙기려는 이기심 때문에 믿음을 잃어버렸습니다.
오늘의 이득을 얻으려는 짧은 생각 때문에 영생을 놓친 채
비운의 인생이 되어 돌아왔사오니 불쌍히 여겨 주시옵소서.

육신의 배를 채우려다 나의 영혼을 심히 굶주리게 하였습니다.
유한한 세상 가치에 도취하여 멸망하는 짐승같이 되었습니다.
오늘을 팔아 미래를 사야 하건만
오히려 내일을 담보로 오늘을 즐기고 있는
뒤틀린 저희 믿음을 용서하여 주시옵소서.

스마트폰의 즐거움에 팔려 일상 영적 생활을 양도하였습니다.
스마트폰의 묘미에 흠뻑 젖어 신앙생활도 뒷전이 되었습니다.
인터넷의 행복에 매몰되어 주님의 가치를 매몰시켰습니다.
세상 문화에 지나친 애착과 시대정신에 집착하여
결국, 마귀가 노리는 함정에 빠져 버린
우리와 다음 세대를 건져내지 못하는 허술한 믿음, 잃어버린 영권,

분실한 미래, 도둑맞은 꿈을 찾으려는 의욕마저 없이 살아가는
저희를 용서하여 주시옵소서.

하늘의 보배를 포기하고 이 땅의 실리를 챙기려는 아둔한 영성,
하늘의 가치를 저당 잡히고 시대정신이 주는 쾌락을 얻으려는 욕망,
퇴폐한 문화의 가치관으로 하늘의 가치를 대체해 버린 흔들리는 믿음,
아마겟돈의 위험한 시대를 그럭저럭 살고자 꿈을 잃고 미래를 상실한
저희의 엉성한 영성과 치명적인 타락으로 내몰고 있는
마귀의 사주를 깨닫지 못하는 끔찍한 죄를
주님께 다 함께 자백 드리겠습니다.

> 보혈을 지나 하나님 품으로 보혈을 지나 아버지 품으로
> 보혈을 지나 하나님 품으로 한 걸음씩 나가네
> 보혈을 지나 하나님 품으로 보혈을 지나 아버지 품으로
> 보혈을 지나 하나님 품으로 한 걸음씩 나가네
> 존귀한 주 보혈이 내 영을 새롭게 하시네
> 존귀한 주 보혈이 내 영을 새롭게 하네(복음송 "보혈을 지나").
>
> 그러므로 이제 그리스도 예수 안에 있는 자에게는 결코 정죄함이 없나니 이는 그리스도 예수 안에 있는 생명의 성령의 법이 죄와 사망의 법에서 너를 해방하였음이라
> (롬 8:1-2).

이 말씀이 사죄의 확신을 줍니다.

예수님의 이름으로 기도 합니다. 아멘.

28. 세상 가치에 체포

2018. 7. 29.

하늘에 계신 우리 아버지!
어둠을 제압해야 할 빛의 자녀 된 우리가
어둠에 제압당했던 과실로 가슴이 답답합니다.
세상의 맛을 내어야 할 소금된 우리가 맛을 잃은 채
함께 썩고 있는 부패와 위선을 사하여 주시옵소서.

세상을 다스려야 할 우리가
세상의 허무맹랑한 소리에 믿음이 저당 잡히고
영혼이 갈 길을 잃어버린 채

세상 가치에 체포되어 시대정신을 맹종하고
죄악에 매몰되어 마귀를 경배하며 살아온
저희를 용서하여 주시옵소서.

주님께서는 세상을 이처럼 사랑하셨건만
우리는 도리어 세상을 증오하였습니다.
하나님은 세상에 독생자를 보내 주셨건만
우리는 세상에서 복음을 거두고 있습니다.
작은 손실에 분노하는 합당치 못한 삶을
용서하여 주시옵소서.

세상에 눈이 멀어 하찮은 이득에 경건을 양보하며
주님의 사랑을 망각하고 조그만 수입에 양심을 팔았습니다.
이 땅의 힘 앞에 속수무책으로 믿음이 무너졌습니다.
악한 생각으로 오만한 자의 자리에서 춤추며 주님을 배신하며 살아온
치명적인 타락을 용서해 주시기를 원하시는 주님 앞에
우리 모두 자백 드리겠습니다.

보혈을 지나 하나님 품으로 보혈을 지나 아버지 품으로
보혈을 지나 하나님 품으로 한 걸음씩 나가네
보혈을 지나 하나님 품으로 보혈을 지나 아버지 품으로
보혈을 지나 하나님 품으로 한 걸음씩 나가네
존귀한 주 보혈이 내 영을 새롭게 하시네
존귀한 주 보혈이 내 영을 새롭게 하네(복음송 "보혈을 지나").

그러므로 이제 그리스도 예수 안에 있는 자에게는 결코 정죄함이 없나니 이는 그리스도 예수 안에 있는 생명의 성령의 법이 죄와 사망의 법에서 너를 해방하였음이라 (롬 8:1-2).

이 말씀이 사죄의 확신을 줍니다.

예수님의 이름으로 기도 합니다. 아멘.

29. 거짓 영성

2018. 8. 12.

자비하신 주님!
오랫동안 참아 주시고 긴 세월 기다려 주신 주님 앞에
부끄러움을 무릅쓰고 참회하오니
외면치 마시고 저희가 저지른 온갖 죄를 용서하여 주시옵소서.

악을 생각 하면서도 겉으론 선을 좋아하는 척하였습니다.
가장 믿음이 적으면서도 가장 믿음이 온전한 척하였습니다.
무엇하나 감당 못할 만큼 게으르면서도 충성스러운 척하였습니다.
이처럼 위장된 경건과 가면을 쓴 행실로 나의 본 모습을 감추고
안팎이 전혀 다르게 살아가는 **거짓 영성**을 용서하여 주시옵소서.

눌린 자의 아픔을 외면하였고 압박당하는 자를 피해 갔으며
강도 만난 자를 못 본 체하였고
그 후에 변명 하다가 늦게나마 후회하며 용서를 구하오니
사하여 주시옵소서.

늘 애국 애족을 부르짖으면서
애국을 빌미삼아 치부를 일삼았고
애족을 핑계 삼아 국가에 대한 의무를 피하려는
술수와 비양심적 병역 거부로 국법을 짓밟았으며

나라를 사랑한다면서도 기도 한 번 제대로 하지 못하는
거짓 애국과 포장된 경건으로 불법을 자행하였습니다.

이와 같이 화인 맞은 양심으로 살아가려는
무뎌진 양심을 하나님께서 신원하여 주시도록
우리 다함께 주님께 자백 드리겠습니다.

인애하신 구세주여 내가 비오니 죄인 오라 하실 때에 날 부르소서
자비하신 보좌 앞에 꿇어 엎드려 자복하고 회개하니 믿음 주소서
주여 주여 내가 비오니 죄인 오라 하실 때에 날 부르소서(찬송가 279장 1, 2절).

여호와께서 말씀하시되 오라 우리가 서로 변론하자 너희의 죄가 주홍 같을지라도 눈과
같이 희어질 것이요 진홍같이 붉을지라도 양털같이 희게 되리라(사 1:18).

이 말씀이 죄 사함의 확신을 줍니다.

예수님의 이름으로 기도하옵나이다. 아멘.

30. 경건을 묵살

2018. 8. 19.

사랑 많으신 주님!
마땅히 관심 가져야 할 사람에 대해
애써 내 일이 아니라고 회피하였습니다.
당연히 이해해야 할 사람을 이해하지 못하고
이해 받기만을 바랐습니다.
존중할 자를 존중하지 못하고 깔보면서 으스대고 우쭐거리는
교만한 나 자신을 발견하고 소스라치게 놀라
주님께 참회하오니 사하여 주시옵소서.

책임져야 할 일에 책임은 고사하고 궁색한 변명만 늘어놓았습니다.
감당해야 할 직책에 충성하기는커녕 그럴듯한 핑계를 일삼았습니다.
정작 나누어야 할 때에도 받기만 좋아하고 옹졸하게 바라기만 하는
속이 좁은 이기적 인격과 거짓 경건을 용서하여 주시옵소서.

가깝다는 이유로 가족과 이웃에게 함부로 언행을 드러냈습니다.
절친하다는 이유로 예절 없이 무례한 말과 행동을 쏟아 부었습니다.
점령하려는 집착을 사랑으로 오해하여 상대방을 피곤케 하였습니다.
소유하려는 집념을 관심이라고 착각하여 오해를 불러 일으켰습니다.
소통이라는 핑계로 원망하고 불평하며 상대를 얕잡아보는
모난 인격과 빗나간 행실을 용서하여 주시옵소서.

움트는 어린 초신자의 신앙의 새싹을 짓뭉개거나
고이 자라 움돋는 믿음의 싹을
나약하다고, 철딱서니 없다고 무시하거나
연약한 믿음을 북돋우어 주지는 못할망정 그들의 **경건을 묵살**하는
부질없는 저희의 행실을 용서하여 주시도록
다 함께 자백 드리겠습니다.

> 인애하신 구세주여 내가 비오니 죄인 오라 하실 때에 날 부르소서
> 자비하신 보좌 앞에 꿇어 엎드려 자복하고 회개하니 믿음 주소서
> 주여 주여 내가 비오니 죄인 오라 하실 때에 날 부르소서 (찬송가 279장 1, 2절).
>
> 여호와께서 말씀하시되 오라 우리가 서로 변론하자 너희의 죄가 주홍 같을지라도 눈과 같이 희어질 것이요 진홍같이 붉을지라도 양털같이 희게 되리라 (사 1:18).

이 말씀이 죄 사함의 확신을 줍니다.

예수님의 이름으로 기도하옵나이다. 아멘.

31. 아둔하고 무모한 행실

2018. 8. 26.

지존하신 하나님 아버지!
세상이 썩지 않고 변화되기를 원하였지만
소금된 내가 먼저 변하지 않고 썩고 있습니다.
세상은 구원을 노력으로 얻는다고 여기지만
나는 주의 은혜로만 구원 얻는 것을 잊었습니다.
나의 짧은 생각으로 하나님을 판단하려 했던
아둔하고 무모한 행실을 용서하여 주시옵소서.

찬송보다 세상 노래를 더 좋아 하였습니다.
기도보다 이 땅의 잡담에 빠져 있었으며
전도의 가치보다 세상의 가치에 빠져
예배의 소중함보다 세속을 즐기는
뒤집힌 가치관을 용서하여 주시옵소서.

험준한 산길과 같은 우리 인생길이라 말하면서도
나의 인생을 주님께 맡기지 못하였습니다.
거친 들판과 같은 우리의 삶이라고 읊조리면서
나의 삶을 주님께 의탁하지 못했습니다.

세상에 치이고 물질에 찢겨 상처 입으며 유혹에 넘어져
죄에 빠진 이 죄인이 믿음 없어 주님을 붙들지 못했습니다.
마귀의 농간에 휘말려 물질에 울고 세상 가치에 속아
신부의 거룩한 옷 나의 세마포를 더럽힌 나쁜 행실을
주님 십자가의 보혈로 씻어 주시도록
나의 목소리로 자복하겠습니다.

> 인애하신 구세주여 내가 비오니 죄인 오라 하실 때에 날 부르소서
> 자비하신 보좌 앞에 꿇어 엎드려 자복하고 회개하니 믿음 주소서
> 주여 주여 내가 비오니 죄인 오라 하실 때에 날 부르소서(찬송가 279장 1, 2절).
>
> 여호와께서 말씀하시되 오라 우리가 서로 변론하자 너희의 죄가 주홍 같을지라도 눈과 같이 희어질 것이요 진홍같이 붉을지라도 양털같이 희게 되리라(사 1:18).

이 말씀이 죄 사함의 확신을 줍니다.

예수님의 이름으로 기도하옵나이다. 아멘.

32. 교활한 잔꾀

2018. 9. 2.

옛 사람을 벗고 새 사람이 되게 하신 주님!
삶의 사각 지대에서 어둠을 친구로 삼았습니다.
빛을 거절하며 거짓을 빛으로 여겼습니다.
죄에 묶이고 세상 가치에 눈이 멀어 하늘의 보배를
잃어버린 어리석은 저희를 사하여 주시옵소서.

천국을 소망한다 하면서도 이 땅에만 집착하였습니다.
부활을 믿는다 하면서도 이 세상이 끝인 줄만 알았습니다.
내일이 없는 자들처럼 세상의 것만을 움켜쥐려고
옹색한 거짓말과 치사한 술수를 부렸으며
교활한 잔꾀로 나의 이득을 챙기고 나의 유익만을 얻으려는
빗나간 삶을 용서하여 주시옵소서.

주님을 주라 부르면서 사실은 매사에 내가 주인 노릇 하였습니다.
주님을 길이라고 외치면서 죄인의 길에 서서 죄를 달갑게 여겼습니다.
주님을 나의 삶이라고 고백했으나 내 삶을 의탁하지 않고
주님을 슬기롭다 하면서 주님께 지혜를 구하지도 않으며
주님을 신랑이라고 말하면서 주님을 사랑하지 않고
세상을 사랑하며 세상을 붙들고 살았던
뻔뻔한 배신의 죄를 용서하여 주시옵소서.

세상에는 매우 약삭빠르게 적응하면서
교회생활에는 멀고 둔하였습니다.
죄와 짝을 짓는 데는 아주 민첩하였으나
하나님의 일에는 느리고 게을렀습니다.
주 내게 부탁하신 일에는 즉각 순종하기보다
생각하고 또 생각하고, 고려하고 또 고려해 보며,
재어 보고 또 재어 보다가 막상 그 좋은 기회 다 놓치고
이 시간 염치없이 고개 숙였사오니
기꺼이 맞이해 주실 주님께 우리의 허물을 자백 드리겠습니다.

> 인애하신 구세주여 내가 비오니 죄인 오라 하실 때에 날 부르소서
> 자비하신 보좌 앞에 꿇어 엎드려 자복하고 회개하니 믿음 주소서
> 주여 주여 내가 비오니 죄인 오라 하실 때에 날 부르소서 (찬송가 279장 1, 2절).
>
> 여호와께서 말씀하시되 오라 우리가 서로 변론하자 너희의 죄가 주홍 같을지라도 눈과 같이 희어질 것이요 진홍같이 붉을지라도 양털같이 희게 되리라 (사 1:18).

이 말씀이 죄 사함의 확신을 줍니다.

예수님의 이름으로 기도하옵나이다. 아멘.

33. 뻔뻔한 양심

2018. 9. 9.

하늘에 계신 하나님 아버지!
이 세상이 허망한 줄 알면서 주님을 바라보지 않았습니다.
이 세상이 유한한 줄 알면서 이 세상에 기대었습니다.
이 세상이 부조리한 줄 알면서 이익을 계산하였습니다.
타락하고 흔들리는 세상인 줄 알면서
세상을 더 의지했던 불신앙을 용서하여 주시옵소서.

죄를 엄중히 다루시는 주님!
거룩하라 하셨건만 세상의 때를 묻히며 살았습니다.
허물을 간과하지 않으시는 주님을 가볍게 여겼습니다.
세상을 사랑하는 것이 배신임을 미처 깨닫지 못했습니다.
세상의 가치를 따르고 이 땅의 풍습에 흠뻑 젖으며
세상 문화의 동조자가 되었고 세상을 좋아하는 열렬한 팬이 되어
결국에는 세상의 노예가 되고 죄의 종이 되어 버린
어리석은 저희를 불쌍히 보시고 용서하여 주시옵소서.

양심에 거리끼는 일을 저지르고도 모른 체하였고
믿음에 손실이 될 줄 알면서도 기도하지 못하였으며
영혼에 상처가 될 줄 알면서도 함부로 말하고
신앙에 손실이 많은 줄 알면서도 말씀을 소홀히 하였던

뻔뻔한 양심을 사하여 주시옵소서.

성령의 감화가 분명하지만 그 감화를 소멸하였습니다.
성령의 음성이 확실하지만 그 음성을 모른 체하였습니다.
성령의 가르침인 줄 알았지만 교만하여 말씀대로 행하지 못한
불순종을 우리의 목소리로 주님께 자백 드리겠습니다.

> 인애하신 구세주여 내가 비오니 죄인 오라 하실 때에 날 부르소서
> 자비하신 보좌 앞에 꿇어 엎드려 자복하고 회개하니 믿음 주소서
> 주여 주여 내가 비오니 죄인 오라 하실 때에 날 부르소서(찬송가 279장 1, 2절).
>
> 여호와께서 말씀하시되 오라 우리가 서로 변론하자 너희의 죄가 주홍 같을지라도 눈과 같이 희어질 것이요 진홍같이 붉을지라도 양털같이 희게 되리라(사 1:18).

이 말씀이 죄 사함의 확신을 줍니다.

예수님의 이름으로 기도하옵나이다. 아멘.

34. 치명적인 타락

2018. 9. 16.

하나님 아버지!
저희가 쉽게 위선에 빠지고 어이없게 죄를 범하며
자주 하찮은 일에 넘어졌습니다.
시시한 사건에 연루되어 얼마나 많은 거짓을 행하였는지
다 알고 계시는 주님 앞에 회개하오니
불쌍히 여기시고 용서하여 주시옵소서.

좀 힘들다고 좁은 길을 거부하며
무리를 따라 넓은 세상길을 따라 갔습니다.
마땅히 십자가의 길을 가야하지만
좀 어렵다고 세상의 길, 죄의 길을 따라갔던
연약한 저희를 용서하여 주시옵소서.

하나님의 깊은 뜻은 제쳐 두고 내 뜻을 펼치려 했습니다.
하나님의 오묘한 생각을 저버리고 내 생각을 앞세웠습니다.
세상의 출세를 목표로 삼고 하나님을 이용하려 했습니다.
이 땅의 성공을 꿈꾸고 말씀과 기도를 이용하려 했던
아둔한 생각과 어리석은 판단을 사하여 주시옵소서.

눈앞의 이익에 눈이 멀어 주님의 십자가를 멀리하며
근시안적인 이해타산에 사로잡혀 부질없는 일을 저질렀습니다.
얄팍한 나의 이익에 현혹되어 이웃의 아픔을 보지 못하고
내 일에만 집착한 나머지 이기주의에 발목이 잡혀 있는
치명적인 타락을 주님께 겸손히 자백 드리겠습니다.

인애하신 구세주여 내가 비오니 죄인 오라 하실 때에 날 부르소서
자비하신 보좌 앞에 꿇어 엎드려 자복하고 회개하니 믿음 주소서
주여 주여 내가 비오니 죄인 오라 하실 때에 날 부르소서(찬송가 279장 1, 2절).

여호와께서 말씀하시되 오라 우리가 서로 변론하자 너희의 죄가 주홍 같을지라도 눈과 같이 희어질 것이요 진홍같이 붉을지라도 양털같이 희게 되리라(사 1:18).

이 말씀이 죄 사함의 확신을 줍니다.

예수님의 이름으로 기도하옵나이다. 아멘.

35. 가식의 너울

2018. 9. 23.

은혜로우신 하나님 아버지!
우리는 세상의 무리를 따라 넓은 길로 가며
세속적인 야망과 유혹에 넘어져 찢긴 마음과
죄에 물든 몸과 영혼이 되어 돌아 왔사오니 받아 주시옵소서.

세상에 넘어진 그 자리가 돼지 쥐엄 열매로 배불리는
비참하고 비굴한 자리임을 이제야 깨닫고
주님 품이 그리워 돌아왔사오니
불쌍히 보시고 우리의 죄를 사하여 주시옵소서.

피리를 불어도 나는 춤추지 않았습니다.
애곡하여도 나는 울지도 않았습니다.
예배하여도 나는 감사하지 않았습니다.
기도하여도 나는 무릎 꿇지 않았습니다.
전도하여도 나는 남의 일처럼 여겼습니다.
내 생각과 나의 신념대로 신앙을 지키려 했던
어리석음을 용서하여 주시옵소서.

입술로는 하나님을 공경하는 척하며

가식의 너울로 나를 숨겼고
위선의 직분으로 충성을 가장하며
세상과 손잡고 마귀와 놀아나고
어둠의 세력과 함께 즐겼던
부끄럽고 추악한 저희의 죄를
오늘도 여전히 기다리시는 주님께
진심으로 겸손하게 자백 드리겠습니다.

인애하신 구세주여 내가 비오니 죄인 오라 하실 때에 날 부르소서
자비하신 보좌 앞에 꿇어 엎드려 자복하고 회개하니 믿음 주소서
주여 주여 내가 비오니 죄인 오라 하실 때에 날 부르소서 (찬송가 279장 1, 2절).

여호와께서 말씀하시되 오라 우리가 서로 변론하자 너희의 죄가 주홍 같을지라도 눈과 같이 희어질 것이요 진홍같이 붉을지라도 양털같이 희게 되리라 (사 1:18).

이 말씀이 죄 사함의 확신을 줍니다.

예수님의 이름으로 기도하옵나이다. 아멘.

36. 척 척 척 척

2018. 9. 30.

자비하신 주님!
오랫동안 참아 주셨고 긴 세월 기다려 주신 사랑 많으신 주님 앞에
부끄러움을 무릅쓰고 참회의 기도를 드리오니
용서하여 주시기를 비옵나이다.

악을 속에 품고 있으면서도
겉으로는 선을 표방하는 척하였습니다.
속사람이 텅 비어 빈껍데기이면서
알찬 열매를 맺은 척하였습니다.
마음으로는 하나님을 멀리하면서
겉으로는 신실한 척하는 위선과
충성스러운 척하는 가식으로 살아왔사오니
용서하여 주시옵소서.

주님 오실 날이 멀지 않았지만
머나먼 얘기처럼 애써 모르는 척하였습니다.
주님의 심판이 임박한 줄 알지만
이 땅에만 온통 정신이 팔려 살고 있습니다.
하나님의 공의로운 보좌 앞에 나의 잘못된 행위가 드러날까
두려워하고 있습니다.

교회를 다니고 있으니 심판이 면제될 것으로 착각하는
아둔한 생각을 용서하여 주시옵소서.

당연히 용서할 자를 용서하지 못하고
사랑할 자를 사랑하지 못하고 오히려 미워하였으며
남이 잘되는 일을 시기하고 미워하며 질투하고
책임져야 할 사람을 무관심과 무책임으로 대하였던 이 추한 모습으로
최후 심판 날에 주님 얼굴을 어찌 대할까 두려운 마음으로
우리의 죄를 자백 드리겠습니다.

> 인애하신 구세주여 내가 비오니 죄인 오라 하실 때에 날 부르소서
> 자비하신 보좌 앞에 꿇어 엎드려 자복하고 회개하니 믿음 주소서
> 주여 주여 내가 비오니 죄인 오라 하실 때에 날 부르소서 (찬송가 279장 1, 2절).
>
> 여호와께서 말씀하시되 오라 우리가 서로 변론하자 너희의 죄가 주홍 같을지라도 눈과 같이 희어질 것이요 진홍같이 붉을지라도 양털같이 희게 되리라 (사 1:18).

이 말씀이 죄 사함의 확신을 줍니다.

예수님의 이름으로 기도하옵나이다. 아멘.

37. 인생의 가면

2018. 10. 7.

하나님 아버지!
죄인에게도 은혜를 베푸시고
악인에게도 사랑을 베푸셔서
피 흘리신 사랑을 베풀어 주셨건만
주님을 멀리 떠나 탕자의 길로 갔으며
주님을 배신하여
방탕의 길과 길 잃은 가치관에서 방황하다가 돌아왔사오니
저희를 불쌍히 보시고 용서하여 주시옵소서.

아직 옛 사람의 때를 벗지 못한 죄를 주님의 보혈로 씻어 주시고
세상이 너무 좋아서 한 발은 세상에 또 한 발은 교회에 둔 양다리 신앙과
속된 것에 흠뻑 젖어 죄의 쾌락을 즐기며 살아온
배신을 용서하여 주시옵소서.

인생의 가면을 쓰고 인격을 가장하였습니다.
성도의 가면을 쓰고 자녀 됨을 위장하였습니다.
직분의 가면을 쓰고 불충을 감추었습니다.
경험의 가면을 쓰고 교만을 위장하며 진실을 숨기고
복음 전하기를 부끄럽게 여기는
희미한 신앙을 용서하여 주시옵소서.

외식에 빠지고 변명에 함몰되며
핑계에 익숙하여 충성을 접고 살아가는
불순종과 무지를 주님께 낱낱이 나의 목소리로 자백 드리겠습니다.

> 죄악에 썩은 내 육신을 주님이 쓰시려 했네
> 죽음에 덫에 걸려 있는 몸 주님이 쓰시려 했네
> 속죄하는 손 치유하시고 속죄하는 발 치유하셨네
> 새 생명 얻은 이 몸 다 바쳐 주님께 영광 돌리리 (복음송 "주님의 빚진 자" 1절).
>
> 보옵소서 내게 큰 고통을 더하신 것은 내게 평안을 주려 하심이라 주께서 내 영혼을 사랑하사 멸망의 구덩이에서 건지셨고 내 모든 죄를 주의 등 뒤에 던지셨나이다 (사 38:17).

이 말씀이 죄 사함의 확신을 줍니다.

예수님의 이름으로 기도하옵나이다. 아멘.

38. 비뚤어진 불신앙

2018. 10. 14.

하늘에 계신 하나님 아버지!
참으로 구제받을 수 없는 이 죄인을
물리치지 않으시고 영접해 주시기에 염치없지만
저희의 허물과 부족과 실수와 거짓과 반역과 불순종과 불충한 것들을
자백하오니 그 엄청난 십자가의 사랑으로 용서하여 주시옵소서.

이 세상은 허망하고 이 땅은 유한하며
이 현실은 부조리하고 이 시대는 절망적이며
이 삶은 비극이고 이 생활은 길이 꽉 막힌 것을 알고도
이 세상을 의지하였고 이 땅에 소망을 두었으며
이 현실에만 기대어 살아가려는
비뚤어진 불신앙을 용서하여 주시옵소서.

썩어질 물질 때문에 하늘의 보물을 잃었습니다.
하찮은 명예 때문에 신령한 눈이 어두워졌습니다.
한줌도 안 되는 권력 때문에 이웃을 이용하려 했습니다.
욕심을 채우려고 거짓을 행하였고
야심을 이루려고 말씀을 저버렸던
어리석음을 사하여 주시옵소서.

나의 야망을 성취하려고 정의를 저버렸습니다.
과욕을 부리며 썩어질 육체만을 위하며 살았습니다.
사라질 세상을 붙들고 몸부림치는
어리석고 아둔한 저희를 용서해 주시기 원하시는 주님께
우리의 죄와 허물을 나의 목소리로 자복하겠습니다.

> 죄악에 썩은 내 육신을 주님이 쓰시려 했네
> 죽음에 덫에 걸려 있는 몸 주님이 쓰시려 했네
> 속죄하는 손 치유하시고 속죄하는 발 치유하셨네
> 새 생명 얻은 이 몸 다 바쳐 주님께 영광 돌리리 (복음송 "주님의 빚진 자" 1절).
>
> 보옵소서 내게 큰 고통을 더하신 것은 내게 평안을 주려 하심이라 주께서 내 영혼을 사랑하사 멸망의 구덩이에서 건지셨고 내 모든 죄를 주의 등 뒤에 던지셨나이다 (사 38:17).

이 말씀이 죄 사함의 확신을 줍니다.

예수님의 이름으로 기도하옵나이다. 아멘.

39. 허무한 가치관

2018. 10. 28.

하나님 아버지!
죄 중에 나서 죄와 더불어 살며 죄에서 벗어나지 못하고
죄와 함께 영원히 망해 버릴 죄인이
다시 눈물 흘리며 주님께 돌아왔사오니 불쌍히 보시고
악한 행실과 더러운 입술과 오만한 생각과 교만한 목과 추한 손과
비뚤어진 발걸음을 용서하여 주시옵소서.

많은 은혜를 받았지만 감사보다 오히려 원망이 많았습니다.
그 엄청난 사랑을 받고서도 우리는 오히려 미워하였습니다.
그 큰 용서를 받았으면서 우리는 용서하지 못하고
오히려 저주하며 쌍스런 말을 하고
경건한 척 위선을 떨었던 잘못을 용서하여 주시옵소서.

우리를 하늘의 보석으로 삼아 주셨는데도 보석처럼 살지 못했습니다.
우리를 물질의 주인 삼아 주셨지만 물질의 노예로 전락하였습니다.
우리에게 물질을 맡겨 주셨지만 하나님의 것을 도둑질하였습니다.
하나님의 것을 내 것이라고 우기면서 내 맘대로 사용하며
그 많은 시간을, 그 맡겨진 물질을
어이없게 낭비하는 황폐한 인생으로 살아온
무가치한 삶을 용서하여 주시옵소서.

하나님의 일에 바쁘다는 핑계가 많았습니다.
주님의 말씀에 자주 변명하였습니다.
주님 면전에서 때마다 수없이 포기하려 했습니다.
이 세상 떠날 때 그냥 이대로 두고 가야 할 물질인 줄 알면서
주의 뜻을 어기면서까지 집착하고
악착같이 세상에만 목적을 두고 있는
허무한 가치관을 용서해 주실 것을 믿고
다 같이 고백 드리겠습니다.

> 죄악에 썩은 내 육신을 주님이 쓰시려 했네
> 죽음에 덫에 걸려 있는 몸 주님이 쓰시려 했네
> 속죄하는 손 치유하시고 속죄하는 발 치유하셨네
> 새 생명 얻은 이 몸 다 바쳐 주님께 영광 돌리리(복음송 "주님의 빚진 자" 1절).
>
> 보옵소서 내게 큰 고통을 더하신 것은 내게 평안을 주려 하심이라 주께서 내 영혼을 사랑하사 멸망의 구덩이에서 건지셨고 내 모든 죄를 주의 등 뒤에 던지셨나이다 (사 38:17).

이 말씀이 죄 사함의 확신을 줍니다.

예수님의 이름으로 기도하옵나이다. 아멘.

40. 쾌락의 죄

2018. 11. 4.

하나님 아버지!
옛 사람을 벗고 새 사람 되어 살고자
천부여 의지 없어서 손들고 왔사오니
방탕의 허물을 사하여 주시고
쾌락의 죄를 씻어 주시옵소서.

삶의 사각지대에서 인생의 가면을 쓰고
어둠을 빛으로 삼았습니다.
거짓을 정의로 여기며 불신자에게 생명 주기보다는
불량자로 몰아가며 이용할 도구로만 여겼습니다.
나만이 의로운 것처럼 교만하고 자만했던
무서운 죄를 사하여 주시옵소서.

천국을 소망한다 하면서도 이 땅에만 집착하였습니다.
거룩한 것을 사모한다 하면서 속된 것을 붙들었습니다.
부활을 믿는다 하면서 이 세상이 끝인 줄로만 여겼습니다.
이 땅의 것을 움켜쥐려고 옹색한 거짓말을 하고
이 세상 것 놓지 않으려고 궁색한 변명을 늘어 놓으며
세상의 헛된 것을 소유하려고 치사한 술수를 부리며
유한한 것을 챙기려고 교활한 잔꾀를 드러내며 살아온

야비한 저희의 죄를 용서하여 주시옵소서.

세상에 대하여는 약삭빨랐지만 믿음에는 아둔하였습니다.
죄와 짝을 짓는 데는 민첩하였으나 신앙에는 둔감하였습니다.
주님의 뜻을 거역하고도 의기양양하였습니다.
주님의 사랑을 배신하고도 뻔뻔하게 살았습니다.
기어코 낭패와 실망당한 뒤에 슬픔과 고통을 안고 돌아와
염치없지만 은혜 주실 주님께 다 같이 자복하겠습니다.

> 천부여 의지 없어서 손들고 옵니다 주 나를 외면하시면 나 어디 가리까 내 죄를 씻기 위하여 피 흘려 주시니 곧 회개하는 맘으로 주 앞에 옵니다 아멘(찬송가 280장 1절).
>
> 만일 우리가 죄가 없다고 말하면 스스로 속이고 또 진리가 우리 속에 있지 아니할 것이요 만일 우리가 우리 죄를 자백하면 그는 미쁘시고 의로우사 우리 죄를 사하시며 우리를 모든 불의에서 깨끗하게 하실 것이요(요일 1:8-9).

이 말씀이 죄 사함의 확신을 줍니다.

예수님의 이름으로 기도하옵나이다. 아멘.

41. 위선으로 채색된 행실

2018. 11. 11.

하나님 아버지!
이 세상은 허망하고 허탈하여 주님께 돌아왔습니다.
이 현실은 부조리하고 악에 물들어 주님을 찾아왔습니다.
이 시대는 타락하고 욕망이 지배하고 있기에
희망 없는 세상의 유혹을 뿌리치고 돌아왔사오니 받아 주시옵소서.

천국을 사모한다 하면서 땅에만 집착하였습니다.
천국의 백성이면서 세상의 백성으로 살았습니다.
하나님의 자녀이면서 마귀의 종노릇하였습니다.
주님의 살과 피로 배불러야 함에도 불구하고
세상의 물질과 이 땅의 욕망으로 배불리려 했던
어리석고도 어리석은 빗나간 삶을 용서하여 주시옵소서.

주님의 살과 피를 기념한다지만 형식뿐이었습니다.
피 흘리신 주님의 그 사랑을 감사한다지만
돌이켜 보니 오히려 불평하고 원망하며 살았던
끔찍한 죄악을 용서하여 주시옵소서.

주님의 십자가를 보면서도 감격이 사라졌습니다.
십자가의 뜨거운 은혜를 입었지만 싸늘해졌습니다.

믿음 없어 기도하지 않고 기도 없어 믿지 못하고 있습니다.
열정은 식었고 이웃 사랑은 생색내기에 바빴던
무뎌진 신앙과 **위선으로 채색된 행실**을
살 찢고 피 흘리신 주님이 용서해 주시도록
진심을 담아 우리의 목소리로 자백 드리겠습니다.

> 천부여 의지 없어서 손들고 옵니다 주 나를 외면하시면 나 어디 가리까 내 죄를 씻기 위하여 피 흘려 주시니 곧 회개하는 맘으로 주 앞에 옵니다 아멘 (찬송가 280장 1절).
>
> 만일 우리가 죄가 없다고 말하면 스스로 속이고 또 진리가 우리 속에 있지 아니할 것이요 만일 우리가 우리 죄를 자백하면 그는 미쁘시고 의로우사 우리 죄를 사하시며 우리를 모든 불의에서 깨끗하게 하실 것이요(요일 1:8-9).

이 말씀이 죄 사함의 확신을 줍니다.

예수님의 이름으로 기도하옵나이다. 아멘.

42. 값싼 자존심

2018. 11. 18.

하나님 아버지!
오늘도 변함없이 사랑해 주시는 주님 십자가의 은혜를 힘입어 살면서도
세상 정욕에 빠져 물욕과 명예를 찾다가
황폐해진 영혼이 되어 주님께 돌아왔사오니
긍휼히 여겨 주시옵소서.

건강의 자유를 주셨지만 엄청난 쾌락과 방탕에 빠졌습니다.
정치적 자유를 주셨지만 방종으로 세월을 낭비하였습니다.
생각의 자유를 주셨지만 불의한 생각을 따라 오만하였습니다.
사랑의 자유를 주셨지만 오히려 미워하고 증오하며 살아온
어리석음을 용서하여 주시옵소서.

내게 주신 물질을 나 자신에게는 아깝지 않게 여겼으나
하나님의 일에는 인색하였습니다.
나의 일은 서두르며 최우선으로 여겼으나
하나님의 일은 언제나 뒷전이었습니다.
사람과의 약속은 소중히 하면서도
하나님과의 약속은 헌신짝처럼 버리는
거짓 경건과 위선을 용서하여 주시옵소서.

하찮은 이득과 **값싼 자존심** 때문에
하나님의 일을 그르친 적이 한 두 번이 아니었습니다.
나 자신의 유익이라면 하나님 나라도 가차 없이 차 버리고
내 가족의 이득이라면 주저 없이 교회를 외면하였고
이기주의에 익숙하여 손익계산에만 밝았던 아둔한 믿음을
우리 모두 의로우신 주님께 자백 드리겠습니다.

> 천부여 의지 없어서 손들고 옵니다 주 나를 외면하시면 나 어디 가리까 내 죄를 씻기 위하여 피 흘려 주시니 곧 회개하는 맘으로 주 앞에 옵니다 아멘(찬송가 280장 1절).
>
> 만일 우리가 죄가 없다고 말하면 스스로 속이고 또 진리가 우리 속에 있지 아니할 것이요 만일 우리가 우리 죄를 자백하면 그는 미쁘시고 의로우사 우리 죄를 사하시며 우리를 모든 불의에서 깨끗하게 하실 것이요(요일 1:8-9).

이 말씀이 죄 사함의 확신을 줍니다.

예수님의 이름으로 기도하옵나이다. 아멘.

43. 재림 신앙

2018. 11. 25.

자비하신 주님!
주님 다시 오실 날이 멀지 않다고 들었지만
느낌도, 감격도, 기대도, 기다림도 없이 살아가는
어리석고 우둔한 재림 신앙을 용서하여 주시옵소서.

행한 대로 갚으리라 하셨건만 두려워하지 않았습니다.
주님 속히 오신다고 하셨건만 준비하지 않았습니다.
주님 십자가의 의로 구원받는다 하였건만 입으로만 고백하고
십자가를 하찮게 여기며 성경을 비판하였으며
믿는 자를 조롱하고 선포하는 자를 농단하기에 바빴던
한심하고 무지한 죄악을 용서하여 주시옵소서.

선한 일을 행한 자는 생명의 부활로,
악한 일을 행한 자는 심판의 부활로 나온다 하였건만
감격도 각성도 하지 않았습니다.
좋은 열매 맺지 아니하는 나무마다 찍혀 불에 던져지리라 하셨건만
아름다운 열매는커녕 오히려 생활에 나쁜 열매만 가득하오니
용서하여 주시옵소서.

의의 열매, 믿음의 열매, 소망의 열매, 사랑의 열매, 희락의 열매,
화평의 열매, 인내의 열매, 자비의 열매, 양선의 열매, 충성의 열매,
온유의 열매, 절제라는 성령의 열매를 맺지 못한 채
못난 성품과 되지못한 인격으로 주님 앞에 고개 들 수 없어
부끄러워 떨고 있는 우리를
십자가의 사랑으로 용서해 주실 것을 믿고
주님께 다 같이 자백 드리겠습니다.

> 천부여 의지 없어서 손들고 옵니다 주 나를 외면하시면 나 어디 가리까 내 죄를 씻기 위하여 피 흘려 주시니 곧 회개하는 맘으로 주 앞에 옵니다 아멘 (찬송가 280장 1절).
>
> 만일 우리가 죄가 없다고 말하면 스스로 속이고 또 진리가 우리 속에 있지 아니할 것이요 만일 우리가 우리 죄를 자백하면 그는 미쁘시고 의로우사 우리 죄를 사하시며 우리를 모든 불의에서 깨끗하게 하실 것이요 (요일 1:8-9).

이 말씀이 죄 사함의 확신을 줍니다.

예수님의 이름으로 기도하옵나이다. 아멘.

44. 으레껏 그러려니

2018. 12. 2.

사랑하는 주님!
조건 없는 은혜의 생명수를 우리에게 주셨건만
내 공로로 구원받은 것처럼 교만하지 않았는지 두렵사오니
성령님 감동시키셔서 저희 허물을 사하여 주시옵소서.

재산권 보호는 할 줄 알면서 믿음 보호권은 알지 못했습니다.
땅의 것은 유효기한을 따지면서 천국의 유통기한을 몰랐습니다.
상품은 반품 처리할 줄 알면서도 거짓 복음은 반품하지 못했습니다.
물질에는 눈이 밝았으나 하늘 보배에는 눈이 어두웠고
세상 사는 법칙은 이해하면서도 하늘의 법칙은 깨닫지 못하며
악인의 꾀를 쫓는 데는 지혜로웠으나
선한 생각에는 미련하기 짝이 없는
아둔한 경건을 용서하여 주시옵소서.

오, 주님!
다시 오신다고 들었지만 기름을 준비하지 못하였습니다.
속히 오신다고 들었지만 나의 두루마기를 빨지 못하였습니다.
사탄의 사주를 받은 짐승의 속임수에 속아 세상과 타협하였고
양의 탈을 쓴 거짓 선지자들의 가르침에 신앙의 지조를 팔고
거짓 종말론에 휩쓸리는 무지한 신앙을 사하여 주시옵소서.

주님 재림 하실 때 나 어찌 대할까 걱정만 할 뿐
기도하지 못하였습니다.
깨어 근신하라 하셨건만 들은 척하지 않았습니다.
주님 말씀에 순종하기는 고사하고 으레껏 그러려니 하며
화인 맞은 양심과 무뎌진 영성으로 살아가는
죄악 된 삶을 나의 목소리로 주님께 자백 드리겠습니다.

주여 우리의 죄를 용서하여 주소서 지난날의 잘못을 사하여 주옵소서
주여 우리의 죄를 용서하여 주소서 지난날의 허물을 사하여 주옵소서
주여 주여 나의 죄를 위하여 주여 주여 십자가를 지셨네
주님 가신 그 길을 나도 걸어야 하네 주님 가신 그 길을 나도 걸어야 하네(복음송
"벙어리가 되어도").

만일 우리가 죄가 없다고 말하면 스스로 속이고 또 진리가 우리 속에 있지 아니할 것이요 만일 우리가 우리 죄를 자백하면 그는 미쁘시고 의로우사 우리 죄를 사하시며 우리를 모든 불의에서 깨끗하게 하실 것이요(요일 1:8-9).

이 말씀이 죄 사함의 확신을 줍니다

예수님의 이름으로 기도하옵나이다. 아멘.

45. 인간의 악취

2018. 12. 16.

하나님 아버지!
예배 때는 곧잘 하나님의 나라를 위해 기도하지만
돌이켜 보면 사람 냄새요 **인간의 악취**만을 풍기지 않았는지,
믿는다 하지만 세속의 속물들은 아닌지
두렵고 떨리는 마음으로 머리 숙이오니
불쌍히 여겨 주시옵소서.

예배의 자리에서 제법 경건한 척하지만
밖에 나가면 세상 사람과 조금도 다를 바 없는,
겉과 속이 다르게 한 발은 세상에 또 한 발은 교회에 두고
삶의 이득과 인간의 욕망을 채우려 했던
생활을 용서하여 주시옵소서.

하나님께서는 우리를 구하시려고 독생자까지 내어 주셨건만
작은 자에게 한 것이 곧 내게 한 것이라고 수없이 들었건만
우리는 늘 작은 것에 손이 떨리고
주님께서 바라시는 작은 헌신에 손을 거둬들이는
약함과 부족함을 용서하여 주시옵소서.

추운 겨울에는 이웃을 생각한다지만 모자람이 많습니다.
인생살이가 추운 이 시대에 이웃을 배려한다지만
턱없이 마음이 따르지 못했습니다.
여리고로 내려가다가 강도 만난 사람처럼
살기 힘들고 버티기 힘든 삶을 살아가는 우리 이웃들에게
제때 제대로 사랑의 몫을 다하지 못한 것을 후회하면서
우리의 목소리로 참회하시겠습니다.

> 주여 우리의 죄를 용서하여 주소서 지난날의 잘못을 사하여 주옵소서
> 주여 우리의 죄를 용서하여 주소서 지난날의 허물을 사하여 주옵소서
> 주여 주여 나의 죄를 위하여 주여 주여 십자가를 지셨네
> 주님 가신 그 길을 나도 걸어야 하네 주님 가신 그 길을 나도 걸어야 하네 (복음송 "벙어리가 되어도").
>
> 우리는 다 양 같아서 그릇 행하여 각기 제 길로 갔거늘 여호와께서는 우리 모두의 죄악을 그에게 담당시키셨도다 (사 53:6).

이 말씀이 죄 사함의 확신을 줍니다

예수님이름으로 기도하옵나이다. 아멘.

46. 내 속에 헤롯의 근성

2018. 12. 23.

하나님 아버지!
때가 되매 탄생하신 예수님을 몰라보고
세상일에 흠뻑 취해 정신없이 살아가는 저희를
긍휼히 여겨 주시옵소서.
예수님이 탄생하셨지만 동방박사의 굳건한 비전을 갖지 못하였고
목자들의 청순한 믿음도 품지 못하였으며
천사들이 찬양하는 숭고한 믿음도 없습니다.
아무리 생각해도 부끄러워 고개 들지 못하는
철없고 유치한 믿음을 용서하여 주시옵소서.

오, 주님!
지금 나는 탄생하신 주님을 기뻐하기는커녕
야비한 헤롯의 근성으로 접근하였습니다.
교활한 헤롯의 머리로 이익을 계산했습니다.
잔인한 헤롯의 품성으로 주님을 거칠게 대하며
헤롯처럼 계산에 능하고 이익에 약삭빨랐던
내 속에 있는 헤롯의 근성, 추악한 죄를 용서하여 주시옵소서.

오, 주님!
내 속에 헤롯의 야비한 근성이 도사리고 있을 줄이야 ….

내 속에 헤롯의 교활한 잔머리가 자리 잡고 있을 줄이야 ….
내 속에 잔인한 헤롯의 품성이 또아리 틀고 있을 줄이야 ….
겉으론 웃으며 속으론 주님께 비수를 꽂으려 했던
패악한 헤롯의 속셈을 내 속에서 뽑아 주시옵소서.

주님은 우리의 죄를 사하시려 오셨지만
도무지 죄를 깨닫지 못하고 있습니다.
주님은 이 시간 나를 찾고 계시지만
세상 향락 속에 나는 숨었습니다.
주님은 나를 부르고 계시지만
땅의 쾌락에 취해 듣지 못하고 있습니다.
지은 죄가 너무 치명적이고 수도 없이 많기에
주님께 우리 다함께 자백 드리겠습니다.

> 주여 우리의 죄를 용서하여 주소서 지난날의 잘못을 사하여 주옵소서
> 주어 우리이 죄를 용서하여 주소서 지난날의 허물을 사하여 주옵소서
> 주여 주여 나의 죄를 위하여 주여 주여 십자가를 지셨네
> 주님 가신 그 길을 나도 걸어야 하네 주님 가신 그 길을 나도 걸어야 하네(복음송
> "벙어리가 되어도").
>
> 우리는 다 양 같아서 그릇 행하여 각기 제 길로 갔거늘 여호와께서는 우리 모두의 죄악을 그에게 담당시키셨도다(사 53:6).

이 말씀이 죄 사함의 확신을 줍니다.

예수님이름으로 기도하옵나이다. 아멘.

47. 김치로 만든 트리

2018. 12. 25.

하나님 아버지!
이 세상 풍조에 휩쓸리는 성탄으로,
이 땅의 풍세에 휘말리는 성탄으로
거짓되게 성탄예배를 드리고 있지 않는지
두렵사오니 저희를 긍휼히 여겨 주시옵소서.

주님이 우리와 함께하심이 성탄이라고 수없이 들었기에
우리 이웃과 함께하고 약자들과 함께하고
춥고 외로운 자들과 함께 해야 하건만,
우리는 늘 나 홀로 즐기고 우리끼리 좋아하고
우리 식구만 생각하다가 실패한 성탄이 되어 부끄럽고 후회가 되어
용서를 구하오니 불쌍히 여겨 주시옵소서.

우리는 성탄 예배의 리허설은 곧잘 하지만
갇힌 자에게 찾아가는 진짜 예배를 드린 것이 없습니다.
성탄에 기도하는 자리에는 잘 참석하고 있지만
이웃들과 함께하는 곳에는 핑계가 많았습니다.
성탄에 캐롤송과 장엄한 찬송은 즐겼지만
소외된 곳에서 울고 있는 자들과는 함께 즐기지 못한 반쪽 성탄을
후회하며 부족함을 고백하오니 용서하여 주시옵소서.

이웃에게 한 것이 주님께 한 것이라고 수없이 들었지만
주님께 쌀로 만든 트리를 달아 드리지 못했습니다.
주님께 연탄으로 만든 트리를 가져다 드리지 못했습니다.
주님께 이불로 만든 트리, 주님께 김치로 만든 트리를
갖다 드린 것이 턱없이 모자라
저희의 손에 맡기신 주님의 사랑을 다 나누지 못한 부족함에
가슴이 미어지고 있습니다.
주님, 매우 부끄러워 몸 둘 바를 모르겠습니다.
우리 함께 주님께 자백의 기도를 드리겠습니다.

> 주여 우리의 죄를 용서하여 주소서 지난날의 잘못을 사하여 주옵소서
> 주여 우리의 죄를 용서하여 주소서 지난날의 허물을 사하여 주옵소서
> 주여 주여 나의 죄를 위하여 주여 주여 십자가를 지셨네
> 주님 가신 그 길을 나도 걸어야 하네 주님 가신 그 길을 나도 걸어야 하네(복음송 "벙어리가 되어도").
>
> 우리는 다 양 같아서 그릇 행하여 각기 제 길로 갔거늘 여호와께서는 우리 모두의 죄악을 그에게 담당시키셨도다(사 53:6).

이 말씀이 죄 사함의 확신을 줍니다.

예수님이름으로 기도하옵나이다. 아멘.

48. 세월을 후회하고 고난을 탓하며

2018. 12. 30.

긍휼이 풍성하신 주님!
생각해 보니 한 해가 무척 빨랐습니다.
연말이 될 때마다 이제 끝나는가 보다 하며
세월을 후회하고 고난을 탓하며 살았습니다.
한 해의 실패를 평생의 실패로 잠시의 실패를 일평생의 실패로 여기며
두려워하였던 연약한 믿음을 용서하여 주시옵소서.

때로는 절망하여 슬프게 눈물지었습니다.
때로는 하늘이 무너지는 것처럼 답답했습니다.
때로는 소망 없는 자처럼 주저앉았습니다.
허다한 날을 실망으로 살았고
무수한 날을 희망 없이 살아온 저희를 용서하여 주시옵소서.

은혜를 알지도 못하고 은혜를 깨닫지도 못할 뿐 아니라
깨달았을 때에는 은혜에 감사하지도 고마워하지도 못했습니다.
허락하신 은혜의 때를 낭비하였고
기회로 환산해 주시는 하나님의 축복을 헛되이 보냈습니다.
맡기신 물질을 낭비하거나 나만을 위해 사용하였으며
주님이 맡기신 재능을 세속적인 곳에 다 써버린
참으로 딱하고 한심한 저희를 용서하여 주시옵소서.

당연히 참아야 할 시간에 참지 못하였고
마땅히 도와야 할 시간에 돕지 못하였으며
사랑하는 데 인색하고 용서하기에 주저하였던
거짓 믿음생활의 한 해를 후회하고 뉘우치면서
우리 진심을 다해 자백 드리겠습니다.

> 주여 우리의 죄를 용서하여 주소서 지난날의 잘못을 사하여 주옵소서
> 주여 우리의 죄를 용서하여 주소서 지난날의 허물을 사하여 주옵소서
> 주여 주여 나의 죄를 위하여 주여 주여 십자가를 지셨네
> 주님 가신 그 길을 나도 걸어야 하네 주님 가신 그 길을 나도 걸어야 하네(복음송 "벙어리가 되어도").
>
> 우리는 다 양 같아서 그릇 행하여 각기 제 길로 갔거늘 여호와께서는 우리 모두의 죄악을 그에게 담당시키셨도다(사 53:6).

이 말씀이 죄 사함의 확신을 줍니다.

예수님이름으로 기도하옵나이다. 아멘.

49. 희망의 잔고

2019. 1. 6.

사랑의 하나님!
2018년 세월의 나무에 기회를 걸어 놓으셨건만,
지나간 인생살이의 나무에 행복을 걸어 놓으셨건만,
2018년 세월을 낚지 못한 후회로 눈물이 앞을 가립니다.

생명과에는 안중에 두지 않은 채 허둥대었고
위험한 선악과에만 눈독들이다가 허겁지겁 돌아온
저희의 몰염치와 위선된 죄악을 용서하여 주시옵소서.
이 땅에서 생존을 위한다는 이유로 주저 없이 세상과 타협하였습니다.
눈에 보이는 작은 이익을 위해 때로는 마귀와도 흥정하였습니다.
세상의 출세와 명예를 위해서는 어둠과 뒷거래를 서슴지 않았습니다.

사탄과의 밀거래로 영혼을 저당 잡혀 세상에 중독되어 있는
분별없고 개념 없는 저희의 아둔함을 용서하여 주시옵소서.

인생 경영의 믿음의 창고도 거덜내고 말았습니다.
행복을 운영할 기도의 잔금도 바닥내고 말았습니다.
미래 운영의 **희망의 잔고**도 바닥내고 말았습니다.
수없이 결심하였지만 헛된 삶이었습니다.
그 많은 기회를 다 놓쳐 버리고 답답해 하고 있는

저희의 어리석음을 용서하여 주시옵소서.

제아무리 나의 힘으로 애를 써도 이룰 수 없어 야속하다고
세월을 탓하였습니다.
내 딴에는 최선을 다했지만 인생이 모질었다고
과거를 타박했습니다.
아무리 나 혼자서 몸부림 쳐 봐도 할 수 없어 야박하다고
사람을 흉보았습니다.
하지만 나의 허물이었고 내 약점이었으며
모든 것이 내 교만이었고 불신앙이었음을
주님 앞에 겸손히 자백 드리겠습니다.

> 내 평생 살아온 길 뒤를 돌아보오니 걸음마다 자욱마다 모두 죄뿐입니다 우리 죄를 사하신 주의 은혜 크시니 골고다의 언덕길 주님 바라봅니다(찬송가 308장 1절).
>
> 여호와께서 말씀하시되 오라 우리가 서로 변론하자 너희의 죄가 주홍 같을지라도 눈과 같이 희어질 것이요 진홍같이 붉을지라도 양털같이 희게 되리라(사 1:18).

이 말씀이 사죄의 확신을 줍니다.

예수님의 이름으로 기도하옵나이다. 아멘.

50. 우겨대는 빗나간 신앙

2019. 1. 13. 새해

자비하신 주님!
이제까지 하나님의 사랑을 배반하고,
주님의 은혜를 등지고 살았습니다.
주님의 뜻을 거역하는 생각과 행동으로
주님의 마음을 헤아리지 못하였던
부족한 저희를 용서하여 주시옵소서.

우리의 몸을 주님 영광을 드러내는 도구로 사용해야 함에도 불구하고
오히려 주님의 이름을 욕되게 하고
하나님의 영광을 짓밟아 버렸기에
깊이 후회하고 자복하오니 용서하여 주시옵소서.

저희에게는 못남과 바르지 못함이 있습니다.
자만과 거만함이 속에 자리 잡고 있습니다.
고집스러운 불평과 원망이 자리 잡고
굴곡진 원망으로 덧칠한 심보로 죄에 빠진
저희를 용서하여 주시옵소서.

새해 새 결심을 하였으나 사악한 무리와 짝하고
잡된 생각에 사로잡혀 악의 힘 앞에 굴복하며

수많은 시간을 가식의 너울로 위장하고
위선의 직분으로 나의 속사람을 숨기며
거짓됨을 진실이라고 **우겨대는 빗나간 신앙**과 비뚤어진 삶을
다 같이 주님께 자백 드리겠습니다.

> 내 평생 살아온 길 뒤를 돌아보오니 걸음마다 자욱마다 모두 죄뿐입니다 우리 죄를 사하신 주의 은혜 크시니 골고다의 언덕길 주님 바라봅니다(찬송가 308장 1절).
>
> 여호와께서 말씀하시되 오라 우리가 서로 변론하자 너희의 죄가 주홍 같을지라도 눈과 같이 희어질 것이요 진홍같이 붉을지라도 양털같이 희게 되리라(사 1:18).

이 말씀이 사죄의 확신을 줍니다.

예수님의 이름으로 기도하옵나이다. 아멘.

51. 헌신하기보다 변명

2019. 1. 27.

오, 주님!
차마 주님께 가까이 가기에는 너무도 부끄러운 삶을 살았고
너무 많이 저질러 온 더러운 행동이 많아
부끄러워 머리 들지 못한 채 십자가 앞에 섰사오니
저희의 죄를 사하여 주시옵소서.

그 엄청난 구원의 빛을 받고서도
오히려 어둠을 좋아하며 악인의 꾀를 좇았던
저희의 아둔함을 사하여 주시옵소서.

왠 사랑인지 왠 은혜인지
무지한 저희들을 성령으로 감동하셔서
하나님의 자녀로 삼으셨는데도
그 은혜를 감격하지 못하고 자녀 신분을 벗어나
방탕의 길에서 죄를 지으며 방황했던
저희를 용서하여 주시옵소서.

어찌하여 이토록 무지한 저희들에게
하늘의 복을 쏟아 부어 주셨는지요?
감사하기보다는 불평하였습니다.

충성하기는커녕 핑계가 많았습니다.
헌신하기보다 변명하였습니다.
사랑하지 못하고 오히려 미워하였던 범죄를 용서하여 주시옵소서.

나의 멍에를 메고 온유와 겸손을 배우라고 주님은 바라셨으나
아직도 나의 성품은 거칠고 인격은 교만하여 잘 믿는 척만하는
거짓 경건을 용서하여 주시옵소서.

이처럼 많은 죄에 물든 저희를 깨끗이 씻어 주시도록
우리 함께 자백 드리겠습니다.

> 내 평생 살아온 길 뒤를 돌아보오니 걸음마다 자욱마다 모두 죄뿐입니다 우리 죄를 사하신 주의 은혜 크시니 골고다의 언덕길 주님 바라봅니다(찬송가 308장 1절).
>
> 여호와께서 말씀하시되 오라 우리가 서로 변론하자 너희의 죄가 주홍 같을지라도 눈과 같이 희어질 것이요 진홍같이 붉을지라도 양털같이 희게 되리라(사 1:18).

이 말씀이 사죄의 확신을 줍니다.

예수님의 이름으로 기도하옵나이다. 아멘.

52. 설날에는 비까번쩍

2019. 2. 3. 설날

의로우신 하나님 아버지!
설날에 무수히 지은 우리의 죄를 사하여 주시옵소서.

설날에는 늘 고향은 생각할 줄 알면서도
우리의 영원한 하늘 고향은 생각하지 못했습니다.
설날에는 죽은 부모와 조상은 기억하면서도
살아 계신 하늘에 계신 우리 아버지는 잊고 있습니다.
설날에는 고향에 보낼 보따리는 늘 챙기면서도
하늘 고향에 보낼 보물 보따리는 챙기지 못했습니다.
설날에는 무병장수, 만사형통에 목숨 걸고 있으면서
영혼을 잘되게 하는 믿음에는 무관심하였습니다.
설날에는 이 땅에서 이룬 성공을 우쭐대고 싶어 하면서
내 안에 예수님을 뽐내는 일은 하고 싶지 않았던
위선을 용서하여 주시옵소서.

오, 주님!
설날에는 이 세상의 부유함을 보이고 싶어 하면서
내 안에 계신 예수님의 경건을 보이지 못했습니다.
설날에는 출세했다고 동네방네 소문내고 싶어 하면서
내 생명의 주인이신 주님의 품격은 소문내지 못했습니다.

설날에는 이 땅에서 잘되는 것에 목을 매면서
주님의 몸 된 교회가 잘되는 일에는 애쓰지 못하였습니다.
설날에는 고향 동창 지연 학연 혈연은 챙길 줄 알았지만
내 삶의 주변 그늘진 달동네를 챙기지 못한 것을 사하소서.

설날에는 남쪽 고향 사랑하는 부모와 형제를 그리워하면서도
북쪽에서 내려온 탈북 실향민의 눈물은 잊고 있습니다.
설날에는 비까번쩍 나의 외모를 자랑하고 있으면서
고귀한 사명은 땅 속에 묻어 둔 악하고 게을렀던 삶을 사하여 주소서.

설날에는 더 많은 것 가지려고 욕망을 자랑하지만
주님을 더 사랑하겠다는 갈망은 내 속에 없습니다.
설날에는 차례의식, 제사의식은 목숨처럼 열심히 챙기면서도
예배하고 기도하는 공경의식은 헌신짝처럼 버렸습니다.
설날에는 얼른 예배 때우고 바삐 고향으로 발걸음을 재촉하면서 고향이 부모 친척 친구 영혼은 얼른 구원받도록 재촉하지 못했습니다.
설날에 이웃을 잊고 살며, 가족을 사랑하지 못하며, 부모를 공경하지 못하며, 우상숭배에 빠진 죄를 다 함께 자백 드리겠습니다.

> 약하고 추해도 주께로 나가면 힘주시고 내 추함을 곧 씻어 주시네
> 내가 주께로 지금 가오니 골고다의 보혈로 날 씻어 주소서 (찬송가 254장 2절).
>
> 만일 우리가 범죄하지 아니하였다 하면 하나님을 거짓말하는 이로 만드는 것이니 또한 그의 말씀이 우리 속에 있지 아니하니라 (요일 1:10).

이 말씀이 죄 사함의 확신을 줍니다.

예수님의 이름으로 기도하옵나이다. 아멘.